ADVANCES *in* RETIREMENT INVESTING

퇴직 연금 전략

ADVANCES *in* RETIREMENT INVESTING

퇴직 연금 전략

금융공학과 리스크 관리 기법을 활용한 퇴직 연금 전략

라이오넬 마르텔리니·빈센트 밀하우 지음
이기홍·하석근 옮김

에이콘출판의 기틀을 마련하신 故 정완재 선생님 (1935-2004)

지은이 소개

라이오넬 마르텔리니 Lionel Martellini

EDHEC 경영대학원 재무학과 교수이자 EDHEC-Risk Institute 소장이다. 미국 서던캘리포니아대학교 교수였으며 프린스턴대학교에서 방문 교수를 지냈다. 캘리포니아대학교University of California, Berkely에서 박사 학위를 받았다. 각종 기관투자가, 투자은행, 자산운용사 등에서 리스크 관리, 대체투자 전략, 자산배분 결정 등과 관련한 자문을 하고 있다. 자산 운용, 포트폴리오 이론, 파생상품평가, 고정소득상품, 대체투자 등에 관한 연구가 Journal of Economic Dynamics and Control, Journal of Mathematical Economics, Journal of Portfolio Management, Management Science, Review of Financial Studies 등 유력 학술지에 등재됐다. 2009년과 2010년에 인콰이어 유럽 최우수상Inquire Europe First Prize을 수상했다. Journal of Alternative Investments와 Journal of Portfolio Management를 포함한 다양한 저널의 편집위원으로 활동하고 있다.

빈센트 밀하우 Vincent Milhau

EDHEC-Risk Institute의 리서치 디렉터다. 프랑스 니스대학교에서 경영학 박사 학위를 받았다. 기관 또는 개인 투자자를 위한 포트폴리오 최적화 및 자산 배분 분야에서 여러 연구 프로젝트를 담당하고 있다. 최적의 포트폴리오 선택에 확률적 미적분학과 자산가격이론을 적용하는 것과 투자자들의 목표에 도달하는 투자 솔루션의 설계와 구현에 초점을 맞추고 있다. Journal of Portfolio Management, Journal of Alternative Investments, Journal of Pension Economics & Finance 등 주요 학술지에 논문을 발표하고 있다.

초록

사회보장제도Social Security와 고용주가 후원하는 퇴직 연금제도의 대체소득을 보충하기 위해 일반적으로 적립 기간 동안에 저축과 투자에 의존해야 한다. 일단 은퇴하고 나면 현재와 미래의 소비를 염두에 두고 저축한 돈을 어느 비율로 쓸지 결정해야 한다. 이 책은 금융 공학 및 리스크 관리 기법이 개인의 이러한 결정을 내리는 데 어떻게 도움이 되는지 설명한다. 먼저 적립 기간 동안 안정적이고 예측 가능한 대체소득을 제공하는 '은퇴 채권', 즉 은퇴 채권 복제 포트폴리오를 도입한다. 둘째, 은퇴 채권과 효율적인 수익 추구 포트폴리오를 결합해 미래 소득액에 대한 불확실성을 줄이면서 상승 잠재력을 제공하는 투자 전략을 설명한다. 마지막으로, 위험 보험 기법을 채택해 최소 수준의 대체소득을 확보하는 동시에 더 높은 수준의 소득에 도달할 가능성을 허용하는 전략을 제안한다.

핵심어: 목표 기반 투자, 퇴직 연금 투자, 대체소득, 헤징 포트폴리오

한국어판 지은이의 말

사회보장제도 및 퇴직 연금제도가 제공하는 부족한 대체소득Replacement Income을 보충하기 위해 은퇴 전에 저축과 투자를 해야 한다. 일단 은퇴하고 나면 저축한 돈을 어느 비율로 쓸지도 결정해야 한다. 복잡하고 어려운 질문이지만 대부분은 투자 의사 결정에 균형된 정량적 평가를 실행하는 전문 지식을 갖추지 못하고 있다. 만만치 않은 도전 과제다. 대체소득 필요성에 대한 만족할 만한 투자 해법을 제시하지 못하고 있는 금융업 종사자들에게도 도전 과제다. 대부분의 OECD 국가, 특히 거의 50%에 달하는 한국의 은퇴 후 빈곤율 증가를 고려할 때, 해당 문제는 사회 전반에 큰 도전 과제가 아닐 수 없다.

이 책은 금융공학과 위험 관리 기법이 이런 복잡한 의사 결정에 어떻게 도움을 줄 수 있는지 설명하고 은퇴자들의 투자 요구에 관한 학문적 해결책을 투자업계에 제공한다. 첫째, 투자자들은 은퇴 채권 또는 은퇴 채권 복제 포트폴리오로 정의되는 진정한 안전 자산이 필요하다. 은퇴 이후 평균수명과 대략 일치하는 기간 동안 일정한 생계비 조정 대체소득을 제공해야 한다. 둘째, 은퇴 채권과 효율적인 성과 추구 포트폴리오를 결합해 미래 소득액에 대한 불확실성을 줄이면서 상승 잠재력을 제공하는 투자 전략이 필요하다. 이런 투자 아이디어를 바탕으로 평균 이하의 소득을 가지고 있는 개인을 포함해 포괄적인 은퇴 후 적정 수준의 대체소득을 확보하는 새로운 범위의 퇴직 연금 투자상품을 개발할 수 있다. 퇴직 연금 산업에 긍정적인 영향을 주기 위해 이 책에 소개된 몇 가지 학문적 개념을 실제 포트폴리오에 구현하고자 적극적으로 노력하고 있다. 특히 투자 가능한 은퇴 채권을 업계의 벤치마크로 금융 상품화하는 것이 목표다.

마지막으로 EDHEC 경영대학원에서 재무 박사 학위를 받은 하석근 박사와 KIC 부CIO이셨던 이기홍 박사께서 이번 도서를 한국어로 번역해 한국 독자들이 접할 수 있도록 힘써 주셔서 감사드린다. 지식을 타 언어로 번역하고, 공통 언어인 금융 혁신으로 구현하는 노력을 통해 결국 좋은 아이디어가 사회 전반에 스며들 수 있으리라 확신한다.

모든 한국 독자들에게 행운이 함께하기를 기원한다.

퇴직 연금 투자의 최신 연구
계량 재무학 논문

라이오넬 마르텔리니
EDHEC-Risk Institute

빈센트 밀하우
EDHEC-Risk Institute

옮긴이 소개

이기홍(keerhee@gmail.com)

카네기멜론대학교에서 석사 학위를 받았고, 피츠버그대학교의 Finance Ph.D, CFA, FRM이자 금융, 투자, 경제분석전문가다. 삼성생명, HSBC, 새마을금고중앙회, 한국투자공사 등과 같은 국내 유수의 금융기관, 금융 공기업에서 자산 운용 포트폴리오 매니저로 근무했으며 현재 딥러닝과 강화학습을 금융에 접목시켜 이를 전파하고 저변을 확대하는 것을 보람으로 삼고 있다. 저서로는 『엑셀 VBA로 쉽게 배우는 금융공학 프로그래밍』(한빛미디어, 2009)이 있으며, 번역서로는 『포트폴리오 성공 운용』(미래에셋투자교육연구소, 2010), 『딥러닝 부트캠프 with 케라스』(길벗, 2017), 『프로그래머를 위한 기초 해석학』(길벗, 2018)과 에이콘출판사에서 출간한 『실용 최적화 알고리즘』(2020), 『초과 수익을 찾아서 2/e』(2020), 『자산운용을 위한 금융 머신러닝』(2021), 『실전 알고리즘 트레이딩 배우기』(2021), 『존 헐의 비즈니스 금융 머신러닝 2/e』(2021), 『퀀트 투자를 위한 머신러닝 · 딥러닝 알고리듬 트레이딩 2/e』(2021), 『자동머신러닝』(2021), 『금융 머신러닝』(2022) 등이 있다. 누구나 자유롭게 머신러닝과 딥러닝을 자신의 연구나 업무에 적용해 활용하는 그날이 오기를 바라며 매진하고 있다.

하석근(withha@hotmail.com)

학성고와 한국외국어대학교 경영학과를 졸업하고, 미국 컬럼비아대학교 산업공학 석사, 프랑스 EDHEC 경영대학원에서 프랭크 파보지Frank J. Fabozzi 교수 지도하에 경영학 박사학위PhD in Finance를 받았다. 「The Journal of Portfolio Management」 등 주요 학술지에 논문을 등재하고 있으며, 한국외국어대학교 경영대학 및 George Mason University Korea에서 학생들을 가르치고 있다.

현재 한국투자공사 출신 임직원으로 구성된 WWG 자산운용에서 헤지펀드를 운용하고 있다. 하나UBS 자산운용에서 해외 펀드를 운용했고, 디멘셔널 펀드 어드바이저Dimensional Fund Advisors, DFA 미국 본사 및 싱가폴 법인에서 부사장으로 글로벌 주식 포트폴리오를, 한국투자공사KIC에서 국부를 운용했다. 모건스탠리와 현대증권에서 근무했다. 번역서로 에이콘출판사에서 펴낸 『실전 금융 머신러닝 완벽 분석』(2018)과 『초과 수익을 찾아서 2/e』(2020)이 있으며 CFA 및 FRM이다.

옮긴이의 말

은퇴 후 편안한 노후 생활을 누구나 기대하고 있다. 그렇지만 현실은 녹록치 않다. 일단 근로를 하지 않아도 충분한 소득을 창출할 수 있는 자산이 필요하고, 해당 자산을 잘 운용할 수 있는 투자 전략을 갖고 있어야 한다. 그렇다면 핵심 질문은 1) 은퇴 전 충분한 자산을 어떻게 증식하고 2) 해당 자산을 잘 운용하는 방법은 무엇일까?

질문이 대한 답을 제공하기 위해 이 책에서는 현존하는 퇴직연금 솔루션의 문제점부터 진단한다. 대부분의 퇴직상품이 수익률 극대화 전략을 추구하는데, 자산 증식기Accumulation Period에 적절한 투자 목표이지만 은퇴 이후의 투자 목표로는 부적절하다. 퇴직 연금의 투자 목표는 안정적인 대체 소득 창출이어야 한다. 근로 소득이 없는 개인이 은퇴 전 소득의 몇 %(대략 60%)를 안정적으로 창출하는 것이 퇴직연금의 주 투자 목적으로 바람직하다. 그러나 이것만으로는 부족하다. 즉 생활비 상승을 매년 반영한 대체 소득을 안정적으로 창출해야 한다. 저자는 여기에 착안해 은퇴 채권Retirement Bond이라는 새로운 개념의 은퇴자를 위한 안전 자산 설계를 주장한다.

은퇴 채권만으로 모든 문제가 해결되는 것이 아니다. 은퇴 이전의 자산 축적기에는 상당한 금액을 주식으로 대표되는 위험 자산에 투자해야 한다. 위험 자산을 "수익 추구 포트폴리오"라고 하는데, 수익 추구 포트폴리오와 은퇴 채권을 적절히 결합해 미래 대체소득의 불확실성을 줄이면서 동시에 자산 증식 잠재력도 함께 갖고 있는 은퇴자의 투자 목적에 부합하는 솔루션을 만든다. 이렇게 한다면 진정적으로 은퇴자에게 최적화된 맞춤형 퇴직 솔루션이 나올 수 있다.

최근 국내에서도 퇴직 연금의 저 수익률 문제를 해결하기 위해 다양한 시도가 도입되고 있다. 대표적으로 생애주기펀드TDF를 DC형 퇴직연금에 디폴트 옵션Default Option으로 편입하는 제도가 시행될 예정이다. 행동재무학의 디폴트값 효과Default Effect를 활용해 개인 투자가가 특별한 펀드를 선택하지 않으면 TDF에 디폴트로 투자하는 것이다. 본 제도의 도입으로 TDF가 퇴직연금 투자 상품의 대표로 자리 매김할 것이다. 긍정적인 제도 변화에도 불구하고, 국내에 판매되고 있는 TDF는 투자 목적이 절대 수익 추구이고 은퇴 이후 대체소득을 제공하는 기능이 없으며 천편일률적인 글라이드 패스Glide Path를 갖고 있어 문제가 아닐 수 없다. 해당 문제를 해결할 때 이 책에서 소개된 투자 아이디어가 적용할 수 있다. 이 책을 통해 퇴직자에게 좀 더 적합한 TDF 상품이 출시돼 개인의 행복한 노후 생활은 물론 전체적인 사회 복리 증진에도 기여하기를 소망한다.

이기홍, 하석근

차례

01
서문

퇴직 연금제도는 노동시장에서 은퇴하는 것이 '정상'인 특정 연령에 도달해 일을 중단하는 개인에게 원칙적으로 연금을 지급하기 위한 제도다. 현재 은퇴자들을 위한 연금 재원 마련 방법, 수십 년 안에 은퇴 계획인 근로자들의 연금 지급 보장 방법, 연금을 수령하기 위해 어떤 조건을 충족해야 하는지 등의 주제는 수많은 경제적, 정치적, 사회적 의미를 지닌 논쟁거리다. 이 책은 일반 공개 토론에서 종종 간과되는 질문, 즉 은퇴 기간에 대체소득을 창출할 수 있도록 저축을 효율적으로 투자하는 방법에 초점을 맞춘다. 이 접근법은 개인이 은퇴하기 위해 축적해야 할 금액인 '은퇴 자금의 규모'를 찾는 것으로 시작해 연금의 원천이 되는 기금이 그 규모로 성장할 수 있도록 저축 및 투자 계획을 수립하는 접근법과 근본적으로 다르다. 기존 접근법에서 투자 전략 수립은 소득 창출 목표와 단절되고, 금융자산의 위험과 수익률에 관한 일반적인 고려 사항에 초점을 맞춘다. 이 책의 중심 아이디어는 축적 단계accumulation phase와 처분 단계decumulation phase 사이에 일관성을 확보하는 것이다. 달리 말하면 축적 단계의 투자 전략은 대체소득을 창출하는 목표를 중심으로 구성돼야 한다. 그 자체가 재무 이론의 첫 번째 원칙인 목표 기반 투자Goal-based investing 원칙에 따라 이루어진다.

이 책은 은퇴를 위한 좋은 투자에 관한 내용이다. 일반적 관심 주제이지만 '은퇴를 제대로 하려면 A 투자 상품을 B 투자 상품보다 선호해야 한다.'와 같은 단순한 메시지를 전달하지 않기 때문에 일반 청중을 대상으로 쓴 책이 아니다. 실제로 개인의 목표와 제약을 감안한 '투자 솔루션'이라고 부르는 '향상'된 투자 상품은 자산운용사의 금융 투자 상품 목록에 존재하지 않기 때문에 고객 지향적이지 않다. 이 책의 목적은 은퇴 레이블이 부착된 기존 투자 상품이 아니라, 추가적인 소득 창출이라는 목표에 더 부합하는 새로운 형태의 퇴직 투자 솔루션 출시를 위한 투자 업계의 관심을 조성하는 것이다.

퇴직자와 미래 퇴직자들의 요구에 맞는 진정한 퇴직 연금 솔루션이 구해지면, 다음 단계는 개인 투자자들이 은퇴 준비에 적합한지 검토하지도 않고 디폴트 투자 솔루션이나 유행성 투자 상품을 받아들이지 않도록 하고, 구해진 솔루션을 선택하도록 장려하는 것이다. 즉, 국가 및 고용주가 제공하는 연금을 보완하기 위해 스스로 얼마를 저축해야 하는지 결정하는 것처럼, 이 투자 결정만이 자신들을 위한 것이기 때문에 현명하고 학습된 상태에서 투자 선택을 할 수 있는 위치에 있어야 한다. 그러나 저축과 투자 결정에서 이러한 적극적인 역할을 하려면 개인은 금융 자산과 자산 배분 방법에 관한 최소한의 지식이 필요하다. 재무 교육 과제를 다루는 것은 이 책의 범위를 벗어나는 것이지만, 마지막 장에서는 달성해야 할 과제를 제안한다. 결국 메시지는 간단하다. 좋은 신체 조건을 유지하기 위해 균형 잡힌 식단과 규칙적인 신체 운동을 권장하는 것처럼, 이러한 목표에 도달하기 위해 자신의 목표에 부합하는 정기적인 투자와 투자 의사 결정이 권장된다.

이 책은 다음과 같이 구성된다. 2장은 퇴직 제도에 대해 대략적으로 알아보고 퇴직 후 소득을 보충하기 위한 저축과 투자 전략을 수립하는 것이 중요해지는 인구통계학적 및 경제적 과제를 검토한다. 3장에서는 축적된 저축을 충분한 시간 동안 지속적이면서도 안정적인 소득 흐름으로 전환할 수 있는 방법을 찾는 처분decumulation 문제를 알아본다. 은퇴 채권retirement bonds

도입으로 마무리하며 은퇴 채권은 이 책에서 중요한 역할을 한다. 개인의 기대 수명 시간 동안 고정 수익 또는 생활비 조정 소득Cost of living adjusted income을 제공하는 증권으로 정의된다. 4장은 대체소득 측면에서 저축 구매력을 평가하며, 이러한 채권의 가격이 어떻게 사용될 수 있는지 자세히 보여줌으로써 자신이 은퇴를 위한 궤도에 올랐는지 알고자 하는 개인에게 일련의 유용한 지표를 제공한다. 5장은 노후를 위해 저축하는 생애주기인 축적 단계의 투자 전략을 다루며, 은퇴 채권이 빌딩 블록으로 사용되는 새로운 형태의 밸런스 펀드Balanced Funds와 타깃 데이트 펀드Target Date Fund를 설명한다. 6장은 유리한 시장 시나리오에서 더 높은 수준에 도달하는 데 필요한 상승 가능성을 유지하면서 은퇴 시 최소 대체소득 수준을 확보하기 위해 고안된 정교한 유형의 투자 전략을 소개한다. 7장에서는 은퇴 설계에서 목적 지향 투자 접근법Goal-based investment approach을 채택하는 함의와 결론을 제시한다. 마지막으로 부록에서 기술적 세부 사항과 수학적 도출을 보여준다.

02
은퇴 시기를 준비하는 투자가 왜 중요한가?

은퇴를 위한 저축 맥락에서 서로 다른 투자 선택안의 장단점은 퇴직 연금 관련 일반적인 논의에서 가장 인기 있는 주제가 아니다. 종종 이런 주제는 현업 실무자와 연구자 사이의 토론에만 국한된다. 그러나 금융 자산들은 안정적이고 충분히 큰 대체소득을 창출할 수 있는 능력이 매우 다르기 때문에 투자 의사 결정은 대체소득 관점에서 결과에 상당한 영향을 미친다. 공적 퇴직 제도Public Retirement Systems와 확정 급여 연금제도Defined Benefit Plan만으로 개인이 원하는 생활 방식을 재정적으로 지원할 수 있다면 이런 투자 결정은 무관할 것이다. 유감스럽게도 2장에서 조사한 인구통계학 및 경제적 측면에서 그렇지 않다. 따라서 개인은 자신의 저축과 투자 결정으로 은퇴 소득retirement income을 보충할 필요가 있다.

2.1 퇴직 연금제도의 구성

퇴직제도는 3대 축으로 구성돼 있으며 각 축은 퇴직자에게 소득을 제공한다. 네 번째 축은 주택과 같은 비금융자산과 가족 지원처럼 비공식 소득원을 포함한다. 이 분류는 세계은행(Holzmann and Hinz, 2005)이 도입한 표준 구성이지만, 경제협력개발기구OECD는 세 가지 "계층"을 중심으로 조직된 다른 분류법을 사용한다. 처음 두 가지는 필수이고 세 번째는 자발적이다.

2.1.1 첫 번째 기둥: 의무적이며 공적으로 관리되는 연금제도

첫 번째 기둥은 퇴직 시 기본적인 소비 욕구를 충족시키기 위해 연금 보장의 보편적 핵심 가치를 제공하는 것을 목표로 한다. 대부분의 선진국에 존재하는 사회 보장 시스템Social Security System은 노인뿐만 아니라 개인, 과부, 고아 등 특수 계층에 소득을 제공함으로써 빈곤을 줄이려는 광범위한 목표의 일환으로 이 과제를 수행한다. 기초연금 시스템은 의무적이고 공개적으로 관리되며 대개 부과 방식Pay-as-you-go[1]이기 때문에 혜택은 근로자와 고용주로부터 부과되는 급여세, 필요하다면 추가로 부채를 일으켜 지급된다는 것을 의미한다. 따라서 첫 번째 축은 본질적으로 재분배다. 납부 조건 없이 경제적으로 가장 불리한 노인에게 최소한의 연금을 지급하는 비기여제도noncontributory schemes를 포괄하는 '0의 축'을 분류에 추가하기도 한다.

기초연금제도는 일반적으로 급여가 근무 기간에 이루어진 기여 금액이나 투자 성과로 표현되지 않는다는 점에서 확정 급여와 비슷하다. 그대신 이 제도는 개인의 과거 임금과 기여 금액이 지급된 기간과 다양한 방식으로 연계돼 있다. 연금 권리를 청구하려면 일반적으로 최소 기여 기간 및 최소 연령이 요구되며, 이러한 조건을 충족하지 않는 사람은 자격이 없거나 줄어든 연금을 받을 수 없다. 프랑스의 경우 개인은 최소 62세 이상이어야 자격이 있고, 전액 연금을 받으려면 172분기 동안 기여해야 한다. 미국의 경우 크레딧은 수입에 따라 매년 적립되며, 연간 최대 4크레딧이며 개인은 최소 40크레딧 또는 10년이 필요하다. 영국에서는 새로운 주 연금 규정에

1 PAYG로 불리며, 현재 미래의 연금 수령자인 내가 내는 보험료가 나를 위해 사용되는 것이 아니라, 현재의 연금 수급자들을 위한 재원을 사용되는 것을 말한다. 결국 젊은 세대가 내는 보험료를 노령세대가 연금으로 수령하는 방식이다. - 옮긴이

최소 10년의 자격 기간을 부과한다.[2] 세부 조정은 장애, 실업 기간, 육아, 몹시 힘든 일과 같은 특정 상황을 고려해 적용할 수 있다.

기초 제도에서 받는 혜택을 보충하고 소득 대체율을 개선하기 위해 일부 국가는 의무 등록이 포함된 추가 연금제도를 마련했다. 영국에서는 2002년까지 주 소득 관련 연금제도State Earnings-Related Pension Scheme가 적용됐다. 2002년 이후에는 추가 주 연금Additional State Pension이 적용됐는데, 이는 2016년에 신규 주 연금 제도new State Pension로 대체됐다. 프랑스에서는 아지르크-아르코Agirc-Arrco와 RAFPRetaite Addinnelle de la Fonction Publique가 각각 민간 부문 근로자와 공무원에게 추가 혜택을 제공한다. 두 가지 모두 포인트 기반 시스템의 사례이며 앞에서 언급한 시스템보다 더 확정 기여형 특성을 갖고 있다. 이러한 제도에서 근로자는 의무적으로 기여해 포인트를 획득하고 종종 사업주가 기여분을 매칭한다. 포인트 개수에 단일 포인트 가치를 곱한 금액으로 전환될 때까지 포인트는 개별 계정에 저장된다. RAFP는 투자 자산으로 자금을 확보하는 적립 방식 연금 시스템Funded System이다.[3]

2.1.2 두 번째 기둥: 의무 등록이 요구되는 기업 연금제도

두 번째 기둥은 근로자의 의무 등록이 필요한 공공 또는 민간기업 연금제도로 구성된다. 이러한 제도의 규모는 사회보장제도 이전에 고용주가 후원하는 제도가 존재했는가에 따라 국가별로 크게 달라진다(Moore, 2011). 2016년 현재 민간 기업 연금제도가 크게 발전하지 않는 프랑스의 경우 자산 규모가 국내총생산GDP이 9.8%에 불과하고 미국은 134.9% 정도다. OECD 국가 전

2 이 책이 집필될 당시(2019년) 이러한 규칙이 적용됐으며, 실제 규칙의 단순 버전이 여기 제시돼 있다. 사회보장개혁은 점진적으로 시행되고 연장자보다 젊은 근로자들에게 더 많은 영향을 미치기 때문에 보통 모든 연령 그룹(Cohort)에 같은 규칙을 적용하지 않는다.

3 한국의 국민연금은 만 18세 이상 만 60세 미만 국민이면 가입대상이 되고, 최소가입기간 10년을 채웠을 때 해당 연령이 되면 노령연금을 받을 수 있다. 노령연금 수급 연령은 현재 만 60세이나 고령화 추세를 반영해 1953~1956년생은 만 61세, 1957~1960년생은 만 62세, 1961~1964년생 만 63세, 1965~1968년생은 만 64세 그리고 1969년생 이후 출생자는 만 65세부터 노령연금을 수령하도록 1998년 말에 법이 개정됐다. 이때 받는 연금액은 본인의 가입기간 및 가입 중 평균 소득액, 전체 가입자의 평균 소득액을 기초로 계산된다. (출처: KDI 경제 정보 센터) – 옮긴이

체에서 덴마크가 209%로 최대치를 기록했다(OECD, 2017).[4]

미국과 영국에서 전통적인 형태의 민간 기업 연금제도가 확정 급여[DB] 연금제도이다. 퇴직 급여의 계산은 종업원의 소득과 경력 기간에 기초한다. 따라서 이러한 제도하에서 투자 중인 자산이 약속한 충분한 수익을 창출하지 못하는 경우에 발생하는 지급 위험에 노출된다. 자금 부족은 연금 수급자들에게 궁극적으로 위험하다. 1974년 미국 퇴직 소득보장법[Employee Retirement Income Security Act of 1974]에 의해 만들어진 연금급여보장공사[PBGC]와 2004년 영국에서 연금법에 의해 만들어진 연금보호기금[Pension Protection Fund]과 같이,[5] 일부 국가에서는 급여 지급을 확보하기 위해 보험 제도를 도입했다. 연금 보장 기금을 만들기 전에 자산이 부채와 일치하도록 보장하는 **부채 헤징 포트폴리오**[liability-hedging portfolios]를 구성하는 것을 포함해 적절한 자산 부채 관리[asset-liability management] 기법을 사용함으로써 자금 부족 위험을 애초에 줄일 수 있다. 이러한 관행은 민간 연금 규제에 관한 OECD의 권고 사항과 완전히 일치한다.

> 투자 정책서[IPS]는 퇴직 소득 목표와 특정 요인에 부합하는 연금 기금의 명확한 투자 목표를 수립한다. 또한 투자 목적은 연금 기금의 부채 특성과 일관성이 있어야 한다.[6]

> 투자 목표의 달성을 지원하는 건전한 투자 위험 관리 프로세스를 수립해야 한다. 일관성 있고 통합된 방식으로 포트폴리오 위험을 적절히 통제하고 자산과 최종 부채를 관리해야 한다.[7]

윌리 타워 왓슨(2017, 페이지 7)의 2016년 수치에 따르면, 확정 급여형은 여전히 이들 국가에서 각각 82%와 40%로 많은 투자 자산을 차지하고 있다. 그러나 OECD(2016b, 페이지 24~27)는 2000년 이후로 확정 기여형 참여자

---

4 OECD, http://dx.doi.org/10.1787/888933634686.

5 2003년 Studebaker-Packard 회사의 실패를 참조하라.

6 OECD (2016a), Guideline 4.6, p. 34.

7 OECD (2016a), Guideline 4.9, p. 35.

수가 확정 급여형의 참여자 수보다 더 빠르게 증가했다고 보고한다. 이는 두 가지 유형의 기업연금제도가 널리 퍼져 있는 모든 국가에서 반복되는 현상이다. 미국은 확정 급여형 참여자 수가 2000년 61,686,000명에서 2012년 72,577,000명으로 증가한 반면, 같은 기간에 확정 기여형 참여자 수는 61,686,000명에서 95,379,000명으로 거의 55% 증가했다. 영국에서도 2010년과 2015년 사이에 확정 급여형 회원 수가 11,990,000에서 10,973,000명으로 감소했는데, 이는 확정 기여형 회원 수가 2,360,000명에서 6,931,300명으로 크게 증가한 것과 대조적이다.[8]

확정 기여형 제도에서 수급 금액은 종업원(및 고용주)의 기여금과 투자 자산의 성과에 따라 달라지기 때문에 참여자들은 투자 성과 결과에 더 직접적으로 노출된다. 확정 기여형 제도에서 위험을 부담하는 것은 고용인이고 확정 급여형에서는 고용주가 적자를 보충해 퇴직금을 지급한다.

2.1.3 세 번째 기둥: 자발적 저축

세 번째 기둥은 자발적인 개인 연금을 포함한다. 개인들이 의무적으로 받는 연금을 보완하기 위한 자발적인 연금 약정이다. 다양한 금융 상품을 포괄하는데 밸런스 펀드Balanced Funds, 생명 보험 등 명시적으로 퇴직 저축을 위한 목적이 아닌 상품을 포함한다. 관례상 비금융자산은 목록에서 제외되기 때문에 세계은행은 주택 소유와 역모기지reverse mortgage를 "네 번째 축"으로 정의한다.

기존의 확정 급여형 연금제도를 점진적으로 인수하고 있는 확정 기여형 연금제도 다수가 여기서 속한다. 미국에서는 이러한 신규 확정 기여형 연금제도의 상당수가 1986년 국내 세법의 조항 이름을 따서 명명된 401(k) 제도이며, 고용인은 자동으로 등록되며 참여를 원하지 않을 경우 명시적으로 탈퇴해야 한다. 하지만 이 제도에 참여하는 것은 선택 사항이다. 자발적 집

8 출처: OECD, http://dx.doi.org/10.1787/888933426787.

합 연금 약정collective voluntary pension arrangements의 다른 예로는 2006년에 만들어진 프랑스 PERCOPlan Epargne pour la Retraite Collectif와 네덜란드 집단 확정 기여형CDC 제도가 있다. CDC는 두 개의 장점을 혼합하기 위한 시도로 만들어졌다. CDC 제도에서 사업주의 기여금은 고정되고 고용인의 자산은 개별 계정으로 투자하기보다는 펀드에 풀링pooling되므로, 투자 위험이 기여자 간에 분산된다.

자발적 저축 제도에서 개인은 자신이 얼마를 저축하고 싶고, 어떻게 저축에 투자하고 싶은지를 결정할 책임이 있기 때문에 저축하는 형태가 개인의 재무의사 결정에 관한 태도를 반영한다. 그 결과, 퇴직을 위한 저축은 행동경제학 연구에 최적 분야다. 개인 행동의 잘 알려진 특징 중 하나는 미루기procrastination인데, 이는 미래의 소비 재원을 마련하기 위해 현재의 소비를 줄이는 의사 결정을 미루는 경향이다. 이러한 행동은 개인 최적화에 기초한 미시경제 이론에서도 나타나며, 현재 선호도와 시간에 따라 소비를 대체하려는 경향을 임시 파라미터를 통해 포착한다. 개인이 스스로 저축할 수 있는 인센티브를 만들기 위해 규제당국은 보통 특정 금융 저축 상품에 일종의 세금 혜택을 제공한다. 퇴직 저축을 실행하는 전체 3단계 사이클에서 세제 혜택은 크게 세 가지로 분류되는데 첫째는 저축 금액에, 둘째는 자본 성장에, 셋째는 저축 인출에 적용된다.

이 제도의 장점은 일정 한도까지 과세 소득에서 기여금을 공제하는 것인데, 미국 401(k) 제도, 전통적인 개인 퇴직 계정IRA, 민간 부문 근로자를 위한 프랑스 PERPPlan Epargne Retraite Popoulaire와 공무원을 위한 Préfon 등이 이와 같이 한다. 이 제도에서 퇴직 시 수익이 분배될 때까지 세금이 이연되므로 만약 근로 생활 기간보다 퇴직 시 낮은 세율로 과세된다면 이 조항은 유리하다. 예를 들어, 퇴직 시 소득이 적고 세제가 누진적인 경우가 이에 해당된다. 더욱이 투자 성과가 충분하기 때문에 연간 수익이 연간 기여금보다 크면 세후 퇴직 수익이 세후 기여금보다 크다. 대략적으로 영구 소득 가설permanent income hypothesis을 따르고 전 생애에 걸쳐 소득을 극대화하는 저축 전략을 선택한다면 이는 개인들에게 매력적인 특징이다.

세금 우대는 인출 시에도 존재할 수 있다. 1997년 납세자 구제법Taxpayer Relief Act에 의해 만들어진 미국의 로스 IRARoth IRAs에서는 인출이 자격을 부여받는 특정 방식으로 수행되면, 기여금에는 이점이 없지만 분배 소득은 비과세다. 영국의 ISAIndividual Savings Accounts에도 비슷한 약정이 있지만 은퇴 저축보다 더 일반적인 용도로 사용할 수 있다. 프랑스에서는 생명보험 계약자가 평생 소득으로 전환할 수 있지만, 이 소득의 극히 일부만이 과세된다.

마지막으로 401(k) 제도, IRA 및 ISA의 공통적인 장점은 수령한 배당금 및 이자와 재투자 금액뿐만 아니라 양도소득에 대해서도 추가 세금이 발생하지 않는다는 것이다. 프랑스에서는 자금을 인출할 때 자본 소득과 생명보험 계약의 차익에 세금을 매기지만, 계약자의 연령에 따라 세금 환급이 적용된다.

일반적으로 개인은 저축한 돈을 투자하기 위해 다양한 금융상품을 활용할 수 있다. 프랑스에서는 생명보험계약의 소유자들이 원금 보장 펀드에 투자한다. 전통적인 펀드fonds en euros는 국채에 투자하지만, 물가 상승률조차 보상하지 않는 지속적인 저금리 환경에 대응하고자 채권과 주식과 같은 다른 위험 자산에 동적인 배분을 시행하는 상품이 등장했다. 원금 보장 상품 외에도 가입자들은 원금이 보장되지 않고 기대 수익률이 더 높은 주식, 채권, 부동산과 같은 더 위험한 뮤추얼 펀드에 돈을 투자할 수 있다.

미국에서 매우 인기 있는 다른 종류의 상품은 타깃 데이트 펀드TDF, Target Date Fund이다. 5.1에 자세히 기술할 해당 펀드는 주식과 채권을 혼합하고 목표일(은퇴 시점)이 다가올수록 주식 배분이 점차 감소한다. 이들은 2006년 연금 보호법the Pension Protection Act에 의해 "적격 디폴트 상품Qualified Default Investment Alternative"의 지위를 획득했으며, 이는 해당 펀드에 참여자(고용인)를 등록함으로써 고용주가 손실에 대해 책임을 지지 않음을 의미한다. 그 결과 타깃 데이트 펀드는 대부분의 401(k) 제도에서는 기본 옵션이며, 많은 근로자들이 이를 고수하고 있다.

자산 운용 상품인 뮤추얼 펀드 외에도 보험 사업자가 관리하고 일반적으로 **연금**annuities이라고 부르는 보험 상품이 존재한다. 3.2에 설명돼 있다. 연금 계약에 가입함으로써 개인은 자본을 평생 소득으로 전환한다. 가장 단순한 계약에서 소득은 일정하며 계약서 작성일의 이자율 조건과 개인의 기대 수명에 따라 달라지지만, **변액 연금**variable annuities이라고 부르는 상품은 수익을 펀드의 성과와 연결시킴으로써 보험 계약과 확정 기여형 상품의 경계를 모호하게 만들었다.

2.2 인구 통계학 및 재정 문제

2.2.1 인구 통계학적 맥락

사회보장제도Social Security System는 근로자와 고용주가 지불하는 기여금과 퇴직자에게 지급하는 연금 급여 사이의 균형에 달려 있다. 그러나 지속 가능성은 인구 고령화에 대한 일반적인 장기적 추세로 인해 저하되고 있다. OECD는 회원국들의 경우 20~64세 개인 100명당 65세 이상 인구가 1975년 19.5명에서 2015년 27.9명으로 증가했으며 2050년에는 53.2명으로 늘어날 것으로 전망했다. 일본과 한국은 각각 75.3%, 78.8%로 성장할 것이다.[9,10]

9 이러한 경향이 발생한 중요한 요인은 그림 1에서 볼 수 있듯이 지난 50년 동안 관찰됐으며 다음 세기에 걸쳐 계속될 것으로 예상되는 기대 수명 증가이다. 기대 수명과 노동시장 퇴출 평균 유효 연령 간의 차이를 취함으로써 은퇴 이후를 보내는 평균 시간, 즉 개인이 대체소득을 필요로 하는 평균 기간을 추정할 수 있다. OECD 국가 전체에서 2016년 평균 정년은 여성 63.6세, 남성 65.1세로 두 집단은 각각 22.5세, 18.0세 정도의 은퇴 이후를 기대할 수 있다. 프랑스의 경우 여성은 27.6세, 남성은 23.6세로 정년 이후의 기간이 가장 길 것으로 예상된다.

10 출처: OECD, http://dx.doi.org/10.1787/888933634401.

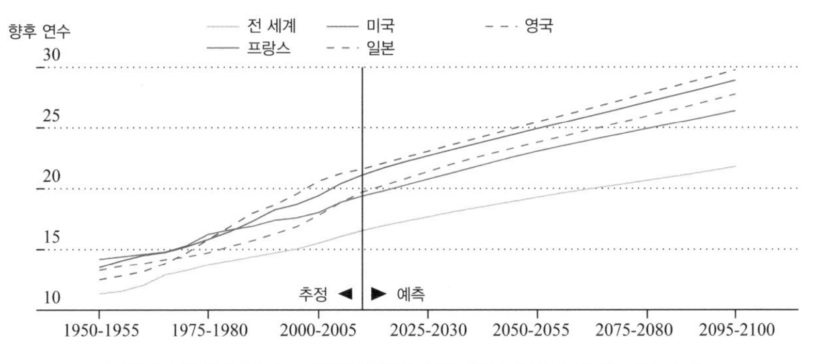

그림 1 2015년 기준 65세 연령층의 추정 기대 수명과 예측 기대 수명

데이터: UNO, "남성 및 여성의 동일한 연령대에서 기대 수명" https://population.un.org/wpp/Download/Standard/Mortality. 수치는 1950년부터 2015년까지의 추정치이며, 2016년부터 2100년까지의 예측치

2.2.2 확정 급여형에서 자금 부족 문제

자금 부족은 확정 급여형의 주요 위험 요소이며 최소 적립 기준액minimum funding requirements을 법률로 지정하는 주요 동기였다. 미국에서는 스터드베이커-패커드 연금제도Studebaker-Packard pension plan의 실패가 우튼(2001)이 상기한 것처럼 ERISA법 통과의 계기가 됐다. 우튼(2001)은 1963년 사우스벤드에 있는 자동차 시설을 폐쇄했을 때, 이 연금제도는 약속한 연금을 지불하기에 충분한 자산이 없었기 때문에 많은 근로자들이 줄어든 연금을 받거나, 아예 받지 못했다. 1974년 ERISA는 첫 번째 최소 적립 규칙을 표명했고 2006년 연금 보호법Pension Protection Act은 확정 급여액 계획이 원칙적으로 전액 자금 조달돼야 한다고 규정하면서 엄격한 규칙을 도입했다. "위험 상태에 있는 계획과 관련해 (i)(1)항에 규정된 것을 제외하고, 계획 연도의 자금 조달 목표는 계획 연도의 시작 시점에서 적립되거나 적립된 총 금액의 현재 가치이다."[11]

11 Pension Protection Act of 2006, Public Law 109–280, Sec. 102, §(d)(1), p. 791

또한 ERISA는 부채 가치 평가의 새로운 원칙을 도입했다. 특히 부채의 할인에 사용되는 이자율은 고정적이고 자의적인 숫자가 아닌 미 국채 이자율과 일치하도록 요구했다.[12] 이러한 관행은 부채 규모를 더 잘 인식하지만 부채의 보험 계리적 가치(할인된 현금 흐름의 합으로 정의)에 변동성이 발생한다. 부채의 보험 계리적 가치는 회사의 손익계산서 및 대차대조표에 반영된다. 또한 2008년 경기 침체 이후 계속된 역사적 저금리는 부채 가치를 부풀리고 적립 비율을 떨어뜨렸다.

적립 비율 요구 사항이 엄격해지고 회계 표준이 변경됨에 따라 확정 급여형 제도의 유연성이 저하돼 확정 기여형 제도로 전환하는 데 도움이 됐다. 일부 국가에서는 누적 자산이 부채를 충당하기에 불충분하고 때로는 적자가 심각하다. 2016년 평균 적립 비율은 아이슬란드 61.0%, 미국 67.5%, 영국 88.7%, 캐나다 95.0%이다.[13]

2.2.3 적정하지 않은 대체소득

부적정 위험Inadequacy risk은 노후 생활 습관을 유지하기 위한 대체소득 부족 위험이다. 사회 보장 시스템 및 고용주가 후원하는 확정 급여형 제도에서 제공하는 혜택에 대해 개인은 통제권이 없지만, 세 번째 기둥에 관해서 저축 및 투자 결정을 내릴 책임이 있다. 따라서 불충분한 수익은 저축이 충분하지 않거나 낮은 투자 수익률의 두 가지 요소로 인해 발생할 수 있다.

OECD(2016b)가 지적한 바와 같이, 이러한 위험은 기여금이 확정 급여형에 비해 확정 기여형에서 더 낮은 경향이 있기 때문에 증가된다. 일반적인 기여율은 공공 또는 민간 확정 급여형 제도에서 임금의 20% 이상이며(예: OECD [2015] 기준 2014년 프랑스 21.3%, 네덜란드 20.9%), 확정 기여형 제도에서는 상당히 낮다(예: 호주 9.5%). 해당 위험은 연금 소득 대체율pension

---

12 ERISA of 1974, Sec. 303, §(2)(B) and §(2)(C)

13 출처: Property OECD, of Cambridge http://dx.doi.org/10.1787/888933634819.

replacement rate에서 구체화되는데, 이는 공공 및 민간 의무 약정의 연금 급여 대 노동 소득 비율로 정의된다. 이 비율은 일반적으로 소득 수준 측면에서 감소하고 있으며, 많은 시스템의 재분배 특성을 반영해 미국에서는 42.4%에서 59.9%까지, 영국에서는 20.7%에서 52.1%까지, 아일랜드에서는 32.4%에서 70.0%까지 다양하다(그림 2 참조). 덴마크가 76.2%에서 110.3%로 가장 높고 남아프리카공화국이 35% 미만으로 가장 낮다. 이러한 수치는 개인들이 자발적 저축 제도에 참여하지 않는 한 퇴직 시 소득의 심각한 감소를 경험할 가능성이 있다. 사실상 저축 제도가 상당한 인구 범위로 확산된 국가에서는 자발적 소득원을 고려할 때 소득 대체율이 유의적으로 증가한다. 미국은 평균 소득 근로자의 순소득 대체율이 의무 퇴직금 수령만 있으면 49.1%에 달하지만 자발적 저축이 있으면 87.1%까지 증가한다. 그러나 이 총액은 영국 62.2%, 독일 65.4%이고[14] OECD 국가 중 많은 국가에서 자발적 저축이 제한된 범위에서 이뤄지고 있다. 예를 들어 이탈리아에서는 15~64세 개인의 9.2%가 자발적 저축 계획에, 11.5%가 개인 연금에 참여하고 있다. 프랑스에서 이 비율은 각 24.5%, 5.7%이다.[15]

14 출처: OECD, http://dx.doi.org/10.1787/888933634059.

15 출처: Property OECD, of Cambridge http://dx.doi.org/10.1787/888933634629.

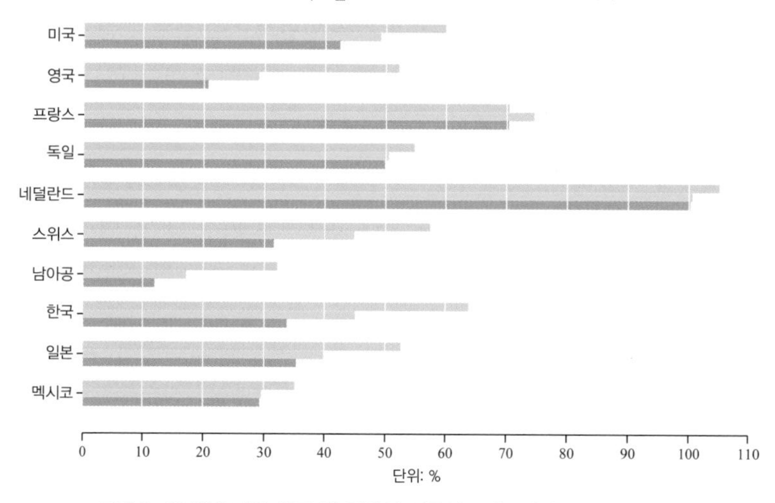

그림 2 2016년 기준 공공 및 민간의 의무연금제도의 순소득 대체율

참고: 수치는 OECD(2017년) 표 4.11에서 재현한 것이며 2016년 12월 기준이다.[16] 순소득 대체율은 근로자 평균 소득의 0.5배 이하(저소득자), 평균 소득의 0.5배에서 1.5배 (평균 소득자) 및 평균 소득의 1.5배 이상(고소득자)인 개인의 근로 소득 대비 퇴직 급여 비율이다. 다음의 상세한 방법론은 인플레이션, 수익 증가율, 기금 연금제도의 자산 수익률, 연금의 로딩 팩터, 할인율, 장수 수명 및 세율에 관한 가정을 담고 있는데 OECD 보고서의 98~99페이지에 제시돼 있다. 미국, 영국, 독일, 남아프리카, 일본의 경우 인구의 상당수가 자발적 개인 연금 약정으로 충당되기 때문에 의무적 연금과 자발적 연금을 합친 총 소득 대체율은 이 도표보다 높다.

이 책의 초점은 주어진 기여금으로 축적 단계에서 투자 전략을 설계하는 데 있다. 개인이 오랜 기간 동안 더 저축하도록 유도하고, 저축한 돈을 효율적으로 활용하는 전략을 선택하는 것은 여기서 다루지 않는 금융 교육의 문제이다. 7장은 이 분야의 향후 방향을 제안한다.

16 출처: Property OECD, of Cambridge http://dx.doi.org/10.1787/888933634059.

03
처분 문제: 어떻게 연금화하는가?

처분 문제는 다음과 같다. 은퇴시 누적된 은퇴 저축의 가치인 (종종 은퇴 자금이라 불리는) 자본을 활용해 은퇴기간 동안 지속되는 소득을 생성할 수 있는가? 저축한 금액보다 오래 살 위험(장수 위험) 없이 매년 저축에서 얼마나 인출할 수 있는가?

3.1 소비와 장수 위험 간 트레이드 오프

3.1.1 다기간 소비 투자 계획

처분 문제는 장기간에 걸쳐 소비와 투자를 계획하는 전통적인 금융경제학 문제에 부분적으로 포함된다. 개인이 미래 소비보다 현재 소비에 더 많은 효용을 부여하지만, 지금 너무 많이 소비하면 투자할 것이 거의 남지 않아 미래 재산이 줄어들고 소비도 줄어들게 된다. 따라서 다기간 계획 문제 Intertemporal planning problem는 1) 최적 다기간 효용을 달성하고자 소비와 저축 사이에 부를 배분하는 방법과 2) 금융 자산에서 비소비 부분을 배분하는 방법을 결정하는 문제이다.

소비와 투자 결정이 서로 얽혀 있다는 점이 흥미롭다. 각 날짜마다 에이전트는 소비량과 저축액을 비교하는 것은 물론 저축을 투자하는 방법도 결정해야 한다. 따라서 "포트폴리오 최적화 문제"인 저축을 어떻게 투자해야 하는가에 대한 결정은 얼마의 금액을 남겨둘 것인지 결정하는 것만큼 중요하다. 물론 일상적인 관찰에 따르면, 개인은 이를 2차적 문제로 간주하고 얼마나 저축할지에 초점을 맞춘다.

다기간 소비와 투자를 최적화하려면 효용함수를 통해 개인의 선호를 모델링하고, 서로 다른 날짜의 소비로부터 효용이 최적화할 수 있는 단일 척도로 통합되는 방법을 지정하고, 금융 자산의 미래 수익 불확실성을 모델링하고, 통제 변수가 소비 프로세스와 포트폴리오 조합인 효용 최대화 문제를 푸는 수학적 노력이 요구된다. 가장 간단하게 후생welfare이란 모든 미래 날짜의 소비 수준에서 예상되는 효용의 가중치 합계를 말하며, 더 가까운 날짜가 먼 날짜보다 더 많은 기여를 한다. 최적화 프로그램을 다음과 같이 표현한다.

$$\max_{\substack{c_0,\dots,c_{\tau-1} \\ w_0,\dots,w_{\tau-1}}} \mathbb{E}\left[\sum_{t=0}^{\tau-1} e^{-\beta t} u(c_t)\right], \text{ subject to } W_{t+1} = [W_t - c_t] \times [1 + r_{p,t+1}] \tag{3.1}$$

여기서 $\mathbb{E}$는 기대값, τ은 시간, c_t는 날짜 t에서의 소비, w_t는 날짜 t의 포트폴리오 구성, W_t는 날짜 t에서 소비 전 부, β는 현재 소비 선호도를 반영하는 양의 계수, $r_{p,t+1}$은 날짜 t와 $t+1$ 사이의 포트폴리오 수익률로 포트폴리오 조합에 따라 달라진다.

이 접근법의 매력은 다양한 선호도를 수용할 수 있다. 식 (3.1)은 최종 부(유산)에서 효용이 없다고 가정하므로, 최적의 소비 및 투자 계획은 최종 부가 정확히 0이라는 것을 암시한다. 에이전트가 최종 부에서 효용을 도출하는 경우(예: 상속인에게 일부 유산을 남기고 싶기 때문에), $\mathbb{E}[u(W_\tau)]$를 추가로 도입해 목적함수를 수정할 수 있다. 단순히 합산한다고 가정하는 대신 시간이 지남에 따라 효용을 종합하는 다른 형태의 함수를 지정할 수도 있다. 시간 경과에 따른 소비 변동을 제한하기 위한 소비 습관Habit Formation을 도입하고 어려운 시기에는 낮은 소비 수준을 피하기 위해 최저 생계 수준을 도입한다. 그러나 이러한 기능은 기술적 복잡성 증가로 비용이 추가된다. 가장 단순한 시간 가법적 선호Time Additive Preferences와 고정 투자 기회 집합Constant Investment Opportunities이 있는 경제 상황에서 효용 극대화 문제에 대한 해결책은 최적의 확률적 제어Optimal Stochastic Control와 같은 고급 수학적 도구를 활용해야 한다. 새뮤얼슨Samuelson(1969), 머튼Merton(1969), 머튼Merton(1973)이 큰 학문적 기여를 했으며, 수많은 후속 논문이 모델링 가정과 해법에 진전을 이뤘다.

최적 조건은 각 시점에서 소비의 한계 효용은 저축의 한계 효용과 같아야 한다는 것을 의미한다. 투자자는 두 한계 효용 중 하나가 더 클 경우 더 높은 후생을 얻기 위해 소비와 저축 사이에 부를 재분배할 수 있다. 그러나 한계 효용은 점진적인 포화의 결과로 항상 감소하는 함수다. 에이전트들은 배고플 때보다 맛있는 식사 후에 더 먹는 것으로부터 얻는 추가적인 효용이 줄어든다. 따라서 최적 소비는 저축의 한계 효용 감소함수이고, 부의 한계 효용은 그 자체가 부의 함수이기 때문에(그 역시 감소하고 있다) 최적 소비는 부의 함수가 된다. 이는 중요한 메시지를 전달한다. 소비는 각 시점에서 부에 조정돼야 하고, 부가 증가할 때 증가한다. 부를 소비로 매핑하는 함수의 정확한 형태를 찾으려면 모델 방정식을 풀어야 한다.[1] 이러한 결론은 직관적으로 타당하지만, 매년 적자 없이 포트폴리오에서 인출할 수 있는 고정 금액 또는 인플레이션 조정 금액을 계산하고자 하는 일반적인 처분 시기에 대한 재무 조언과 많은 갈등을 빚고 있다(3.3절 참조).

---

1 "쌍곡선 위험 회피(hyperbolic risk aversion)" 선호도를 가지고 있는 특수한 경우의 소비와 부 사이의 명확한 관계는 머튼(Merton, 1973) 논문 390페이지에 있는 등식(48)을 참조한다.

3.1.2 불확실한 투자 기간

처분 문제에 추가적인 어려움이 나타난다. 사망 시점이 불확실한 점은 미래에 저축이 창출할 수 있는 수익에 대한 불확실성을 가중시켜 개인이 매년 얼마나 인출할지에 대한 의사 결정을 더욱 어렵게 한다. 예를 들어 막 은퇴한 사람이 저축한 금액이 20만 달러이고 65세 미국의 평균 잔여 수명 약 20년을 살 것으로 예상하는 경우, 단순하게 저축 수익률이 0이라고 가정하면 연간 1만 달러를 인출할 수 있다. 그러나 불과 10년만에 세상을 떠날 만큼 불행하다면 연간 1만 달러를 더 인출해 생활을 개선할 수 있는 기회를 놓치게 된다. 반대로 90세까지 살면 처음 20년 후에는 돈이 바닥나고 사후에 적정 인출 금액이 연간 8,000달러였다는 사실을 알게 된다. 불확실한 투자 기간은 다기간 최적화에 관한 이론 문헌에서 검토됐다(예: Blanchet-Scalliet 등, 2008). 투자 기간에서 발생하는 불확실성을 모델링하고 불확실성이 다른 원천의 무작위성과 상호작용하는 방법을 구체화하기 위해 새로운 수학적 기법이 필요하다.

3.1.3 적용 가능성의 한계

이러한 모델이 경제 원리에 입각한 소비와 저축의 딜레마에 대한 해답을 제공하지만, 이론적인 해답은 실제 처분 문제를 해결하는 데 사용될 수 없다. 실제로 최적의 소비 비율은 가정에서 발생하는 오류에 강건하지 않다. 예를 들어 개인이 금융자산의 기대 수익과 변동성이 일정하다고 잘못 가정하는 경우, 머튼Merton(1969)의 모형에서 산출된 비율로 자본을 소비하지만 해당 비율은 경제의 실제 동학과 일치하는 비율에 비해 너무 작거나 너무 클 것이다. 따라서 개인은 비용보다 더 오래 살 수 있는 위험이 있다. 더욱이 최적 인출률은 이 시기 부의 수준과 경제 상태에 따라 기간마다 매우 변할 수 있지만, 대부분의 개인은 안정적인 소득을 염두에 두는 예산 계획을 선호하고 어려운 시기에 소비를 조절하는 것은 그다지 선호하지 않는다.

3.2 연금

연금Annuities은 개인이 계약서에 명시된 기간 동안 수령해야 할 금액의 대가로 생명보험회사에 보험료를 지급하는 보험 계약이다. 계약에는 스케줄에 따라 다양한 유형이 있는데, 고정 혹은 변동 급여 형태 그리고 지급되는 기간 등이 서로 상이하다. 생명 연금은 장수 위험이 있는 상황에서 연금자의 평생 소득을 보장함으로써 조기 고갈 문제를 해결한다. 보험료를 납부한 직후부터 지급이 시작되는 즉시 지급, 또는 보험료와 최초 지급 사이에 몇 년에서 30년 이상의 기간이 발생하는 이연 지급이 가능하다. 일부 이연 연금에서는 보험료를 여러 개의 예금으로 분할 가능하다. 이연 연금은 두 모집단을 대상으로 한다. 첫째, 45세부터 60세까지로 아직 축적 기간이나 전환기에 있고 65세 정년퇴직부터 소득 확보를 희망하는 개인이다. 둘째, 건강관리나 간병 자금 마련을 위한 소득 증가가 필요한 시기인 75세, 80세 또는 85세의 은퇴 기간 후반의 소득을 고정하려는 전환기 혹은 처분기에 속해 있는 개인이다.

생명 연금의 큰 매력은 개인에게 평생 고정 소득을 제공한다는 점이며, 연금 수급자는 구매일에 보험업자로부터 1달러당 얼마를 받을지 알고 있다. 기대 인플레이션에 대비하고 연금 급여의 구매력을 보호하기 위해 지급금에 대해 고정 성장률(예: 연간 2% 또는 3%) 형태로 생계비 조정을 도입할 수 있다. 따라서 연금은 3.3에서 설명한 바와 같이 투자자가 자본을 정기 소득으로 전환하는 고민에서 벗어나게 하며, 개인이 보유하고 있는 자산에서 창출하는 소득보다 더 오래 사는 위험을 회피한다. 보험사는 개인을 한곳에 모아 장수 위험을 관리하는데, 일찍 사망하는 고객의 보험료를 사용해 예상보다 오래 산 사람에게 금액을 지급한다. 위험 풀링Risk Pooling 덕분에 개인은 자기 보험 금액보다 더 높은 지급 금액을 받을 수 있다.

3.2.1 연금 보험료 가격 책정

위험 풀링 때문에 연금의 보험계리적 평가는 개인이 기대 수명까지 존속할 것이라는 가정에 기초한다. 수학적으로 M_i가 지금부터 i 기간에 지급되는 연금, r_i는 i기 만기의 연속 복리 이자율, p_i는 개인이 i 기간에 계속 살아 있을 확률이라면, 기간 1에 지급하기 시작하는 즉시 연금의 보험수리적 가격은 다음과 같다.

$$\sum_{i=1}^{n_{\max}} M_i e^{-ir_i} p_i$$

여기서 $n_{\max}$는 개인이 생존 가능한 것으로 가정하는 최대 기간이다. 예를 들어 최대 연령인 120세로 암시된다.

연금상품 가격은 할인율(정부채 또는 회사채)과 인구에 따라 변동하는 사망율표에 따라 달라진다.[2] 연금 상품 구매자가 나머지 사람들보다 건강하고 부유한 경향 때문에 발생하는 역선택 문제Adverse Selection Problem가 예상되기 때문에, 일반적인 사망률표를 사용하는 것은 적합하지 않고 연금 사망률표annuitant mortality table로 대체돼야 한다. 연령 그룹의 사망률에서 생존 확률을 계산하는 것은 세심한 주의를 요한다. 의학 발전과 (바라건대) 더 건강한 라이프스타일의 결과로 사망률이 미래에 감소할 것으로 예상되기 때문이다.[3]

3.2.2 연금 퍼즐

실제로 소득을 확보할 수 있는 명백한 장점에도 연금은 인기 있는 보험 상품이 아니다. 이러한 낮은 수요는 복합적인 요인들로 설명할 수 있다. 첫째, 연금 수급자는 가격 결정과 관련된 여러 가정(특정 사망률 및 다양한 수수료의 존재)을 고려할 때 가격이 공정한지 여부를 파악하기 어렵다. 둘째, 개

---

2 미국의 경우 사망률표 샘플은 https://mort.soa.org/의 Society of Actuaries에서 확인할 수 있다.

3 이를테면 미국에서 연금 가격을 결정할 수 있는 가능한 선택은 2012년 개별 연금 사망률과 MP2014의 사망률 예상 감소 요인이다.

인이 조기에 사망할 경우 짧은 기간에 대해서만 연금 급여를 받게 되며 투자된 자본의 대부분은 보험업자의 자산으로 남게 된다. 연금 구매자는 일반인보다 건강 상태가 좋고 오래 사는 경향이 있어 보험사 입장에서 건강 상태가 나쁜 '좋은' 위험이 있는 사람이 배제된다. 셋째, 수익은 보험회사가 지급 여력이 있는 정도까지 보장되며, 낮은 등급의 기업은 동일한 보험료에 대해 더 높은 급여를 약속할 필요가 있으므로 회사 간 신용 등급 차이가 연금 제시 호가 차이의 일부분을 차지하는 것이 합리적이다. 마지막으로 연금은 소득 수준이 사전에 정해져 있는 경직된 상품으로 매수자가 주식 시장이 제공하는 투자 기회의 장점을 활용할 수 없다. 조기 해지가 가능하지만 이는 상당한 위약금을 지불해야 하는데 위약금이 적용되는 기간은 최대 7~10년이며, 위약금은 투자 자본의 백분율로 정해지는데 매년 1%씩 감소하다가 0%으로 끝난다. 따라서 위약 기간이 7년이라면 7%에서 시작한다.

이 모든 요소들은 연금 시장의 낮은 참여로 이어진다. 파셴코[Pashchenko](2013)의 2006년 건강 및 은퇴 연구 HRS/AAD 설문 조사에서 70세 이상 미국 개인의 7.8%가 연금 소득을 받는다고 보고했다. 흥미롭게도 소득에 따라 참여도가 높아지지만 상위 20%의 소득 집단이라도 여전히 15.9% 정도다. 연금 구입 의무화로 개인들의 거부감을 극복하게 됐지만 다른 문제들을 야기했다. 영국에서 2014년 4월 강제 연금이 폐지되자 공급업자 간 경쟁이 제한돼 개인의 약 60%가 연금 상품을 쇼핑할 기회를 제공받지 못해 투자 수익률이 저조해졌다고 영국 금융감독당국이 지적했다.

3.2.3 보장성 변액 연금

앞서 언급한 우려를 완화하는 데 다른 형태의 연금이 나왔다. 유족연금에서는 두 배우자 모두 보험에 가입돼 있으며, 연금 수급자 중 한 명이 사망할 경우 급여의 일부가 생존 배우자에게 전가된다. 보장 기간(예: 10년 또는 20년)이 있는 연금 수급자는 기간 내에 사망할 경우 나머지 기간 동안 상속인에게 보험금을 지급하도록 보장한다. 이러한 보장은 연금 수급자가 사망

시 연금 지급이 중단되는 경우보다 연금 급여가 감소함을 의미한다.

변액 연금이라고 부르는 또 다른 종류의 계약은 연금 수급자가 금융 시장, 특히 주식과 채권 시장의 성과를 활용할 수 있다. 축적 단계에서는 다양한 투자 선택권을 사용할 수 있으며, 지급 단계 초반에 연금 수급자는 일시불 또는 주기적 수익의 형태로 고정 지급금이나 투자 자산의 성과에 따라 지급받는다. 이러한 계약은 세금 이연 제도로부터 혜택을 받는다. 즉, 일시불 혹은 주기적 지급으로 자금이 인출될 때까지 투자로 인한 자본 차익과 소득에 대한 세금이 이연된다. 이 특징은 더 높은 축적률로 자본을 축적할 수 있게 한다. 부록 A.1은 지급 단계 초반에 자금이 인출되고 이때 세금이 적용된다면 투자자의 세후 재산이 매 기간 세금이 부과됐을 때보다 더 크다는 것을 보여준다. 그러나 변액 연금은 기초 자산인 뮤추얼 펀드가 부과하는 수수료 외에 일반 연금보다 수수료가 더 많이 부과되는 복합 상품으로 매력이 떨어진다.

3.3 휴리스틱 지출 방식

생명보험사로부터 연금을 가입하지 않는 개인은 자신의 돈이 바닥나지 않는 방식으로 저축한 돈을 스스로 연금화하는 문제에 봉착한다. 여기서는 몇 가지 지출 방식을 단점과 함께 검토한다.

3.3.1 이자만 지출

주식 배당이나 채권이자 등 투자에서 발생하는 소득만 지출하고 투자 자본의 원금 자체를 건드리지 않는 것은 장수 위험에 관한 우려를 없애는 분명한 방법이다. 또한 시세 차익을 재투자하는 대신 지출하는 것을 허용할 수 있으며, 이 경우 저축의 원금에는 변동이 없다. 배당금과 채권 이자를 분배하지 않고 자동으로 재투자하는 뮤추얼 펀드가 투자 수단인 경우, 단지 자본 이득을 지출하는 것과 같다. 여기서 자본 이득은 총 수익으로 펀드가 보유하고 있는 종목에서 발생한 배당금과 채권 이자에 모든 자본 이득을 더한 금액이다.

이 접근법은 자본 원금이 계속 유지될 수 있다는 것과 개인이 상속자에게 물려줄 수 있다는 두 가지 장점이 있다. 단점으로는 이 규정을 엄격히 적용하면 이자나 배당 소득이 없고 마이너스 수익이 발생한 연도에는 인출할 수 없으며, 일반적으로 기초 투자 자산의 수익률에 변동성이 큰 경우 연간 인출액이 상당히 달라질 수 있다. 두 번째 단점은 자본 이득과 이자 수익을 합한 포트폴리오의 총 수익률이 보통 몇 퍼센트 포인트에 불과하므로 제대로 된 소득 금액을 얻으려면 많은 투자금이 필요하다.

이름에서 알 수 있듯이, 높은 신용 등급의 국채는 채무불이행 위험이 제한적이며 전형적으로 반기 또는 연간 이자 형태로 안정적인 수익을 제공하지만, 저금리 환경에서는 이자 소득이 낮기 때문에 지출 목표를 달성하기 위해 많은 자본이 투자돼야 한다. 예를 들어 개인이 연간 3만 달러를 인출하고 연 3%의 채권 이자를 지급하는 채권에 투자할 경우 채권의 총 액면가액은 1,000,000달러다.

$$\frac{30{,}000}{0.03} = \$1{,}000{,}000$$

채권이 액면가에 가깝게 팔릴 경우 투자자 비용은 약 100만 달러다. 그러나 은퇴할 때까지 100만 달러를 적립할 수 있는 개인은 거의 없기 때문에 이자만 지출하는 전략은 어려운 전략이다. 대부분의 개인은 이자에만 의존할 수 없으며 지출 목표를 유지하기 위해 원금을 고갈시켜야 한다. 실제로 채권은 만기에 원금을 상환하지만, 이는 투자자가 실제로 필요한 것보다 훨씬 큰 현금 흐름인데 일련의 소규모 현금 흐름(이자 소득)이 발생한 이후에 일어난다. 이러한 점이 3.4에서 은퇴 채권retirement bonds을 도입한 주요 이유 중 하나다.

고정소득채권에는 균등하지 않은 현금 흐름 문제 외에도 은퇴 저축의 맥락에서 두 가지 단점이 있다. 첫째, 국채의 가장 광범위한 형태인 명목 채권은 지속적인 채권 이자를 지급하지만, 20년 이상에 걸친 처분 기간에 발생하는 인플레이션을 무시할 수 없으며 구매력이 감소한다. 물가 연동 채권이 존재하지만 널리 개발돼 제공되지 않고 있다. 물가 연동 채권에서 마이너스 실질 금리가 발생할 수 있는데 이는 인플레이션 위험을 보호하는데 투자자에게 비용이 많이 든다는 것을 의미한다. 둘째, 고정 소득 채권은 만기가 정해져 있어서 장수 문제를 해결하지 못한다.

3.3.2 고정 수익률 가정

개인은 은퇴 저축액, 처분 기간, 축적 기간의 포트폴리오 수익률을 온라인 은퇴 계산기에 입력해 대체소득을 추정할 수 있다. 보수적인 가정은 은퇴기간에 저축이 이자를 전혀 발생시키지 않는다는 것이다. 처분 기간이 τ년이고 시작 시 재산이 W_0인 경우, r년 동안 저축이 소진되는 연간 인출액은 단순히 재산을 기간으로 나눈 값이다. 예를 들어 만약 W_0가 20만 달러이고 τ년이 20년이라면, 개인은 매년 1만 달러를 인출할 수 있고 결국 재산이 0이 될 것이다.

그러나 단기 자금 계좌라도 금리를 어느 정도 받을 수 있기 때문에 처분 단계 전체에 걸쳐 수익률을 0으로 가정하는 것은 너무 보수적이다. 좀 더 일반적인 가정은 포트폴리오가 기대 수익인 연간 수익률 r을 얻는 것이다. 부록 A.2는 최대 연간 인출액을 연수 τ, 은퇴 이전 재산 W_0, 수익률 r의 함수로 도출할 수 있음을 보여준다.

$$c = W_0 \frac{1 - [1 + r]^{-1}}{1 - [1 + r]^{-\tau}} \tag{3.2}$$

그림 3은 c/W_0으로 정의된 인출률withdrawal rate이 수익률에 따라 어떻게 달라지는지를 보여준다. 양의 수익률 값을 가정하면 0의 수익률이 가정되는

상황에 대비해 최대 인출 금액이 증가하지만, 최대 인출 결과값은 가정된 값에 따라 크게 달라진다.

수익률을 과대평가하면 연금 수급액이 조기에 고갈되기 때문에 분석에 중요한 한계가 있다. 예를 들어 7% 수익률을 가정해 처분 시기에 30만 달러를 부여받았는데 실제 수익률이 6%라고 고려해보자. 매년 30만 × 8.225% = 24,675달러를 인출한다. 부록의 방정식 (A.2)에 따르면, t년 이후의 저축액은 다음과 같다.

$$W_t = [1 + r]^t W_0 - c\frac{[1 + r]^t - 1}{1 - [1 + r]^{-1}}$$

여기서 W_0은 30만 달러, r은 6%, c는 24,675달러다. 시행착오 방법으로 W_{17}은 양수, W_{18}은 음수인 것으로 나타났다. 따라서 잘못된 가정은 다음을 내포하고 있다. 이 인출률은 17년 동안만 지속될 수 있고, 투자자는 18년 차에 지출을 줄여야 하며, 19년과 20년 동안 금액이 부족하다는 것이다. 실제 수익률이 7%가 아닌 5%로 나오면 상황은 더욱 극적인데, 15년만에 저축이 고갈되기 때문이다. 예상 수익이 일반적으로 매우 부정확하게 추정된다는 점을 고려하면 2% 포인트의 오차 여유가 현실적이다.

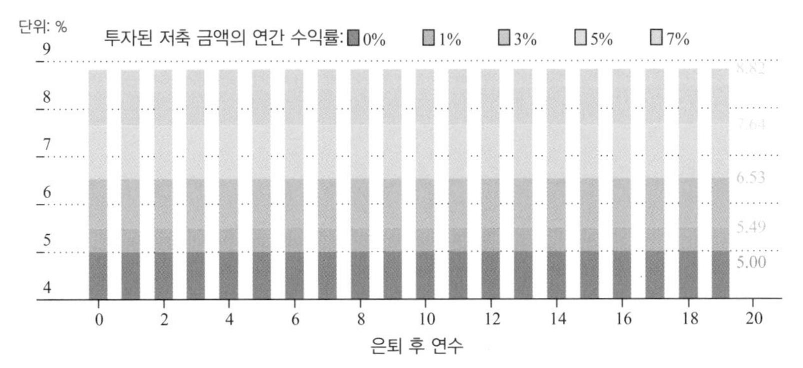

그림 3 저축의 연간 수익률 함수로써 20년 후 저축이 소진되는 인출 속도

참고: 20년 동안 매년 인출할 수 있는 처분 시점 초기의 저축 금액 가치의 백분율로 인출률을 계산한다. 연간 저축 수익률에 대한 다섯 가지 가정으로 계산된다.

3.3.3 지속 가능한 인출률 찾기

투자자는 처분 기간에 포트폴리오 수익률을 예측하는 어려운 문제에 대처하기보다는 과거 데이터를 보고 일정 기간 동안 지속 가능한 인출률을 추정할 수 있다. 이러한 접근 방식은 지출 규칙Spending Rule을 다룬 논문에서 주로 사용돼왔으며, 재무 설계사들 사이에서 인기가 높은 "4% 규칙"으로 이어졌다. 다음 절에서 자세히 설명한다.

부록 A.2에 따르면 포트폴리오가 t 시점에 연간 수익률이 r_t인 펀드에 투자하는 경우 매년 τ년 동안 인출할 수 있는 최대 금액은 다음과 같다.

$$c = \frac{W_0}{1 + \sum_{t=1}^{\tau-1} \prod_{s=1}^{t} [1 + r_s]^{-1}} \tag{3.3}$$

연간 수익률이 일정하고 r과 같으면 등식 (3.2)에 주어진 식으로 돌아가고, 연간 수익률이 0이면 연간 인출은 W_0/τ이다.

방정식 (3.3)의 연간 지출 문제는 사후적으로 알 수 있는 반면, 투자자는 매년 얼마를 소비할 것인지 처분 시점 시작 시에 결정해야 한다. 따라서 등식 (3.3)의 오른쪽 하한을 찾고 τ년 동안 지속될 수 있는 인출률을 추론하기 위해 펀드의 과거 실적을 살펴보는 접근 방식이다. 그림 4에서 세 가지 자산 즉 현금, 미국 국채 및 미국 주식으로 실행했다. 미국 데이터는 긴 시계열로 작업할 수 있어 사용한다. 수평축의 각 지점은 은퇴일을 나타내며, 처분 기간은 이 날짜 이후 20년에 걸쳐 있다. 각 처분 기간 동안 등식 (3.3)의 오른쪽이 계산된다. 이 가치는 처분 기간 말에 사후적으로만 인식 가능하기 때문에 현금, 채권 또는 주식 투자자가 퇴직시 향우 다음 20년에 대해서 설정하는 인출률로 간주할 수 없다. 이 그래프에서 전달되는 요점은 인출률은 고려하는 기간에 따라 달라진다는 점이다. 따라서 과거 데이터에서 계산한 인출률은 향후 일정 기간 동안에 적용되는 인출률의 대용치로 사용할 수 없다. 너무 높으면 개인이 조기에 자금 부족에 직면하고 너무 낮으면 자원을 신중하게 사용하지 않을 것이다. 후자의 경우가 전자인 부족함보다는 문제가 될 소지가 적은데, 퇴직 후 첫 20년 뒤의 생계 기간이나 상속인에게 물려주는 기간에도 잉여금이 사용되기 때문이다. 하지만 더 나은 삶을 누릴 기회를 놓치는 것은 여전히 불만족스러운 일이다. 인출률이 시간에 변동하는 것은 "과거가 미래를 신뢰성 있게 예측하지 못한다"는 표현의 다른 예시다.

현금의 경우 1980년 이후 이자율 하락 추세로 인출 금리가 하락하고 있어 인출률에 대한 낙관적인 예측을 야기할 수 있다. 예를 들어 1996년 은퇴해 1996년부터 2016년까지 매년 얼마나 인출할 수 있는지를 묻는 투자자는 1976년부터 1996년까지 지속 가능했던 금리를 살펴볼 수 있다. 그림에서 1976년 1월 지점인 9.92%로 표시된 값이다. 그러나 데이터에 따르면 1996년과 2016년 사이에 유지될 수 있는 최대 인출률은 1996년 1월에 확인된 7.96%이다. 채권과 주식 투자자들은 비슷한 문제에 직면하게 된다. 1976년부터 1996년까지의 자료를 보면 1996년부터 2016년까지 매년 연금에서 최초 저축액의 9.46%와 12.12%를 각각 인출할 수 있다는 결론을 내렸지만, 되돌아보면 결국 1996년부터 2016년까지의 최고 인출률은 각각 6.54%와 10.47%로 나타났다. 9.46%와 12.12%를 인출하면 투자자들은 20년 동안 일정한 지출액을 유지할 수 없고 그 전에 금액이 부족하다.

그림 4 1954년 1월부터 1998년 12월까지 투자해, 은퇴 시작일에서 20년이 지난 후 저축이 소진되는 인출률

출처: 인출률은 20년 동안 매년 음수가 아닌 저축액을 보전하면서 인출할 수 있는 퇴직일의 저축액 비율이다. 다양한 투자 수익은 사후에만 알려져 있기 때문에 수평축에서 퇴직일로부터 20년 후인 처분기 말에 가서 인출률을 알 수 있다. 현금은 3개월짜리 재무성 어음의 일일 롤오버이며, 미 재무성 지수는 바클레이스 미 재무성 지수이고, 미 주식은 상위 500개 종목의 시장 가중 지수로 대표되며, 배당금은 재투자된다. 주가 지수는 ERI Scientific Beta 데이터베이스의 장기 추적 데이터베이스에서 가져왔다.

3.3.4 4% 룰

4% 룰은 과거 수익률을 바탕으로 한 지출 규칙의 한 예제이지만 별도 설명이 필요할 정도로 인기가 높다. 벵겐(Bengen, 1994)은 30년 처분 기간을 목표로 개인에게 이 조언을 소개하고, 저축의 50%에서 75% 정도는 주식에 투자하고 나머지 부분은 중기 미 재무부 채권에 투자한다. 벵겐은 이어 "첫해 4%의 인출, 그 후속 연도에 인플레이션을 조정하는 지출을 하면 안전하다"고 말했다. 이러한 주장을 뒷받침하기 위해 벵겐은 이 지출률spending rate 이 역사적 표본에서 30년 이내에 자산을 고갈시킨 적이 없다고 한다. 3%의 지출률은 자신이 은퇴 시 기대 수명을 훨씬 뛰어넘는 50년 정도 지속되도록 하기 때문에 너무 보수적이고, 일부 표본의 경우 4%를 넘으면 30년 전에 부족이 발생한다. 이러한 값은 그림 4와 유사한 실험을 통해 다음을 가정해 추정한다. 투자 수단은 순 현금, 주식, 채권이 아닌 주식-채권 밸런스 펀드이며, 처분 기간은 20년이 아니라 30년이며, 첫해 이후의 인출액은 인플레이션에 따라 조정된다.

두 가지 문제가 있다. 첫째, 역사적 시뮬레이션에서 성공하더라도 과거보다 더 심각해진 약세장 가능성을 완전히 없앨 수 없기 때문에, 처분 기한이 끝나기 전에 저축 금액이 마이너스가 될 확률은 0이 아니다. 이러한 극단적인 사건이 발생할 경우 개인은 전체 처분 기간 동안 특정 지출률을 유지할 수 없을 것이다. 지출률이 적절히 선택되면 이러한 상황은 과거 데이터에서 결코 발생하지 않지만, 몬테카를로 시뮬레이션에서 경험적 법칙이 실패하는 시나리오가 드러날 수 있다.

이 문제는 일반적으로 가장 가까운 정수, 즉 4%로 반올림해 보수적인 추정치를 지출률로 사용해 완화할 수 있다. 그러나 두 번째 이슈를 접하게 되는데, 그것은 보수적인 추정치가 잔여 잉여금[Surplus]으로 이어질 것인데, 이는 적자에 비해 문제가 적지만 여전히 이러한 시나리오하에서 비효율적인 자원 활용을 예고하고 있다. 스콧, 샤프, 왓슨(Scott, Sharpe and Watson, 2009)이 설명하듯이 이러한 비효율성의 비용은 잔여 잉여금의 현재 가치를 계산해 추정할 수 있다. 차익 거래의 기회가 없기 때문에 다음이 성립한다.

초기 저축 = 지출의 현재 가치 + 잔여 잉여금의 현재 가치

따라서 오른쪽의 두 번째 항이 양수일 경우, 첫 번째 항으로 재배분해 연간 지출을 늘리고 저축 활용도를 높일 수 있다. 후생이 최종 상속 금액보다 연간 소비 수준의 관점에서 더 증가한다면 잔여 잉여금이 높은 인출율로 대체되는 것이 후생이 개선되는 결과를 낳는다. 이는 일반적인 경우로, 처분에 관한 논문에서 소비 목적 달성을 상속보다 더 중요한 목표로 간주하고 있다.

핵심 이슈는 스콧, 샤프, 왓슨(2009, 페이지 32)이 제시했다. "변동성이 있는 투자 정책을 사용해 고정 지출 계획을 지원하는 것은 근본적으로 결함이 있다." 따라서 권장 지출률을 과거 데이터에서 추정해야 하는지 몬테카를로 시뮬레이션에서 추정해야 하는지, 또는 지출률이 반올림돼야 하는지 또는 소수점을 가져야 하는지의 문제는 아니다. 문제는 주식 또는 채권에 투

자하는 일반적인 포트폴리오가 고정 지출율이 어떤 시나리오에서는 적자를 가져오고 어떤 다른 시나리오에서는 흑자를 발생시킨다는 것이다. 이러한 포트폴리오를 가지고 머튼의 모델(3.1 참조)에서처럼 지출은 사실상 현재의 부에 맞춰 조정돼야 한다. 따라서 모든 인출 후의 최종 부는 모든 상황에서 정확히 0이 된다. 개인이 명목 또는 실질 관점에서 고정된 소비 수준을 목표로 할 경우 먼저 지속적인 인출이 가능하도록 하는 처분 시점의 투자 전략을 모색해야 한다.

3.4 은퇴 채권: 대체소득을 확보하기 위한 새로운 자산

3.4.1 장수 위험을 대비한 보험이 필요하지 않는 경우

장수 위험이 있는 상황에서 연금 문제는 종신 연금을 구입함으로써 해결된다. 특히 이연 연금은 투자자가 필요할 것으로 예상되는 미래에 평생 수익을 확보할 수 있도록 한다. 그러나 일정한 기간(예: 정년 인구의 기대 수명과 일치하는 기간) 동안 일정한 소득을 확보하는 보험 계약이 필요하지 않은 경우가 있다. 2019년에는 55세이고, 65세가 되는 2029년에 은퇴할 계획이 있는 개인을 살펴보자. 2029년부터 퇴직 소득이 필요하며 2019년 수치를 기준으로 기대 수명은 20년 정도, 2029년 전망치를 기준으로 기대 수명이 21년 가까이 남아 있을 것으로 예상한다(그림 1 참조). 보유 가치에 따라 이는 처분 기간이 2048년 또는 2049년까지임을 의미한다. 2029~2048년 또는 2029~2049년의 미리 정해진 기간에 고정 수익을 창출하기 위해 개인은 장수 위험에 대한 보험이 필요하지 않다.

미래부터 소득을 확보하고자 하는 사람이라면 누구나 금리가 바뀔 위험이 있다. 실제로 현재 투자한 자본 1달러당 받을 수 있는 주기적 수익을 결정하는 것은 국채 금리의 기간 구조로 식별되는 특정 시점의 부도 위험이 없는 이자율의 기간 구조이다. 그러나 아직 은퇴하지 않은 개인은 은퇴할 때

금리가 얼마가 될지 모르기 때문에 그때까지 쌓아 둔 저축 금액은 말할 것도 없고 저축 1달러당 얼마나 많은 소득을 창출할 수 있을지 모른다. 사실 가장 큰 위험은 이자율이 낮아질 위험이다. 낮은 이자율은 소득 감소를 의미하기 때문이다. 따라서 고정 기간 동안 고정 소득을 목표로 자금을 축적하는 과정에 있는 개인은 금리 위험에 대한 보호가 필요하다. 구체적으로 연간 고정 금리로 현금 흐름이 증가하는 경우를 포함해 명목 조건으로 고정된 현금 흐름을 목표로 한다면 명목 금리 위험에 대한 위험 회피가 필요하다. 실현된 인플레이션에 따라 지수화된 현금 흐름을 대상으로 한다면 실질 금리 위험에 대한 위험 회피가 필요하다. 이러한 위험은 순전히 재무적인 것으로 보험회사의 계약이 필요하지 않다.

3.4.2 은퇴 채권 현금 흐름

다음 장에 나오는 그림 5는 평생 연금의 현금 흐름을 두 가지 시리즈로 나누는 방법을 보여준다. 첫 번째 시리즈는 퇴직 후 처음 20년에 걸쳐 있다. 두 번째 시리즈는 "인생 황혼기"에 해당하며, 기대 수명을 초과하는 수명으로 정의되며 불확실한 몇 해로 구성된다. 이 사례에서는 장기적인 기대 인플레이션을 충당하기 위해 현금 흐름의 명목 가치에 연 2%의 성장률로 생계비 조정을 적용한다. 은퇴 채권은 최초 20년의 현금 흐름을 제공하는 증권으로 정의한다. 최근 '금융 안정을 위한 채권Bonds for Financial Security'(Muralidhar, 2015, Muralidhar, Ohashi and Shin, 2016), '생활 수준 지수화Standard of Living Indexed, 포워드 스타트Forward-Starting, 소득 전용 증권Income Only Securities'(Merton and Muralidhar, 2017) 등의 이름으로 이 채권을 도입하거나, "BFFS/SeLFIES"(Kobor and Muralidhar, 2018)처럼 두 채권의 통합을 추진하고 있다.

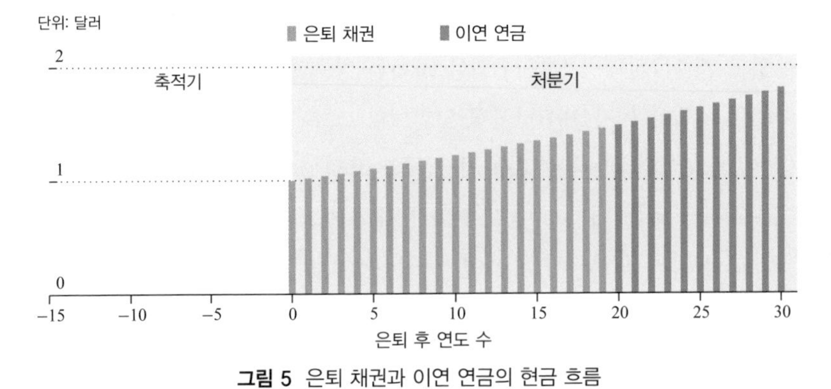

그림 5 은퇴 채권과 이연 연금의 현금 흐름

참고: 대체소득을 연간 1달러로 정규화하며 연간 2%의 생활비 조정이 포함된다. 총 퇴직 기간(회색으로 강조)은 30년으로 가정하지만, 장수 위험 때문에 실제로는 불확실하다.

3.4.3 은퇴 채권 대 이연 연금

은퇴 채권과 이연 연금deferred annuity의 공통적인 특징은 개인이 퇴직할 때 수익을 발생한다. 주요 차이점은 은퇴 채권은 개인의 전체 인생 기간이 아닌 고정된 기간 동안 소득이 발생한다는 점이다. 은퇴 채권은 장수 위험이 없기 때문에 은퇴 채권은 연금 가격 결정, 즉 사망률 가정의 복잡성을 피할 수 있으므로 개인투자가와 연금 제공자가 더욱 쉽게 이해할 수 있다. 이러한 이유로 은퇴 채권은 사망률표에 근거한 가격 책정 계약 복잡성으로 보험사가 부과하는 수수료가 없으며, 예상치 못한 장수를 충당하기 위해 부과되는 수수료도 없다.

은퇴 채권과 연금 사이에는 다른 차이점이 존재하는데, 은퇴 채권이 금융 시장에서 이용 가능하면, 특히 정부가 은퇴 채권을 발행한다면 개인에게 더 매력적이다. 무랄리다르, 오하시, 신(Muralidhar, Ohashi and Shin, 2016)의 논문에 구체적으로 드러난다. 첫째, 다양한 퇴직일자에 충분히 잦은 주기로 많은 액수를 발행한다면, 시장 가격이 존재하는 유동성이 풍부하고 투자 가능한 유가증권이 될 것이다. 이는 특정 개인을 위해 작성된 계약인 연금과는 대조적이다. 둘째, 이러한 채권은 다른 채권과 마찬가지로 매도할 있는 반면 연금은 높은 위약금 수수료가 부과된다. 따라서 너무 많이 연금이 축적됐다는 것을 깨달은 개인은 투자 의사 결정을 다시 살펴볼 수 있다. 셋째, 은퇴 채권의 소유자가 확정 기간 이전에 사망할 경우, 채권을 계속 수취하거나 매도할 수 있는 선택권이 상속인에게 이전된다. 이 특징은 개인이 예상보다 일찍 사망해 보험료 대부분을 보험회사에 남기는 부실 거래를 할 가능성이 있는 연금 상품 구입에 제동을 건다.

은퇴 채권은 퇴직자가 필요할 때 대체소득을 확보할 수 있는 유동자산으로서 이 책의 나머지 부분에서 핵심적인 역할을 한다. 결과적으로 우리는 대체소득을 구매하기 위해 은퇴 채권을 별도로 보유하는 전략과 미래 대체소득에 대한 불확실성을 줄이기 위해 매입과 매도를 실행하는 재조정 전략을 모두 검토할 것이다.

3.4.4 처분 문제의 솔루션으로 은퇴 채권

이제 매년 고정 또는 생활비 조정 금액을 계좌에서 인출하는 은퇴 저축의 지출 문제로 돌아가자. 여기에는 다음 두 가지 하위 질문이 포함된다.

1. 매년 인출할 수 있는 최대 금액은 얼마인가?
2. 적자로 이어지지 않고 이러한 고정 인출 방식을 지원하는 투자 전략은 무엇인가?

부록 A.3에서 보는 바와 같이, 전략은 은퇴 채권에 저축을 투자하는 것이며, 연간 최대 인출액은 처분 시작 시 저축 가치를 은퇴 채권의 가격으로 나눈 값이다. 채권의 현금 흐름은 1년에 1달러로 정규화하며, 생계비 조정도 가능하다.

최적의 지출율은 은퇴 채권 가격의 역수다. 또한 이러한 최적 지출을 처분 기간 동안 유지하려면 저축이 은퇴 채권 가격으로 계속 투자돼 있어야 한다. 결과적으로, 모든 투자 전략은 부의 변화에 대응해 소비를 조정해야 한다.

04
은퇴 채권 및 사용

앞 절에서는 미리 정해진 기간 동안 안정적인 대체소득을 창출하는 증권으로 은퇴 채권을 도입해 지급 기간 초에 퇴직하는 개인의 현금 흐름 수요와 일치시켰다. 이러한 특성을 가진 채권은 현재 정부나 대기업과 같은 신용등급이 높은 발행자가 발행하지 않기 때문에 여기서는 해당 채권이 이상적으로 보유해야 할 특성을 상세히 설명한다. 이용 가능한 채권 가격을 사용하고 무위험 차익 거래가 없는 상태에서 은퇴 채권의 가격을 계산하는 방법을 설명한다. 금융시장에서 이러한 채권이 현재 존재하지 않기 때문에 일반적으로 표준적인 채권과 기타 이자율 상품에 투자하는 복제 포트폴리오를 대안으로 활용한다.

4.1 현금 흐름 매칭 자산

은퇴 채권의 현금 흐름 일정은 그림 5와 같다. 3.4에서 설명한 바와 같이 이 채권은 이연 연금과 비교했을 때 공통적인 특징을 갖고 있는데, 즉 개인이 선택한 은퇴일에 소득이 시작되고 시간이 경과함에 따라 안정적이다. 채권과 연금의 주요 차이점은 유동성과 가역성에 있다. 은퇴 채권은 정해진 기간 동안 고정 수익을 내는 증권으로서 일종의 고정 수익 상품이지만 정부나 기업이 발행하는 표준 이자 지급 채권과는 차이가 있다.

그림 6은 은퇴 15년 전에 매입한 은퇴 채권 두 종류와 일반적인 국채의 현금 흐름을 보여준다. 두 은퇴채권은 동일한 날짜에 현금 흐름을 전달하며, 현금 흐름의 가치에 의해서만 차이가 있으며, 이러한 현금 흐름은 생계비 조정COLA, Cost-Of-Living Adjustment이 있거나 혹은 생계비 조정이 없는 것에 따라 차이가 있다. 그림 6은 은퇴 채권과 표준 채권의 세 가지 주요 차이점을 보여준다.

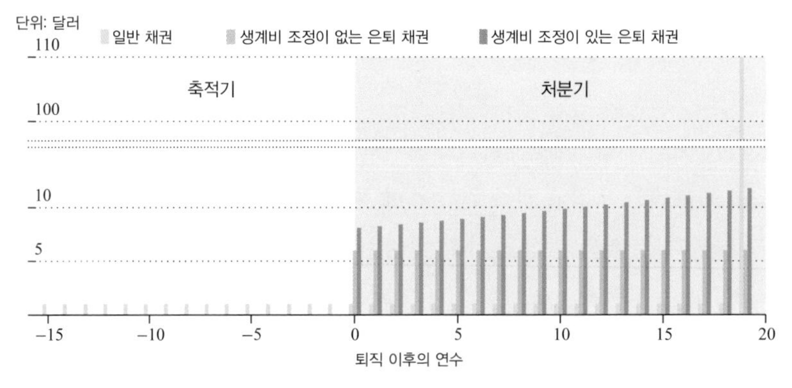

그림 6 생계비 조정이 있거나 없는 은퇴 채권과 이자 지급 채권의 현금 흐름

주: 예를 들면 모든 채권은 퇴직 후 20년이라는 동일한 만기를 가지며 일반 채권은 연간 이자를 지급한다고 가정한다. 일반 채권은 액면가가 100달러이고 채권 이자 금리는 1%이다. 생계비 조정(COLA)이 없는 은퇴 채권은 퇴직일로부터 20년간 연 6달러의 현금 흐름을 지급하고, 생계비 조정이 있는 은퇴 채권은 연 6달러의 현금 흐름을 지급해 매년 2%씩 증가한다. 생계비 조정 기준일은 퇴직 전 15년이므로 조정된 은퇴 채권의 첫 현금 흐름은 $6 \times 1.02^{15} = 8.08$달러이다. 표시된 기간 동안 일반 채권과 생계비 조정이 없는 은퇴 채권의 현금 흐름의 합계는 120달러다.

4.1.1 이연 시작일

은퇴 채권은 지급 시작일이 늦춰지는 반면 일반 채권은 매입일 직후부터 소유자에게 이자를 지급하기 시작한다. 그러나 개인이 퇴직할 때까지 이러한 소득 현금 흐름은 필요하지 않으며, 노동 소득 등 기타 소득원이 있으므로 재투자한다. 이자는 사전에 알려져 있지만 재투자율은 알려져 있지 않기 때문에 이러한 전략으로 창출된 연간 소득은 은퇴 시까지 알 수 없다.

은퇴 시까지 적립된 저축액을 채권에 투자하기 때문에 연금화한다. 이러한 불확실성의 원인은 은퇴 시 저축 가치를 알 수 없기 때문이 아니라 이자가 재투자돼 축적 기간에 채권에 관한 저축의 상대적 수익률을 알 수 없기 때문이다. 따라서 '고정 소득' 상품을 구매하면서도 결국 받게 될 은퇴 소득에 대해서는 여전히 불확실하다.

4.1.2 평탄한 소득 흐름

두 증권의 두 번째 차이점은 은퇴 채권은 만기에 원금 상환이 없는 반면, 일반 채권은 만기까지 소액의 현금 흐름(이자)을 지급한 후 만기에 일시금(원금과 마지막 이자)을 지급한다는 점이다. 은퇴 채권은 일정한 방식으로 이자 지급과 원금 상환을 전 기간에 걸쳐 연금으로 분산하는 사실에서 비롯된다. 이러한 상각 방법은 일반 가계에 익숙한 주택 담보 대출 상환의 일반적인 형태로 매 기간(보통 매월) 차입자가 자본의 일부를 상환하고 이자를 지급해 두 합이 일정한 상태를 유지한다. 이러한 상환 제도에서 개인은 지출 목표를 유지하기 위해 이자와 원금 상환 금액에 모두 의존할 수 있다. 낮은 이자율 환경에서는 이자만으로는 자신의 요구를 감당하지 못할 것이다.

4.1.3 생계비 조정 가능

가장 표준적인 형태의 이자 지급 채권은 원금과 이자가 명목상으로 고정돼 있다. 인플레이션 연계 채권이 존재하지만 국채 시장에서 차지하는 비중은 미미하다. 예를 들어 2018년 12월 31일 명목 채권인 총 시장성 채권 15조 6,180억 달러 중에서 미국 재무부 인플레이션 연계 채권TIPS은 1조 4,122억 달러를 차지하고 있다.[1] 프랑스에서는 2018년 10월 명목 채권인 OAT Obligations Amsimilables du Trésor 잔액은 1조 5,900억 유로인데, OATi(프랑스 물가 지수에 원금이 연동된 채권)는 640억 유로이고, OAT€i(유로존 물가 지수 채권

1 출처: 2018년 12월 국채 월간 보고서, www.treasurydirect.gov/goverbt/pd/mspd/mspd.htm

지수)는 1,470억 유로이다.[2]

따라서 물가 연동 채권은 미국 내 시장성 채권의 약 9.0%, 프랑스는 총 국채 발행량의 11.7%를 차지한다. 2018년 12월 현재 전체 국채 총 1,608억 파운드 규모에서 4,340억 파운드가 물가 연동채가 차지하고 있어 영국 채권의 큰 부분을 채워 27%에 달한다.[3] 은퇴 채권은 명목상으로 고정될 수도 있고, 실제 인플레이션에 연동될 수 있다. 또한 현금 흐름이 기대 인플레이션을 나타내는 고정 연율로 증가하는 중기 채권이 존재한다. 이러한 **생계비 조정**COLA은 투자자에게 가격 상승을 정확하게 보상하지는 않지만, 적어도 인플레이션이 대체소득의 구매력에 미치는 영향을 감소시킨다.

생계비 조정의 경우 은퇴 채권의 현금 흐름은 그림 6과 같은 증가 패턴을 보인다. 예를 들면 연간 지급액 증가율은 장기 기대 인플레이션을 대표하는 연 2%로 설정했고, 지수화 기준일은 퇴직일 −15년으로 했다. 그리고 현금 흐름은 "실질"로 일정하며, 여기서 기준일로부터 n년 후에 발생하는 현금 흐름의 실질 가치는 명목 가치를 1.02^n으로 나눈 값으로 정의한다. 이를테면 첫 번째 현금 흐름은 퇴직일에 지급되며 기준일로부터 15년 후에 지급된다. 실제 가치는 6달러이므로 명목 가치는 다음과 같다.

$$6 \times 1.02^{15} = 8.08\text{달러}$$

기준일은 미국의 TIPS와 프랑스의 OATi 또는 OAT€i에서 "dated date"와 동일하며, 이는 인플레이션이 발생하기 시작하는 날짜다.

생계비 조정이 있는 실질 현금과 명목상 현금 흐름의 구분은 '현재 금액' 대 '상시 금액'으로 할 수 있다. 명목 가치는 현재 금액(즉, 현금 흐름이 지급된 날의 금액)의 값이며, 실질 가치는 기준일의 금액 가치다. 형식적으로 t_0는 기준일을, t는 현재일을 표시하며 $t - t_0$은 두 날짜 사이에 경과된 연수이고 π은 연간 성장률이다. 날짜 t_0의 1달러는 날짜 t_0의 $\$[1 + \pi]^{t-t_0}$와 같다. y_t

2 출처: 프랑스 Trésor, OATs, OATis 및 OAT€is의 주요 수치, www.aft.gouv.fr

3 출처: Gilts 발행 영국 채무 관리 사무소, 2018년 12월 31일, www.dmo.gov.uk/data/

가 날짜 t에 발생하는 현금 흐름의 현재 금액인 경우 날짜 t_0의 금액은 $y_t/[1+\pi]^{t-t_0}$이다. 1달러는 날짜 t에서 날짜 t_0보다 더 적게 구입할 수 있기 때문에 y_t보다 작다. 생계비 조정의 목적은 기준일의 금액 단위 소득 현금 흐름의 가치를 일정하게 유지하는 것이므로 날짜 t의 소득 현금 흐름의 현재 금액 가치는 다음과 같다.

$$y_t = y_{t_0} \times [1+\pi]^{t-t_0} \tag{4.1}$$

실제로 생계비 조정은 장기 기대 인플레이션과 동등하다. 합리적 기대 가설하에서 현금 흐름의 성장이 장기적으로 실현된 인플레이션과 일치한다. 한정된 기간에서 기대 인플레이션과 실현 인플레이션 사이에 불일치가 있을 수 있지만, 인플레이션 서프라이즈가 낮은 선진국에서는 이러한 차이가 제한적이다. 이 기준에 따르면 2%는 유럽중앙은행과 연방준비제도이사회Federal Reserve의 인플레이션 목표가 될 수 있기 때문에 유로 채택 국가European Monetary Union와 미국에서 모두 적합한 선택이다.

> "물가 안정성은 유로화 지역의 소비자물가지수(HICP)가 전년 대비 2% 미만으로 상승한 것으로 정의된다. 가격 안정성은 중기적으로 유지될 것이다." 오늘 이사회는 1998년에 발표한 물가 정의를 확인했다. 동시에 이사회는 물가 안정을 추구하기 위해 중기적 관점에서 2%에 가까운 인플레이션율을 목표로 할 것이라는 데 동의했다. 이는 디플레이션 위험을 방지하기 위한 충분한 안전 여유를 제공하고자 하는 ECB의 결단을 강조한다.[4]

> 장기 인플레이션율은 주로 통화 정책에 의해 결정되며, 따라서 위원회는 인플레이션에 관한 장기 목표를 명시할 수 있다. 위원회는 개인 소비 지출에 대한 연간 물가 지수 변동으로 측정한 2%의 인플레이션은 연방준비제도이사회의 임무와 장기적으로 가장 일관된다고 판단한다. 이러한 인플레이션 목표를 대중에게 명확히 전달하는 것은 장기 인플레이션 기대치를 확고히 고정시키는 데 도움이 되

---

4 2003년 5월 8일 ECB의 보도 자료 "ECB의 통화 정책 전략". www.ecb.europa.eu/press/pr/date/2003/html/pr030508_2.en.html에서 확인할 수 있다.

며, 따라서 가격 안정성과 완만한 장기 금리를 촉진하고 상당한 경제적 동요에 직면해 완전 고용을 목표로 하는 위원회의 능력을 강화한다.[5]

4.2 은퇴 채권 가격 책정

4.2.1 무이표채 바스켓으로 살펴본 은퇴 채권

은퇴 채권은 현재 발행되지 않기 때문에 국채나 회사채와 달리 시장 가격이 관측되지 않는다. 그러나 여전히 기존 채권 시세와 "일관된" 가격, 즉 "차익 거래가 없는" 가격을 계산할 수 있다. 정의에 따르면, 유가증권의 무위험 차익 거래 가격은 유가증권의 현금 흐름을 시장가격보다 더 높거나 낮은 비용으로 복제함으로써 창출할 수 있는 무위험 차익거래 기회를 배제하도록 거래되는 가격이다. 옵션과 같은 위험 요인에 비선형적으로 노출되는 증권의 경우 계산이 복잡할 수 있지만, 고정 수익 채권의 경우 표준 절차는 간단하다. 즉, 유가증권은 사다리 형태의 다양한 만기일을 가진 무이표채 채권의 바스켓으로 간주되며 각각 현금 흐름 중 하나를 지급하고 무위험 차익 거래 가격은 무이표채 가격의 합이다.

그림 6에서 복수 현금 흐름 채권을 무이표채권의 바스켓으로 표현한다. 은퇴 채권의 경우 기간당 하나의 현금 흐름이 있으므로 무이표채의 만기일은 해당 기간의 선택된 날짜이다. 따라서 현금 흐름은 연간이며 지급일은 토요일이나 일요일이 아닌 연도의 첫 번째날이며, 이는 관행에 불과하다. 가격 결정 절차는 기간 말 지급이나 월별 현금 흐름과 같은 다른 규칙을 수용할 수 있다.

은퇴 채권의 가격은 생계비 조정이 없는 채권의 경우 고정 소득 수준, 생계비 조정이 있는 채권의 경우 고정 금액의 소득 수준에 분명히 비례한다. 따

5 2012년 1월 25일 보도 자료 "연방준비제도에서 FOMC의 장기 목표 및 정책 전략 성명서"에서 인용했다. www.federalreserve.gov/newsevents/pressreleases/monetary20120125c.htm

라서 일반화 손실 없이, 연간 소득이 1달러라는 가정하에 채권의 가격을 매길 수 있고, 단순히 가격을 축소하거나 인상해 임의 소득 수준의 가격을 얻을 수 있다. 이 책의 나머지 부분에서는 단위 현금 흐름이 있는 은퇴 채권의 날짜 t의 가격을 β_t로 표시한다.

4.2.2 수리적 공식

β_t를 수학적으로 표현하면 몇 가지 기호가 필요하다. T는 은퇴일을 나타내며 τ는 처분 기간이다. 20이면 은퇴 후 기대 수명이 20년이다. 시간 척도는 두 날짜 s와 t 간의 차이는 $t - s$로 표현해 두 날짜 사이의 연도 수를 표현한다. 현금 흐름에 적용되는 연간 증가율은 π이며, 지수화 기준일은 t_0이다.

채권은 연간으로 T 날짜에 현금 흐름 τ를 지급해 현금 흐름은 T, $T + 1, \ldots,$ $T + \tau - 1$에 발생한다. s 날짜에 지급하는 소득 현금 흐름은 $[1 + \pi]^{s-t_0}$이며, t_0에 1달러 금액과 동일하다. s 날짜의 현금 흐름에 적용되는 할인 계수는 $b_{t,s}$이며, s날에 만기가 도래해 원금 1달러를 수치하는 무이표채권의 t 시점 가격이다. 날짜 t의 은퇴 채권 가격은 다음과 같다.

$$\beta_t = \sum_{s=T}^{T+\tau-1} [1 + \pi]^{s-t_0} \times b_{t,s} \tag{4.2}$$

이 수량은 은퇴일로부터 시작하는 τ년 동안 매년 1달러의 대체소득을 구입하기 위해 날짜 t에 지급해야 하는 가격이다. 연간 소득 금액은 날짜 t_0의 달러로 표시된다. π를 0으로 설정하면 생계비 조정이 없는 채권의 가격으로 돌아가고, 결과는 물론 참조 날짜 t_0의 선택과도 무관하다. 은퇴일(T), 처분 기간(τ), 연간 증가율(π)에 대한 β_t의 의존성을 명시적으로 나타내지는 않지만 이러한 모든 파라미터가 영향을 미친다는 사실을 명심하자.

만기가 $s - t$인 무이표채의 가격을 다음과 같이 표현한다.

$$b_{t,s} = \exp\left(-[s - t]y_{t,s-t}\right) \tag{4.3}$$

여기서 $y_{t,s-t}$는 날짜 t에 $s - t$만큼 만기가 남은 연속 복리 할인율이다. 현금 흐름이 고정돼 있기 때문에 사용할 할인율은 명목 금리이므로 은퇴 채권의 가격을 매기려면 명목 무이표채 수익률 곡선이 필요하다. 다음 절에서는 무이표채의 수익률 곡선을 구하는 방법을 설명한다.

등식 (4.2)와 (4.3)은 은퇴 채권 가격이 은퇴일, 처분 기간의 길이, 생계비 조정 및 기준 지수일 이외에 무이표채의 수익률 곡선에 따라 결정된다는 것을 알 수 있다. 채권과 마찬가지로 은퇴 채권의 가격은 이자율 수준과 채권 만기에 따라 낮아진다. 은퇴일까지 시간이 길 수록 은퇴 채권 가격이 낮아진다.

4.2.3 무이표채 수익률 시리즈 획득

무이표채는 이자 지급 채권만큼 널리 거래되지 않기 때문에 일반적인 접근 방식은 활발하게 거래되는 채권의 시장 시세로부터 출발해 관측된 가격으로 가상 무이표채의 가격을 유추하는 것이다. 그 결과 무이표채 수익률은 관측되지 않고 추정된다.

시장 채권 시세로부터 무이표채 이율을 추정하기 위해 많은 수학적 방법을 사용할 수 있다. 마르텔리니, 프리아울렛, 프리아울렛(Martellini, Priaulet and Priaulet, 2003)이 부트스트래핑bootstrapping의 경험적 예제를 제공했는데, 바시섹과 퐁(Vasicek and Fong, 1982)의 지수 스플라인exponential splines, 맥컬록(McCulloch, 1971)과 맥컬록(McCulloch, 1975)의 폴리 노미널 스플라인polynominal splines, 넬슨과 시겔(Nelson and Siegel, 1994)과 스벤슨(Svensson, 1994)의 모델이다. 이러한 모든 모형의 일반적인 접근법은 이론적으로 이자율이 모든 값을 취할 수 있기 때문에 무한히 많은 점을 가질 수 있는 연속 수익률 곡선을 유한한 수의 모수로 줄이고, 비선형 회귀 분석을 실행해 모형이 암시하는 채권 가격과 시장 시세 간의 차이를 최소화해 모수를 줄이는 것이다. 가격 오류를 최소화하기 전에 충분한 유동성이 있는 채권에 초점을 맞추고, 무이표채의 바스켓으로 분해할 수 없는 내재 옵션이 있는 채권을 회피함으로써 모델이 보정될 증권 집합을 지정한다. 마르텔리니, 프리아울렛, 프리아울렛(2003, 페이지 96~97)은 선정 기준을 제시한다.

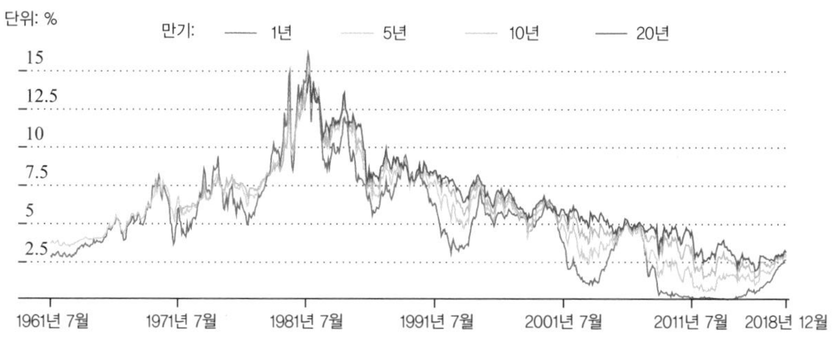

그림 7 미국 무이표채 이율 1961~2019년까지

미국에서는 귀르케이낙, 삭과 라이트(Gürkaynak, Sack and Wright, 2007)가 1961년 6월 6일부터 1980년 1월 1일까지의 넬슨-시겔 모델로 추정하며, 넬슨-시겔-스벤슨 모델은 1980년 1월 2일부터 현재까지의 무이표채 이율을 추정해 넬슨-시겔 모델을 확대한 형태다. 해당 출력 데이터 집합에는 기간에 따라 1~7, 10, 15, 20 또는 30년 사이의 무이표채 이율의 시계열 데이터와 모수 추정치가 포함돼 있다. 예를 들어 재무부가 1985년에 30년 만기 채권의 발행을 시작했기 때문에 1985년 11월 현재 20~30년 만기 금리가 이용 가능하다. 데이터 세트는 정기적으로 업데이트되며 연방준비제도의 웹사이트에서 사용할 수 있다. 그림 7은 이 데이터 집합의 무이표채 이율을 보여준다. 1981년부터 2017년까지 감소 추세를 보였으며 2011년 이후 유동성 위기에 대응해 연방 기금 금리를 역사적으로 낮은 수준으로 설정하기로 한 연방준비위원회의 결정 이후에 1년 금리는 거의 0 수준으로 떨어졌다.

다른 국가에서도 무이표채 이율을 이용할 수 있지만, 이용 가능한 만기와 표본 길이 측면에서 적용 범위가 미국만큼 넓지 않다. 영국에서는 5년 만기, 10년 만기, 20년 만기 무이표채 이율이 영국은행 홈페이지에 게시돼

있다. 바그너Waggoner(1997)가 개발한 스플라인 방법을 활용했다.[6]

프랑스의 경우 프랑스채권협회Commité de Normalization Objustaire에서 단기는 유로 리보 선물 계약을 사용하고 장기는 이자율 스왑을 활용해 만기에 대한 무이표채 이율을 만기 1년에서 60년까지 계산했다.[7]

표 1에서 미국, 영국, 프랑스의 무이표채 금리를 요약 정리했다. 이 목록은 공적으로 무료로 사용할 수 있으며, 해당 시리즈를 제공할 수 있는 상업적 데이터 공급자는 제외했다.

표 1 공적 무료 데이터 원천에서 발췌한 무이표채 이율 시리즈

국가	원천	데이터 주기	만기(연)	시작일
미국	연준*	일	1 - 7	1961-06-14
			8 - 10	1971-08-16
			11 - 15	1971-11-15
			16 - 20	1981-07-20
			21 - 30	1985-11-25
영국	영란은행**	일	5, 10	1982-01-04
			20	1992-02-11
프랑스	프랑스 채권 협회)***	월	1 - 60	2011-29-02

참고:
*: www.federalreserve.gov/pubs/feds/2006/200628/200628abs.html
**: www.bankofengland.co.uk/boeapps/iadb
***: www.cnofrance.org/fr/courbes-des-taux-zero-coupon.cfm

4.2.4 수익률 곡선에서 빈틈 메우기

데이터셋에 주어진 무이표채 이율의 만기는 정수이지만, 현금 흐름이 가격 결정일로부터 항상 연 단위로 발생하는 것은 아니기 때문에 임의의 날짜에 은퇴 채권의 가격을 구하기 위해서는 비정수적 만기도 필요하다. 가장 가

6 영국 무이표채 이율 계산 방법론은 앤더슨과 슬레스(Anderson and Sleath, 2001)가 제시한다.

7 상세한 방법론은 CNO/FBA(2015)에 수록돼 있다. 5쪽에서 단기 수익률 곡선은 "최대 2~3년"으로 정의한다. 계산 절차는 부스트래핑과 삼차(Cubic) 보간법을 결합한다.

까운 두 만기 사이의 선형 보간법을 사용하면 수익률 곡선의 공백을 쉽게 채울 수 있으며 이차 및 삼차 보간법과 같은 고차 방법도 사용할 수 있다. 부록 B.1에서 설명한 바와 같이 넬슨-시겔Nelson-Siegel 또는 넬슨-시겔-스벤슨Nelson-Siegel-Svensson 모델에 의해 수익률 곡선 구조가 생성되는 특수한 경우, 모수 추정치와 주어진 만기를 투입변수로 하는 계산식(부록의 방정식 (B.1))을 적용해 직접 어떤 만기의 무이표채 이율도 구할 수 있다.

문제가 되는 것은 사용 가능한 만기의 범위를 벗어나는 외삽의 문제다. 은퇴 채권 가격 결정 연습에서 만기가 긴 이자율의 필요성은 빠르게 발생할 수 있는데, 처분 기간의 듀레이션이 길어질 수 있기 때문이다. 예를 들어 처분 기간이 20년이고 매 기간 초에 현금 흐름이 지급되는 경우 가장 긴 현금 흐름은 은퇴 후 19년 후에 발생하며, 은퇴일에 채권 가격을 계산하려면 최대 19년의 만기가 필요하다. 은퇴 10년 전 가격을 계산하려면 가장 긴 만기가 29년이고, 축적 단계의 어느 시점에서든 은퇴까지의 기간과 처분 기간인 20년을 합한 기간이다. 반면 무이표채 이율은 일정 만기까지 제공되는데, 이는 수익률 곡선의 추정 절차가 기초가 되는 증권이나 계약의 최장 만기에 의해 사실상 결정되기 때문이다. 미국에서는 현재 가장 긴 재무부 채권의 만기가 30년이기 때문에 어느 시점에서도 30년 이상의 채권은 찾을 수 없다. 귀르케이낙, 삭과 라이트(Gürkaynak, Sack and Wright, 2007)의 추정 방법은 미 재무부 채권을 사용하기 때문에 무이표채 이율의 최대 만기는 30년이다. 프랑스의 CNO 방식은 만기가 더 긴 이자율 스왑을 사용하기 때문에 무이표채 이율은 최대 60년까지 계산할 수 있다.

데이터 집합에서 제시한 가장 긴 만기를 초과하는 만기가 있는 이자율을 채권 가격 결정에서 요구하는 경우, 그 이상은 평탄한 기간 구조를 가정하는 것이 쉬운 해결책이다. 그러나 이러한 접근법은 미래에 훨씬 앞서 발생하는 현금 흐름에 임의의 가격을 할당하고 시장에서 가격이 결정되지 않는다는 점을 주의해야 한다.

4.3 은퇴 채권의 가격 및 은퇴자 투자에서 목적 분류

은퇴 채권 가격은 저축 구매력을 대체소득 관점에서 측정할 수 있기 때문에 그 자체로 유용한 정보다. 이에 따라 노후 자금을 축적하는 투자자는 자신의 저축액으로 목표로 하는 소득액을 창출하기에 충분한지 알 수 있다. 여기서는 퇴직 소득 목표를 분류하는 방법(희망 목표aspirational goals와 달성 가능 목표affordable goals)을 설명한다.

4.3.1 대체소득 관점에서 저축의 구매력 측정

앞서 설명한 것처럼 은퇴 채권의 가격은 은퇴일, 처분 기간, 생계비 조정, 기준 인덱스일에 따라 결정되며 할인율을 통해 시간에 따라 달라진다. 최초 4가지 파라미터의 조합에 대해, 매년 대체소득 1달러를 취득하기 위해 t일에 지급해야 할 가격은 β_t이므로, t일에 자본 W_t를 부여받은 투자자가 매입할 수 있는 연간 대체소득은 다음과 같다.

$$ri_t = \frac{W_t}{\beta_t} \tag{4.4}$$

생계비 조정이 0이면 모든 날짜의 금액이 동등하다고 간주되기 때문에 대체소득은 어느 날짜의 금액으로도 차이가 없이 표현될 수 있다. 기준일 t_0에 0이 아닌 생계비 조정을 적용하면 채권 현금 흐름이 연간 t_0일에 1달러로 정규화되므로, 식 (4.4)의 수량은 W_t를 부여받은 투자자가 날짜 t_0에 취득할 수 있는 금액이다. 날짜 t_0의 1달러는 날짜 t의 $\$[1+\pi]^{t-t_0}$와 같으므로 날짜 t의 금액으로 표시되는 대체소득은 다음과 같다.

$$ri_t^{(t)} = ri_t^{(t_0)} \times [1+\pi]^{t-t_0}$$

여기서 위첨자 t_0와 t는 금액 날짜를 나타내며, $ri_t^{(t_0)}$는 방정식 (4.4)의 값이다. 흥미롭게도 날짜 t의 금액 단위의 대체소득은 $ri_t^{(t_0)}$와 $[1+\pi]^{t-t_0}$에 미치는 t_0의 영향이 상쇄되기 때문에 날짜 t_0 참조 없이 재작성될 수 있다. 이를 보려면 다음과 같이 다시 작성한다.

$$ri_t^{(t)} = \frac{W_t}{\sum_{s=T}^{T+\tau-1} [1+\pi]^{s-t} b_{t,s}}$$

방정식 (4.4)에서 주어진 특정 날짜의 구매력은 관측 가능한 저축의 현재 가치와 관측 가능한 파라미터(퇴직일, 처분기간의 길이, 생계비 조정 및 준거 지수화 날짜) 및 현재 시점 이자율의 함수인 은퇴 채권의 현재 가격에 의존하므로, 현재 날짜에 알려져 있다. 그러나 구매력의 미래 가치는 두 가지 이유로 알려져 있지 않다.

- 저축의 미래 가치는 개인이 저축 계좌에 얼마를 기여를 할 것인지와 포트폴리오의 성과에 따라 달라지기 때문에 알 수 없다.
- 미래 은퇴 채권 가격은 미래 이자율 상황에 따라 달라지기 때문에 알 수 없다.

확률 언어로 표현하면 미래의 구매력은 **확률변수**random variables이다.

즉, 개인이 미래에 새로운 기여를 할 계획이 없고 포트폴리오가 전적으로 은퇴 채권에 투자돼 있는 경우 임의적인 것이 아니라 확실한 상황이다. 이 두 가지 조건하에서 저축 계좌의 성과는 은퇴 채권의 성과와 정확히 동일하므로 저축이 조달할 수 있는 소득 금액은 시간에 일정하다. 그러나 임의적인 기여 일정과 여타 투자 선택의 경우 은퇴 채권에 대한 저축 계정의 상대적 수익률이 변동하므로 미래에 획득하는 구매력의 수준은 불확실하다.

4.3.2 은퇴 투자의 목표

은퇴 투자의 목적은 대체소득을 창출하는 것이기 때문에 퇴직 후 τ년 동안 개인이 유지하고 싶은 소득 수준으로 자연스럽게 목표를 정의한다. 첫 번째 질문은 목표가 "달성 가능"한가 하는 것이다. 은퇴할 때까지 개인은 앞서 언급한 이유로 자신의 연금 계좌가 얼마나 많은 소득을 지원할 수 있는지 알지 못한다. 현재 저축한 돈을 은퇴 채권 가격(공식(4.4))으로 나눠 얼마만큼의 소득을 살 수 있는지 알 수 있다.

디게스트 외 연구진(Deguest et al., 2015)이 소개한 용어에서 특정 시점의 저축 구매력은 투자자가 현재 저축으로 확보할 수 있는 **최대 소득 수준**이기 때문에 이 시점의 최대 달성 가능한 소득 수준이다. 이 수준은 저축액을 은퇴 채권에 투자함으로써 효과적으로 확보된다. 저축 계좌의 성과가 은퇴 채권의 성과를 초과할 경우 퇴직일까지 더 높은 수준을 달성할 수 있다. 개인이 더 높은 목표를 달성하기 위해 내릴 수 있는 두 가지 결정이 있으며, 이러한 결정은 함께 사용될 수 있다.

- 추가 기여(예: 더 절약)의 형태로 신규 자금을 확보
- 은퇴 채권을 능가할 가능성이 있는 포트폴리오 전략 선정

미래 기여금은 본질적으로 가상적이며, 은퇴 채권에 관해서 포트폴리오의 미래 수익도 마찬가지다. 포트폴리오가 전적으로 은퇴 채권 자체에 투자되어 있지 않기 때문에 최대 달성 수준 소득보다 큰 소득 수준을 확실하게 도달할 수 없다. 목표 기반 투자의 언어로 이를 **희망 목표**aspirational goals라고 하는데, 목표 기반 투자 전략의 한 가지 도전 과제는 가능한 목표를 달성하는 확률을 높게 전달하는 것이다.

이와는 대조적으로 최대 달성 수준이거나 그 이하의 소득 수준은 개인이 저축한 금액을 은퇴 채권에 투자함으로써 확보할 수 있기 때문에 **달성 가능 목표**affordable goals라고 한다. 실제로 목표 수준이 엄격히 최대 수준보다 낮으면 개인이 은퇴 채권에 현재 저축한 금액보다 적게 투자해도 충분하다. 목표액 ri_{tar}이 ri_t보다 작을 경우 은퇴 채권에 투자할 금액이 $ri_{tar} \times \beta_t$인데 W_t보다 적다. 확보해야 할 소득 수준을 **필수 목표**essential goal라고 한다. 달성 가능한 목표affordable goal가 필수 목표가 될 수 있다.

4.3.3 왜 필수 목표를 최대 달성 가능한 수준보다 낮게 설정하는가?

5장에서 자세히 설명한 바와 같이, 최대 달성 가능한 수준보다 작게 확보하기로 결정한 동기는 은퇴 채권의 성과를 능가할 가능성이 있는 주식과 같은 자산에 투자하는 자금을 계속 보유하기 위함이다. 기존 표기법에 따라서 개인이 ri_t 대신에 ri_{min}를 확보하기로 결정한다면 은퇴 채권에 $ri_{min} \times \beta_t$만큼 투자해 실행할 수 있다. 이때 다음의 금액이 남는데 주식에 투자할 수 있다.

$$W_t - ri_{min} \times \beta_t = [ri_t - ri_{min}]\,\beta_t$$

T를 은퇴일로 하고 t와 T 사이에 추가 투자하는 기여가 발생하지 않는다고 가정하고 이 기간에 걸쳐 자본의 총 수익률을 $R_{equ,t,T}$로 표시한다. 그렇다면 퇴직일의 저축 가치는 다음과 같다.

$$W_T = ri_{min}\beta_T + [W_t - ri_{min}\beta_t]\,R_{equ,t,T} \qquad (4.5)$$

그리고 저축의 구매력은 W_T/b_T이다. 수리적으로 달리 표현하면 t부터 T까지의 구매력 변화 사이의 차이는 다음과 같다.

$$ri_T - ri_t = [ri_t - ri_{min}] \times \left[\frac{\beta_t}{\beta_T} R_{equ,t,T} - 1\right] \qquad (4.6)$$

식 (4.6)에서 개인이 최대 수준($ri_t = ri_{min}$)에서 필수 목표를 설정하고 은퇴까지 새로운 기여(납부)를 하지 않으면 구매력은 변경되지 않는다. 목표를 최대액보다 낮게 설정하면 주식 포트폴리오가 은퇴 채권의 성과를 능가하는 경우에만 저축의 구매력이 높아진다. 최대 적립 가능 수준보다 큰 소득 수준에 도달할 기회(즉, 0이 아닌 확률)를 가지려면 두 가지 조건이 만족해야 한다. 투자자는 목표를 현행 최대 적립 가능 수준보다 엄격히 낮게 설정하고(즉, 실현 가능한 수준보다 적게 확보) 은퇴 채권의 성과를 능가할 가능성이 있는 자산에 투자한다. 여기서 주식을 예로 들었지만, 높은 확률로 은퇴 채권의 성과를 능가할 수 있는 어떤 자산도 편입 가능하다.

차익 거래 기회가 없는 상황에서 100% 확률로 은퇴 채권의 성과를 능가하는 자산을 찾는 것이 불가능하기 때문에 t일에서 투자자의 구매력이 떨어질 확률은 0이 아니다. 이것은 구매력이 증가할 확률이 0이 아니기 위해 지불해야 하는 가격이다. 다시 말해 달성할 수 없는 목표로 정의되는 희망 목표에 도달하려면 일부 위험을 감수해야 한다. 여기서 위험은 현재 상황에서 미래에 구매력을 상실할 위험으로 정의된다.[8] 따라서 위험은 은퇴 채권 대비 저축 가치의 하방 위험downside risk으로 이해할 수 있다.

등식 (4.5)에 따라 하방 위험의 규모가 제한된다는 점에 유의하자.

$$ri_T - ri_{min} = \frac{W_t - ri_{min}\beta_t}{\beta_T} R_{equ,t,T}$$

양수 값을 가지며, 결국 달성 가능 소득 수준이 ri_{min}보다 크다.

은퇴 채권과 주식 포트폴리오를 매수 후 보유buy and hold strategy하는 포지션 전략은 **목표 기반 투자 전략**goal-based investing strategies의 기본적인 예이며, 목표 기반 투자 전략은 희망 목표에 도달할 수 있는 잠재력을 가지고 있으며 필수 목표를 보호하는 전략이다. 기타 예제는 6장에 제시한다.

4.3.4 수리적 예

미국 투자자가 2009년 1월에 은퇴할 계획을 세우고 있다고 가정하자. 그림 8은 1999년 1월부터 2019년 1월까지 생계비 조정을 포함하거나 포함하지 않는 은퇴 채권의 가격을 나타내며, 2019년 1월은 이 책이 작성되는 시점의 데이터 집합의 마지막 시점이다. 시작일을 퇴직일에서 11년을 뺀 것으로 정했는데 2028년 1월에 지급된 마지막 소득 현금 흐름의 만기가 데이터 집합에서 이용 가능한 최장 무이표채 이자율 만기인 30년을 초과하지 않는다. 생계비 조정이 있는 경우, 색인 기준일은 1998년 1월 1일이므로 2009년

8 저축의 구매력을 높이기 위한 다른 방법은 퇴직까지 새로운 기여(납부)를 하는 것이다.

1월 11일에 지급되는 첫 번째 현금 흐름은 다음과 같다.

$$1 \times 1.02^{11} = \$1.2434$$

현금 흐름은 2028년 1월까지 매년 2%씩 증가한다. 명목 가치가 1달러보다 크기 때문에 채권 가격은 생계비 조정이 없을 때보다 높다.

축적 단계에서는 두 가지 효과로 인해 채권 가격이 상승한다. 첫째, 현금 흐름 만기가 감소해 할인 계수가 증가하고 둘째, 이 기간에 이자율이 하락해 할인 계수가 부풀려진다. 그 결과 채권 가격은 은퇴일 근처에서 정점을 찍게 된다. 처분 기간에 1달러 현금 흐름은 2009년 1월부터 매년 지급된다. 가격은 현금 흐름일에 불연속적이며, 이러한 하방 점프는 그래프에 분명하게 나타난다.

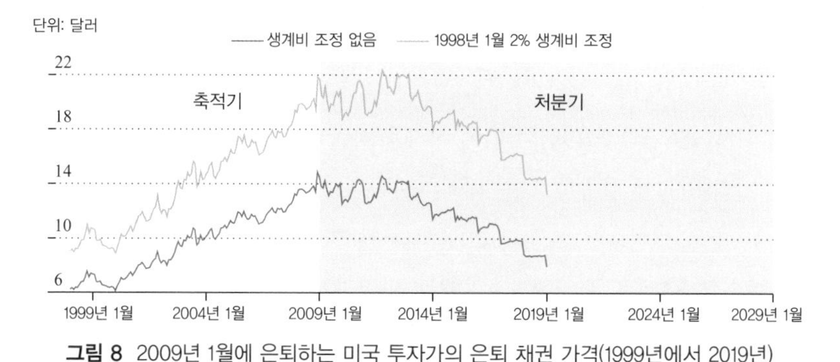

그림 8 2009년 1월에 은퇴하는 미국 투자가의 은퇴 채권 가격(1999년에서 2019년)

참고: 투자자는 2009년 1월 1일에 은퇴할 계획이다. '생계비 조정 없음' 선은 생계비 조정이 필요 없을 때 은퇴 채권 가격을 나타내고, 다른 선은 소득 현금 흐름의 연 2% 성장률로 생계비 조정을 적용했을 때의 가격이다. 두 번째 채권에 대한 지수화 기준일은 1998년 1월 1일이다. 축적 기간은 20년이며, 2019년 1월에 데이터 집합이 끝날 때까지 가격이 산출된다.

그림 8에 나타난 채권 가격 변동은 시간 경과와 이자율 변동이라는 두 가지 원인의 결과다. 두 번째 요인(이자율 변동)의 효과를 분리하기 위해 그림 9에서 은퇴까지의 시간을 고정해 은퇴 채권 가격을 표시한다. 이를 통해 같은 기간에 은퇴할 계획이지만 다른 날짜에 은퇴하는 두 개인의 소득 측면에서 구매력을 비교할 수 있다. 계산은 20년 이상의 만기 할인율을 이용할 수 있도록 1986년 1월에 시작한다(표 1 참조). 은퇴까지 5년과 10년이 남

았으면 현금 흐름 만기가 각각 25년과 30년으로 가장 길기 때문에 30년 만기를 초과해 외삽법으로 추정할 필요가 없다. 은퇴까지 20년 남은 경우 31년에서 40년 사이의 만기가 필요한데 가장 긴 만기는 30년이므로, 은퇴 채권의 가격은 30년이 넘는 것은 30년 이자율을 외삽해 추정해야 한다.

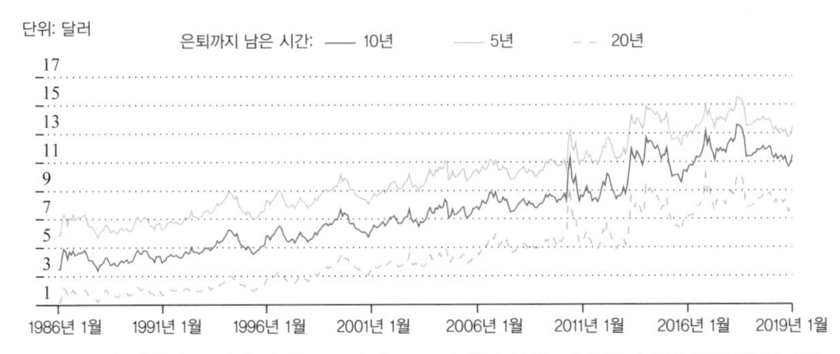

그림 9 은퇴까지 고정된 시간(1986에서 2019까지)이 남은 미국 투자가의 은퇴 채권 가격

참고: 은퇴 채권의 가격이 수평축의 각 날짜를 기준으로 산정됐는데, 이 날짜 이후 5년, 10년, 20년 후에 은퇴하는 투자가를 위한 가격이다. 처분기간은 20년으로 생계비 조정이 없는 현금 흐름에 반영했다.

그림 9는 1986년과 2019년 사이에 이자율 하락의 결과로 연간 대체소득 1달러의 가격이 크게 상승했으며, 퇴직까지의 시간이 길어질수록 증가폭이 더 크다는 것을 보여준다. 5, 10, 20년의 투자 기간에서 가격이 각각 2.28배, 3.27배와 6.84배로 증가했다. 실제로 퇴직까지 시간이 길다는 것은 현금 흐름 만기가 더 길다는 것을 의미하며, 따라서 일반 채권과 같이 이자율 변동에 민감도가 더 높다는 것을 의미한다. 장기채권은 기간이 길기 때문에 단기 채권보다 이자율 위험에 더 많이 노출된다. 10년 후 은퇴를 계획하고 있는 개인은 연간 주기로 대체소득 1달러를 취득하기 위해 3.5달러를 1986년 1월에 지출해야 한다. 2019년에는 동일한 투자 기간을 가진 투자자가 같은 대체소득 흐름을 획득하기 위해 11.44달러를 지불해야 한다.

달리 표현하면 소득 기준 고정 자본의 구매력이 1986년부터 2019년까지 감소했다. 그림 10은 10년 후 은퇴하는 미국 투자자가 10만 달러를 가지고 구매할 수 있는 소득 수준을 보여준다. 정의에 따르면 곡선 아래의 모든 수준에서 10,000달러를 확보할 수 있으므로 “달성 가능 목표”이다. 곡선 위의 모든 수준에서 4.3에서 설명한 바와 같이 확보할 수 없고 0이 아닌 확률로 어느 정도 위험을 감수해야 하기 때문에 "희망 목표"이다. 1986년 1월에 10만 달러 저축으로 1996년부터 연간 28,546달러의 소득 흐름을 창출할 수 있다. 2019년 1월에는 10만 달러로 같은 소득 수준을 달성하는 것은 희망 목표가 되는데, 이것은 최대 달성 가능 목표인 연간 8,736달러의 3.27배에 달하는 소득 수준이다.

그림 10 10년 후 은퇴할 예정인 미국 투자자의 대체소득 기준 100,000달러의 구매력(1986년에서 2019년까지)

참고: 이 선은 100,000달러로 구입할 수 있는 대체소득 규모인데, 가로축 날짜에서 10년 후에 시작해 20년 동안 지속되는 대체소득 규모이다. 소득 현금 흐름에는 생계비 조정(COLA)이 적용되지 않는다. 10만 달러로 조달할 수 있는 소득 수준 미만이면 '달성 가능 목표'라고 하고, 소득 수준이 최대치를 넘으면 '희망 목표'라고 한다.

4.4 대체소득을 확보하는 방법(혹은 확보하지 못하는 방법)

4.4.1 축적 혹은 처분 도구로서의 은퇴 채권

은퇴 채권은 저축으로부터 일정 기간 고정 수익 흐름을 창출하고자 하는 개인을 위한 안전 자산이다. 이것은 축적 및 처분에 동시에 활용 가능한 투자 전략이다. 축적 단계에서는 소득 측면에서 저축의 구매력을 확보하는 데 사용할 수 있다. 저축을 효율적으로 소비함으로써 3장에서 언급한 처분 문제를 해결한다. 실제로 퇴직 당시 개인은 등식 (4.4)을 통해 저축한 금액의 구매력을 대체소득 관점에서 알고 있다. 매년 초 저축 계좌에서 이 같은 금액을 인출할 경우 처분 기간 말에 계좌 잔액은 정확히 0이 된다. 이는 저축이 전체 기간 동안 사용되고 남는 잉여금이 없다는 것을 의미하며, 따라서 개인은 사망하기 전에 재원이 부족할 위험을 겪지 않고 매년 가능한 높은 소비 수준을 누리게 된다.

축적기에 투자가는 은퇴 채권을 활용해 출자할 때 알 수 있는 미래 대체소득 관점에서 구매력을 일정 수준 높일 수 있는 연금을 축적할 수 있다. 각 기여금은 수익면에서 일정한 구매력을 가지고 있으며, 이는 돈이 유입되는 시점에 알려져 있다. 즉, 구매력은 개인이 가져온 돈을 이날의 은퇴 채권 가격으로 나눈 금액과 동일하다. 은퇴 시 달성된 구매력은 과거 증가분의 합계다. 두 가지 이유로 마지막 기여금이 납입될 때까지 구매력을 알 수 없다. 즉, 미래 기여금은 성격상 불확실하며 축적 단계에서 가져온 기여금의 구매력은 기여일의 은퇴 채권 가격에 따라 달라지기 때문이다.

4.4.2 사례 연구

2009년 1월 1일에 은퇴할 계획이지만 기여(납부) 일정에서 차이가 있는 두 명의 미국 투자자를 생각해보자. 첫 번째는 1998년 1월에 1만 달러를 투자하고 그 후로는 새로운 돈을 납부하지 않으며, 두 번째는 1998년부터 은퇴 전 해인 2008년까지 매년 초에 1만 달러를 투자한다. 연간 기여금은 투자자의 노동 소득 증가 또는 은퇴가 다가올수록 더 뚜렷한 저축 성향을 반영하기 위해 연간 3%씩 증가하는 것으로 가정한다. 2009년 기여금은 10,300 달러, 2010년 기여금은 10,609달러 등이다.

축적 단계나 처분 단계의 어느 시점의 저축 계좌 잔액은 지금까지 이뤄진 기여금과 인출금 및 저축이 투자된 펀드의 성과에 따라 달라진다. 일반적으로 여러 개의 펀드가 있을 수 있다. 예를 들어 개인이 서로 다른 목적으로 다른 기여(투자)를 하는 경우다. 수학 표현식은 부록 B.2에 나와 있다.

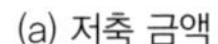

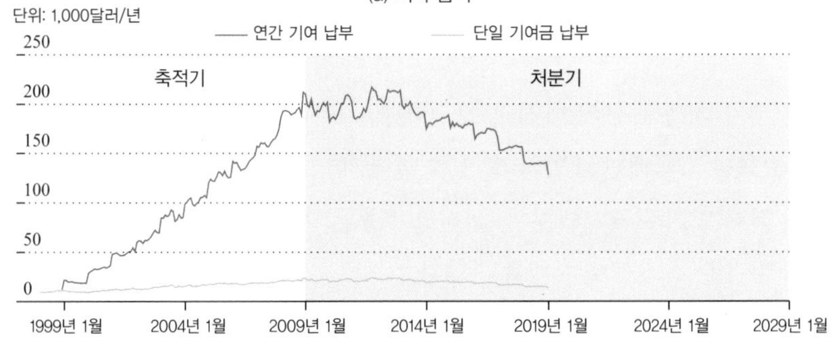

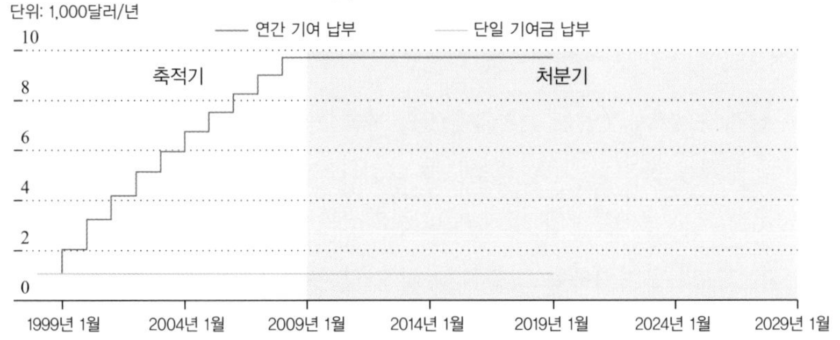

그림 11 은퇴 채권에 투자하며 단일 기여금 또는 연간 기여금을 내는 미국 개인 투자가의 시뮬레이션, 1998년부터 2019년까지

참고: 두 명의 투자자는 2009년 1월 1일에 은퇴하고 1998년 1월 1일에 10,000달러를 가져올 계획이다. 이들 중 한 명은 1998년 10,000달러에서 시작해 매년 3%씩 성장하면서 매년 추가 기여금을 내고 있다. 모든 기여금은 은퇴 채권에 전액 투자된다. 처분 단계에서는 연간 인출액이 퇴직일의 최대 달성 가능 소득 수준과 같다. 패널 (b)는 2% 생계비 조정으로 대체소득의 측면에서 적립된 저축의 구매력을 보여준다. 소득은 1998년 1월 기준으로 달러로 표시된다.

그림 11의 패널 (a)는 각 개인의 시뮬레이션된 부를 보여주고 패널 (b)는 연간 2%의 생계비가 조정된 대체소득의 측면에서 저축의 구매력을 보여준다. 저축이 은퇴 채권에 전액 투자되면 개인이 새 돈을 가져오지 않는 한 구매력은 엄격히 일정하게 유지되는 것으로 보인다. 정기적 저축이 더해지면 구매력은 계단식 패턴을 갖게 되는데, 여기서 한 걸음의 높이는 연금 구매력에 대한 현금 투입의 한계 기여도다. 이 높이는 기여 금액의 가치를 해당일의 은퇴 채권으로 나눈 금액과 같다. 예제에서 저축 유입은 매년 3%씩

증가하지만 시간이 지남에 따라 높이가 감소하는 경향이 있다. 그림 8과 같이 저축액이 증가해도 은퇴 채권 가격 상승을 보충하지 못하기 때문이다.

매년 추가 저축을 통해 마침내 첫 번째 투자자는 2009년 1월부터 1998년의 9,733달러씩 매년 매입할 수 있게 된다. 연간 생계비 조정이 2%이기 때문에 현재 달러로 표시되는 소득 현금 흐름은 이보다 훨씬 높다. 2009년 1월에 수령한 소득 금액은 다음과 같다.

$$9{,}733 \times 1.02^{11} = \$12{,}102$$

대체소득 현금 흐름은 그림 12와 같다. 다른 투자자는 1998년의 연간 1,106달러의 구매력으로 저축 축적을 마무리한다.

처분 단계에서 두 개인은 은퇴 채권에 계속 투자하고 있으며 2009년 1월 상황에 맞게 허용되는 최대 금액, 즉 그림 12와 같은 금액을 매년 인출한다. 이러한 인출은 부의 감소 패턴을 의미하지만, 처분 기간 동안 동일하게 유지되는 부의 구매력에는 영향을 미치지 않는다. 이러한 특성은 부록 B.2에서 나와 있다.

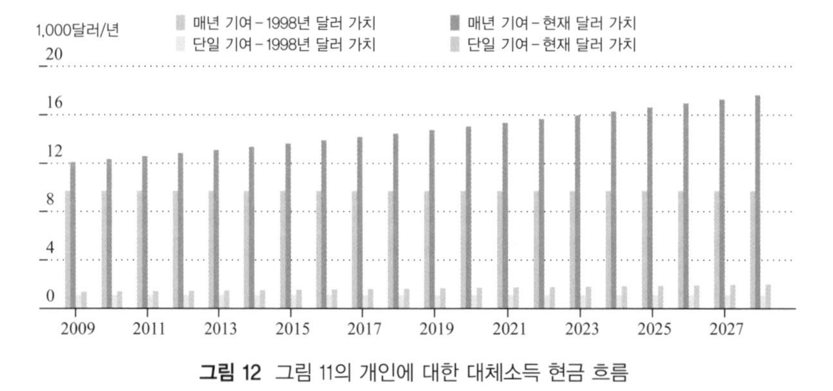

그림 12 그림 11의 개인에 대한 대체소득 현금 흐름

참고: 개인은 그림 11의 개인이다. 첫 번째 기여는 1998년 1월에 10,000달러에서 시작해 2008년 1월까지 매년 3%씩 증가하고, 두 번째 기여는 1998년에 10,000달러의 단일 기부를 한다. 둘 다 2009년 1월에 퇴직하므로 대체소득 현금 흐름은 2009년 1월부터 2028년 1월까지 발생한다. 대체소득 현금 흐름은 매년 2%씩 증가한다.

4.4.3 은퇴 채권 대용 자산으로 나쁜 사례

국채와 머니 마켓 금융상품은 전통적으로 서로 다른 이유로 "안전" 자산으로 간주된다. 국채는 기업 활동에 따라 배당금이 변동하는 주식과 달리 매년 또는 반년마다 고정 이자를 지급하므로 고정수익상품이다. 신용 등급이 높은 발행사의 경우 채무 불이행 위험이 매우 낮은 것으로 인정받고 있다. 현금 계좌에 예치된 자금은 시간에 따라 변동할 수 있는 단기 이자율로 롤오버(만기 연장)되지만 음수가 아닌 한 저축의 명목 가치는 결코 감소하지 않는다. 따라서 자본은 보호되며 퇴직 시 저축의 가치는 최소한 투자한 기여금의 합계와 같다.

이런 성향에도 이들은 은퇴 후 소득을 창출할 때 보이는 것만큼 '안전'하지는 않다. 그림 6은 표준이자 지급 채권의 현금 흐름 스케줄 표가 개인이 필요로 하는 현금 흐름 스케줄과 매우 다르다는 것을 보여준다. 채권은 축적 시기에 이자를 지급하지만 은퇴 준비자는 퇴직할 때까지 대체소득이 필요하지 않다. 처분기에는 채권은 만기에 원금을 상환하기 때문에 불균등한 현금 흐름을 지급하며 은퇴자는 안정적인 현금 흐름을 기대한다. 채권이 만기가 되기 전에 매각하고 새 채권으로 대체함으로써 만기 효과maturity effect를 피할 수 있다. 이러한 롤오버 전략은 그림 4와 같은 미 재무부 인덱스에서 실행하지만, 이를 따라가면 마지막 시점에서 저축액을 소진하지 않고 불필요한 최종 흑자를 남기지 않고 매년 얼마나 안전하게 인출할 수 있는지 개인은 처분 시점 초기에 알 수 없다.

그림 4는 인출률withdraw rate을 미리 알 수 없기 때문에 현금 투자는 동일한 단점이 있다. 축적 시기에 현금으로 저축하는 개인은 연금에 투자한 기여금을 합해 은퇴한다는 것을 알고 있지만, 은퇴하기 전에는 이 정도 재원으로 얼마만큼의 대체소득을 마련할 수 있는지 알 수 없다.

채권 지수와 현금 계좌가 은퇴 채권의 좋은 대안이 아니라는 것을 알기 위해, 이 두 자산 분류에 투자한 자본의 구매력이 시간이 지남에 따라 어떻게 변하는지 살펴볼 수 있다. 은퇴 채권의 경우 이 수량은 정의에 따라 일정하며, 해당 자산이 가치 있는 대용치라면 안정적인 구매력을 산출해야 한다. 두 날짜 t와 $t+h$ 사이의 달성 가능한 소득 수준의 총 변화(등식 4.4)는 다음과 같이 주어진다.

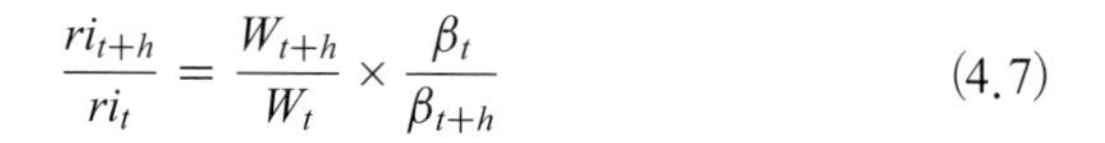

$$\frac{ri_{t+h}}{ri_t} = \frac{W_{t+h}}{W_t} \times \frac{\beta_t}{\beta_{t+h}} \tag{4.7}$$

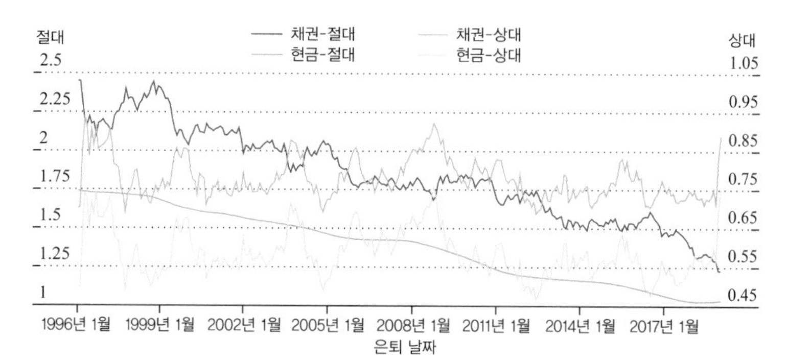

그림 13 은퇴 전 10년 동안의 채권과 현금의 절대 수익률 및 은퇴 채권에 관한 상대 수익률

참고: 각 은퇴일에 은퇴 채권의 가격은 미래 현금 흐름을 할인해 계산한다. 왼쪽 축은 바클레이스 미 국채 지수로 대표되는 표준 채권의 절대 총 수익률과 3개월 미국 재무성 Bill의 일일 롤오버로 대표되는 현금의 절대 총 수익률이다. 오른쪽 축은 채권이나 현금의 총 수익률을 은퇴일 전 10년간 은퇴 채권의 총 수익률로 나눈 값이다. 상대 수익이 100%보다 작음(반대, 큼)은 자산이 은퇴 채권을 성과 하회(반대, 성과 상회)했음을 나타낸다.

따라서 은퇴 채권에 대한 저축의 상대 수익률과 같다. 은퇴일을 한 기간에서 다음 기간으로 한 달씩 바꾸는 20년의 연속 적립 기간rolling accumulation period을 고려한다.

그림 13에서 볼 수 있듯이 채권 지수와 현금 계좌는 다양한 축적 기간 동안 대체소득 측면에서 저축 구매력을 안정화하는 것과는 거리가 멀다. 우연에 의해서만 상대 수익률이 1이 되며 대부분의 기간 동안 1과 다르다. 실제로 이들은 여기에 표시된 모든 은퇴일에 저축의 구매력을 보존하지 못했는데, 이는 상대 수익률이 항상 1 미만임을 알 수 있다. 예를 들어 2018년 1월에 은퇴하고 2008년 1월에 축적하기 시작한 개인의 계획을 생각해보자. 채권 지수에 투자했다면 10년 동안 저축 구매력이 26.3% 감소했을 것이고, 현금을 사용한다면 45.1% 감소했을 것이다. 채권 지수와 현금 모두 1986년에

서 2019년 사이에 발생한 이자율의 하락으로 감소 추세를 보이지만 절대 수익률이 1보다 높았기 때문에 모든 축적 기간에 저축의 명목 가치를 보존했다. 그러나 각 기간 동안 은퇴 채권의 가격이 채권과 현금을 능가해, 개인은 시작 기간과 비교해 마지막에 많은 소득을 조달할 수 없었다.

수익률이 표본 기간의 선택에 매우 민감하기 때문에, 이 그림은 다른 시장 상황에서 다르게 보일 수 있다. 특히 이자율이 감소하는 것과 반대로 증가하는 경우다. 실제로 이자율 증가는 은퇴 채권의 수익률이 낮다는 것을 의미하기 때문에 상대 수익률은 더 높을 수 있다. 해당 기간의 특수성과 관계없이 그림 13의 중요한 결론은 채권 지수 또는 현금 계좌에 저축하는 개인은 저축의 구매력 변화에 상당한 불확실성에 직면한다. 채권 지수의 경우 10년 상대 수익률은 68.8%에서 93.5%까지였으며, 현금의 경우 그 범위가 46.8%에서 75.7% 정도이다.

4.4.4 목표 헤징 포트폴리오

표준 채권과 현금이 퇴직 투자에서 무용지물이 되는 것은 아니지만, 모든 시장 상황에서 유일하게 합리적인 소득 수준을 유지하는 은퇴 채권을 복제하는 투자 상품으로 사용되면 유용하다. 고정 수익 상품을 결합해 은퇴 채권의 수익률을 복제하는 포트폴리오로 정의된 목표 헤징 포트폴리오goal-hedging portfolio를 구성할 수 있다. 이 포트폴리오 구성은 자산 부채 관리에서 부채 헤징 포트폴리오의 구성과 유사하며, 표준 가중치 방법에는 듀레이션 일치, 듀레이션과 볼록성convexity 일치, 익스포저를 이자율 수준level과 기울기slope 팩터에 일치 등이 포함된다. 그러나 표준 채권 포트폴리오나 머니마켓 계좌는 듀레이션이 은퇴 채권과 일치하지 않기 때문에 가치 있는 목표 헤징 포트폴리오로 작용할 수 없다. 채권 포트폴리오는 일반적으로 축적 단계의 은퇴 채권보다 훨씬 짧은 비교적 안정적인 듀레이션을 가지며, 현금 계좌는 듀레이션이 0이다. 따라서 수익률이 은퇴 채권의 수익률과 유사하지 않다.

05
축적 단계 향상하기

은퇴 전 단계에서 투자자의 목표는 처분기에 대체소득을 창출하기 위해 저축액을 축적하는 것이다. 여기에 설명한 바와 같이 이는 저축의 명목 가치가 아닌 대체소득의 측면에서 저축의 구매력에 초점을 맞추는 것이 정당하다.

전통적인 금융 조언에서 자본 축적과 소득 창출은 일반적으로 두 가지 경쟁 목표로 간주되는데, 전자는 주식 투자로 후자는 채권에 투자함으로써 가장 잘 달성된다. 따라서 젊은 투자자는 더 많은 주식을 보유하고 퇴직자나 퇴직자와 은퇴에 가까운 개인은 채권을 선호하도록 권고한다. 이 규칙은 목표일이 다가올 때 주식 배분을 점진적이고 자동적으로 줄이는 타깃 데이트 펀드에 실행하고 있다.

그러나 대체소득을 창출하려는 목적이 축적 단계 초기에 이를 고려함으로써 더 잘 이행되지 않는지 생각해볼 수 있다. 4장에서 보듯이 은퇴 채권에 돈을 축적하는 개인은 이러한 저축이 얼마만큼의 대체소득을 조달할지를 저축 즉시 알게 되며, 표준 채권 포트폴리오나 현금 계좌를 선택하는 투자자는 결국 도달하게 될 소득 수준에 대해 상당한 불확실성을 갖게 된다. 여기서는 밸런스 펀드와 타깃 데이트 펀드라는 두 가지 뮤추얼 펀드를 고려하고 있으며, 은퇴 채권을 빌딩 블록으로 사용하는 잘 확립된 여러 금융 상품을 살펴본다.

5.1 밸런스 펀드와 타깃 데이트 펀드

밸런스 펀드와 타깃 데이트 펀드는 주식, 채권, 현금 등 위험 수익 프로파일risk return profile이 다른 자산에 투자한다. 다양한 펀드의 배분 규칙을 결정하는 한 가지 중요한 전제는 주식이 채권과 현금보다 장기 성장 잠재력이 높지만 단기적으로는 상당한 자본 손실 위험에 노출되는 반면, 현금은 원금을 보전하며 높은 등급의 국채와 회사채는 안정적이고 예측 가능한 현금흐름을 제공한다. 그 결과 단기 손실을 감수하고 주식에 투자하는 펀드는 소득 분배보다는 자본 축적을 선호하고, 채권 위주로 투자하는 펀드는 소득 분배와 자본 보호를 선호한다.

5.1.1 전통적인 재무 자문

밸런스 펀드는 각각의 자산에 대략 일정한 비율 배분을 추구한다.[1] 60%는 주식에 투자하고 나머지는 채권과 현금에 투자하도록 권장하는 "60/40" 가중 규칙은 대중적인 경험 규칙이고 "공격적" 펀드는 최대 80%를 주식에 배분하고 "보수적" 펀드는 최대 80%까지 채권에 배분한다. 그러나 "적극적"과 "보수적"의 용어가 주식과 채권의 표준 백분율을 나타내지 않으며, 각 상품 제공업자는 고유 용어로 사용한다.

투자자는 약세장이 발생할 경우 어느 정도의 손실을 감내할 수 있는지, 또는 포트폴리오 가치가 얼마나 자주, 큰 폭으로 변동하는 것을 감당할 수 있는지 결정함으로써 주식 배분 비중을 선택할 수 있다. 이 두 가지 기준은

---

1 말키엘(Malkiel, 1996, 페이지 368)과 드미구엘, 갈라피, 우팔(DeMiguel, Garlappi, Uppal, 2009)이 상기한 바와 같이 이 투자 지침은 적어도 바빌로니아 탈무드로 거슬러 올라가는데, 이때 랍비 이츠작(Rabbi Yitz recommak)은 "사람은 항상 돈을 1/3으로 나눠야 한다. 땅에 1/3을 묻고 사업에 1/3을 투자해야 하며, 나머지 1/3을 보유해야 한다"고 권고했다(윌리엄 데이비슨 탈무드, 바바 메지아(William Davidson Talmud, Bava Mezia 42a)에서 인용).

각각 손실 위험에 대한 감내도와 변동성에 대한 감내도에 해당한다. 그러나 실제로 개인 투자자는 서로 다른 주식 배분안을 시뮬레이션하는 데 필요한 데이터 세트와 기술적 배경을 갖추고 있지 않기 때문에 자산 배분을 선택하기 위해서는 기존의 조언이나 경험적 규칙에 의존한다.

그러한 많은 규칙이 제안됐지만, 돈이 필요한 기간과 연령이 주식에 대한 목표 배분을 선택할 때 관련성이 있는 두 가지 기준이다. 대체로 투자 기간이 긴 투자자들은 단기 손실을 회복할 시간이 있기 때문에 더 높은 비율을 주식에 투자하는 것이 좋다. 반면 단기적으로 돈을 인출하려는 사람들은 채권이나 머니 마켓 펀드 같은 저위험 자산 비중을 확대하는 것이 좋다. 마찬가지로 안정적이고 규칙적인 소득이 필요한 은퇴 투자자도 채권에 더 많이 배분할 것을 권고한다. 부동산은 때때로 소득을 창출하는 자산으로 언급돼 은퇴자들에게 매력적이다.

개인의 연령이 주식 배분의 중요한 원동력이 돼야 하고 나이 든 투자자가 더 높은 채권을 보유해야 한다고 인정한다면 시간이 지날수록 주식 배분이 자동으로 줄어드는 또 다른 종류의 펀드를 개발하는 것이 타당하다. 이 투자 정책은 목표일이 투자 상품의 이름(예: "2045년 펀드")에 내재돼 있고 주식 배분은 목표일에 다가갈수록 줄어드는 형태이다. 즉 목표일과 현재 날짜 사이로 정의된 기간을 주식 배분에 반영하는 글라이드 패스Glide Path가 있다. 이 펀드를 투자하는 투자자들은 포트폴리오를 스스로 재조정할 필요가 없다.

5.1.2 투자 상품 개관

타깃 데이트 펀드는 "to" 펀드와 "through" 펀드로 세분된다. "to" 펀드는 투자자를 목표일까지 데려가도록 설계돼 있기 때문에 주식 배분이 그 날짜까지 감소하는 반면, "through" 펀드는 목표일 이후에도 계속 주식 배분 축소를 허용한다. 일반적으로 "through" 펀드는 목표일 전에 "to" 펀드보다 주식을 더 많이 배분한다. 그러나 투자 기간이 펀드의 자산 배분을 결정하는 유일한 요인은 아니며, 이러한 펀드에는 "보수적"과 "공격적" 펀드처럼 상이한 형태가 존재한다. 그러나 밸런스 펀드와 마찬가지로 이 용어는 표준적인 의미가 없으며, 특정 주식 비율을 지칭하지 않는다. 따라서 상품 공급자는 용어를 스스로 정의해 사용한다.

밸런스 펀드와 타깃 데이트 펀드는 종종 재간접 펀드Fund of Funds의 형태이며, 각각 특정 자산에 노출을 달성하기 위해 해당 펀드에 투자한다. 주식형 펀드는 국내 대형, 글로벌, 중형주, 가치주 등의 특정 유형의 주식이 있으며 인프라, 상품, 부동산과 같은 "실물 자산"에 투자하는 주식을 편입한다. 채권에서는 특히 국내 국채, 해외 채권, 투자 등급 회사채, 투기 등급 회사채, 물가 연동 채권 등이 있다. 현금은 머니 마켓 상품으로 대표된다.

투자하는 기초 펀드는 액티브 운용이 수반될 수 있어 펀드가 주로 투자하는 상품 유형에 따라 '액티브'와 '패시브' 타깃 데이트 펀드로 구분한다. 미국 투자리서치회사 모닝스타에 따르면 2000년대 말까지 '액티브' 펀드에 자금이 대부분 유입됐지만 그 이후 패시브 펀드가 이어받았다. 모닝스타의 2018년 '타깃 데이트 펀드 현황Target Date Fund Landscape'에 따르면 미국에서는 '평균 이하' 또는 '낮은' 수수료를 가진 펀드만 2017년에 순 자금 유입이 보인 것으로 추정했다. 전체적으로 올해 700억 달러 순유입의 거의 95%를 '패시브' 펀드가 유치했다.[2] 이러한 추세는 수수료 수준과 투명성에 대한 우려가 높아지면서 가속화되고 있으며 자산운용업계에 영향을 미치고 있다.

다만 액티브 펀드에 인덱스 펀드를 사용함으로써 '액티브' 상품과 '패시브' 상품의 구분이 모호해지는 점에 주목해야 한다. 더욱이 사실상 모든 밸런스 펀드와 타깃 데이트 펀드의 운용 규칙은 포트폴리오 매니저가 유리한 투자 기회를 이용하기 위해 상품 설명서에 명시된 중립 배분에서 벗어날 수 있는 여지를 남겨두고 있다. 사실 어떤 자산 배분이 각 투자자의 프로파

2 출처: Morningstar(2018), Exhibits 3 and 5

일에 적합한지 결정하는 것은 펀드 제공업자에게 맡겨진다. 이는 그림 14에서 타깃 데이트 펀드의 글라이드 패스는 상당한 차이를 야기한다. 목표일로부터 20년 전에는 주식 배분이 53%에서 91% 사이이며, 10년 후에는 20%에서 58% 사이이다. 부수적으로, 이 수치는 목표일 전이나 목표일에 주식 비중이 최소가 되는 "to" 펀드와 목표일에 도달한 후에도 주식 비중이 최소가 되는 "through" 펀드의 차이를 강조한다.

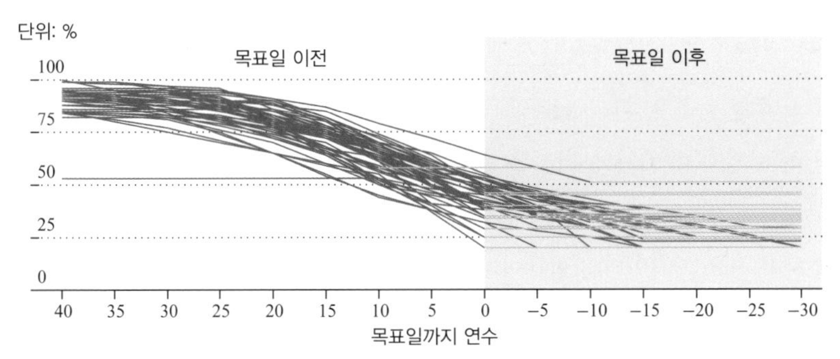

그림 14 미국의 58개 타깃 데이트 펀드의 주식 배분 비중 변화(주식 글라이드패스)

참고: 미국 58개 타깃 데이트 펀드 자료는 모닝스타(2018년) 부록 2에서 발췌한 것으로 2017년 12월 31일 기준이다. 각 선의 파란색 부분은 주식 배분이 더 이상 감소하지 않는 날짜로 정의된 착륙 지점(Landing Point)까지의 글라이드 패스를 나타내고 노란색 부분은 착륙 지점 이후의 글라이드 패스를 나타낸다.

타깃 데이트 펀드는 미국에서 널리 사용되는 투자 상품이다. 모닝스타(2018년)에 따르면 순 자산은 2008년 말 1,580억 달러에서 2017년 말 1조 1,100억 달러로 성장했으며 매년 순 유입의 호조세를 보이고 있다. 이러한 성공의 중요한 이유는 이들 펀드(및 밸런스 펀드)가 2006년 9월 통과된 연금보호법 이후에 획득한 '적격 디폴트 투자 대안Qualified Default Investment Alternative'의 자격 때문이다.[3] 참여자가 다른 의견을 표명하지 않는 한 401(k) 플랜처럼 연금 자산이 투자할 수 있는 펀드가 QDIA이다.

3 www.dol.gov/agencies/ebsa/about-ebsa/our-activities/resource-center/fact-sheets/default-investment-alternatives-under-participant-directed-individual-account-plans를 참조하라.

5.2 현대 포트폴리오 이론의 조언과 얼마나 일관성이 있는가?

소비와 투자를 계획하는 문제는 1969년부터 1973년까지 이러한 최적화 문제를 해결하기 위해 수학적 프레임워크를 도입한 폴 A. 새뮤얼슨과 로버트 C. 머튼의 획기적인 연구 이후 많은 학술 연구의 초점이 됐다. 따라서 당연한 질문은 기존 조언이 포트폴리오 이론과 일관되는지 여부이며, 최적의 포트폴리오로 밸런스 펀드와 타깃 데이트 펀드가 어느 정도 대변하는지 여부다.

축적기에 저축을 관리하는 문제를 이 접근법에 반영하는 한 가지 방법은 퇴직 시점과 동일하게 기간을 설정해 기대 효용을 극대화하는 에이전트를 고려하는 것이다. 해결책은 투자 기간 및 위험에 대한 태도와 같은 다양한 투자자 고유 파라미터의 함수이며 이자율, 기대수익, 변동성과 같은 객관적 파라미터의 함수이다. 세 가지 모델링 가정이 솔루션에 중요한 영향을 미친다.

- 에이전트가 저축의 명목 가치에서 효용을 창출하는지, 아니면 다른 수량에서 효용을 창출하는지 여부
- 예상 수익, 변동성 및 포트폴리오 상관관계로 기술된 투자 기회 집합Investment Opportunities이 시간에 따라 일정하거나 확률적으로 달라지는지 여부
- 투자 계획이 수립된 날짜 이후 에이전트가 자신의 저축 계좌에 기여금을 납부하는지 여부

제공된 가정은 최적의 포트폴리오를 구축하기 위해 에이전트가 결합해야 하는 빌딩 블록과 빌딩 블록에 최적으로 할당되는 부의 비율을 결정한다. 여러 가지를 시도해보면 빌딩 블록의 다양한 리스트와 상이한 자산 배분 체계에 도달한다. 기존 투자 조언 및 축적기 투자 상품을 합리화하기 위해서는 더 많은 위험 회피 투자자들이 주식보다 채권에 많은 부분을 투자해야 하고, 젊은 투자자들이 더 많은 주식을 보유해야 하며, 나이가 들면서 점차 채권으로 전환해야 한다고 모델이 예측한다. 그러나 간단히 말해서

다음과 같은 세 가지 주요 이유로 이러한 권고 사항을 모델의 권고 사항과 조화시키기는 어렵다.

- 펀드 분리 이론Fund Separation Theorem을 통해 모델이 최적의 전략을 도출하는데, 이 이론에서 최적의 포트폴리오가 위험 자산(예: 주식, 채권 및 대체 자산)에 투자된 기초 포트폴리오의 조합이다. 이러한 빌딩 블록 분리는 뮤추얼 펀드에 의해 채택된 자산군의 분리와 일치하지 않는다.
- 위험 회피도risk aversion와 투자 기간investment horizon의 영향은 기존 투자 조언에서 가정한 것보다 훨씬 더 복잡하다. 특히 위험 회피도가 더 큰 투자자들이 저축의 더 큰 부분을 변동성이 적은 자산군에 배분해야 한다고 모델은 예측하지 않는다.
- 최적의 포트폴리오 전략은 리스크 프리미엄과 변동성을 포함하는 투자 기회 조합Opportunity Set을 특징하는 상태변수State variable에 따라 달라진다. 따라서 포트폴리오 구성은 연령뿐만 아니라 시장 상황의 함수이다.

이제 이러한 이유를 자세히 살펴본다.

5.2.1 최적의 빌딩 블록

가장 간단한 경우로 에이전트는 최종 자산에서 효용을 갖고 있고 일정한 기대수익률과 변동성을 가진 단일 위험 자산이 있으며 최초 자산 기여 이후에 기여금이 없다고 가정하자. 머튼(Merton, 1971)은 쌍곡선 절대 위험 회피hyperbolic absolute risk aversion로 알려진 효용함수를 갖고 있을 때 최적 포트폴리오가 위험 자산과 현금 계좌를 결합이라 주장했다.[4] 특히 '상대 위험 회피계수

---

4 쌍곡선 절대 위험 회피 효용함수는 다음과 같은 형식을 갖는다.

$$u(c) = \frac{1}{1-\gamma}\left[\frac{\beta c}{\gamma} + \eta\right]^{1-\gamma}$$

β, γ, η가 고정 파라미터이다.

relative risk aversion coefficient'가 일정할 때[5] 위험 자산에 투자하는 자산의 비율은 자산의 샤프 비율을 변동성으로 나눈 값(상대 위험 회피계수의 역수)과 같다.[6] 따라서 상대 위험 회피가 일정할 때 최적의 포트폴리오는 고정된 혼합 포트폴리오다. 주식 및 장기 채권과 같은 여러 위험 자산을 가지고 있을 때, 솔루션은 최대 샤프 비율을 가진 자산과 현금의 두 가지 빌딩 블록의 결합이다.[7]

투자 기회 집합Investment Opportunities이 시간에 따라 달라지면 최적의 투자 전략은 훨씬 복잡해진다. 물론 이러한 시간 가변성이 더욱 현실적인 가정인데, 왜냐하면 기대 수익률과 변동성이 고정돼 있다는 가정은 자산 수익률이 시간에 따라 독립적 동일 분포를 가지며 이에 따라 주가는 랜덤 워크를 따른다는 것을 의미하기 때문이다. 이러한 제한은 수익률에 관한 여러 가지 정형화된 사실과 상충한다. 주식과 채권 수익률은 제한된 정도(예: 주식에 대해서는 배당 수익률과 채권에 대해서는 수익률 곡선의 기울기가 언급되지만, 몇몇 예측변수가 있을 뿐이다)로 예측할 수 있으며, 과거 주식 수익률을 조사해보면 변동성이 높은 기간은 그렇지 않는 기간과 번갈아 나타났음을 알 수 있다.

이러한 상황에서 머튼(1973)은 최적 포트폴리오가 위험 자산과 현금으로 구성된 샤프 비율이 최대인 포트폴리오 외에 새로운 빌딩 블록을 포함한다고 주장했다. 머튼의 논문에서 펀드 분리 이론과 관련해 "펀드"라고 불리는 각각의 기초 포트폴리오는 예상치 못한 투자 기회 집합의 불리한 변화에 대응해 헤지를 돕기 위한 것이다.[8] 예를 들어 금리가 하락할 경우, 투자 기회 집합이 더 나빠 보여 투자자의 복지에 악영향을 미친다. 이러한 사건에 대

5 상대 위험 회피계수는 $-cu''(c)/u''(c)$로 정의된다. 고정 상대 위험 회피 효용함수는 쌍곡선 위험 회피함수의 정의에서 $\eta = 0$, $\beta = \gamma^{\gamma/[\gamma-1]}$로 둬 얻을 수 있으며, 효용함수는 다음과 같이 주어진다.

$$u(c) = \frac{c^{1-\gamma}}{1-\gamma}$$

6 머튼(1971)의 방정식(40), 페이지 390 참조.

7 머튼(1973)의 방정식(16), 페이지 876 참조.

8 머튼(1973), 정리 2, 페이지 880 - 81 참조. 원본 논문에서 머튼은 투자 기회 집합을 설명하기 위해 단일 상태변수를 고려한다. 따라서 최적의 포트폴리오는 세 개의 빌딩 블록 집합이다. 머튼(1992) 15.10에서는 여러 상태변수를 사용해 일반 사례를 분석한다.

비하기 위해 에이전트는 이자율이 하락할 때 가치가 증가하는 자산, 즉 본질적으로 장기 채권을 구입해야 한다. 따라서 장기 채권으로 이루어진 세 번째 빌딩 블록이 필요하다.

상황을 더 복잡하게 하면 빌딩 블록은 에이전트의 투자 목표에 달려 있다. 머튼 모델의 기본 버전에서 효용은 저축의 명목 가치에서 파생되지만, 이것이 가장 적절하지는 않은 많은 상황을 생각할 수 있다. 예를 들어 상품과 서비스의 구매력은 이러한 항목에 저축을 지출할 계획인 투자자에게 더 목적 적합한 지표가 될 수 있다. 여기서 효용은 부를 소비자 물가 지수로 나눈 실질 부이다. 인플레이션 불확실성의 도입으로 새로운 구성 요소, 즉 인플레이션 위험 헤지 포트폴리오Inflation Hedging Portfolio가 필요한데, 이는 에이전트들이 예기치 못한 인플레이션 위험을 회피하는 포트폴리오에 자산의 일부를 투자해야 한다.[9] 이와 유사하게, 은퇴 준비의 맥락에서 저축의 명목 가치는 이러한 저축이 조달할 수 있는 대체소득의 금액보다 덜 중요하다. 그러므로 퇴직 시 부의 기대 효용보다 더 나은 척도는 부에서 발생하는 효용을 은퇴 채권 가격으로 나눈 것이다. 이러한 에이전트의 목표 변화로 은퇴 채권 자체가 최적 전략에서 하나의 빌딩 블록이 될 것이다.[10]

결론을 이야기하면 이론적으로 최적 포트폴리오는 각각 정의를 가지고 있는 여러 기초 "펀드"로 구성된다. 최대 샤프 비율 포트폴리오는 단기적으로 최상의 샤프 비율을 제공하고, 현금은 단기 수익률에 대한 불확실성을 상쇄하며, 헤징 포트폴리오는 특히 이자율과 위험 프리미엄의 변동을 포함한 투자 기회 집합의 불리한 변동에 대한 위험 회피용으로 활용된다. 이 분리 원칙은 일반적으로 국내 주식, 해외 주식, 국채, 투자 등급 채권 등 자산군으로 표현되는 표준적인 뮤추얼 펀드의 분류와 대비된다.

---

9 브레넌과 샤아(2002) 참조.

10 연금의 자산 부채 관리와 관련된 예제는 마르텔리니와 미후아(Martellini and Milhau) 논문 제안 3(2012)을 참조한다. 자산에서 부채를 나눈 것으로 정의된 적립 비율에서 효용을 발생한다면, 효용 극대화 전략은 부채의 가치를 복제하는 부채-헤징 포트폴리오에 매수 포지션을 취한다. 퇴직 투자에서 부채의 가치는 은퇴 채권으로 대체되고 은퇴 채권은 부채-헤징 포트폴리오로 역할을 수행한다.

5.2.2 위험 회피도 효과

투자 기회 집합이 일정하고 에이전트가 고정 상대적 위험 회피도를 가지고 있는 경우, 최적의 전략은 위험 자산과 현금으로 구성된 고정 혼합 포트폴리오를 보유하는 것이다. 이 규정은 밸런스 펀드의 투자 정책을 연상시키지만 기존 조언과 달리 위험 회피도가 주식과 채권의 상대 가중치에 영향을 미치지 않는다는 의미를 내포한다. 주식과 채권은 자산의 위험과 수익률 특성에 따라 가중치가 부여되지만, 위험 회피형 투자자는 채권 배분을 절대 늘리지 않을 것이다. 위험이 큰 빌딩 블록 대신 현금에 더 많은 재산을 투자할 뿐이다. 더욱이 최적 포트폴리오는 단기 위험과 수익률 파라미터 및 위험 회피도 수준의 함수이기 때문에 투자시계 효과[Horizon Effects]는 없다. 투자시계 효과를 도입하기 위해서는 다음과 같이 가정을 변경해야 한다.

확률적 투자 기회 집합[Stochastic Investment Opportunities]이 존재하는 경우, 머튼(1973)은 위험 헤징 포트폴리오의 구성은 위험 회피도(및 투자시계로부터)와 독립적이지만 각 펀드에 배분되는 비율은 위험 회피도와 독립적이지 않다는 점에 주목했다. 김과 옴베르크(Kim and Omberg, 1996) 및 류(Liu, 2007)에서 제시된 예제에서 볼 수 있듯이 의존성은 복잡할 수 있다. 그러나 와처(Wachter, 2003)는 일반적인 결과를 입증했는데 이는 효용함수의 선택과 관계없고 투자 기회 집합이 모델링되는 방식과 무관하게 성립한다. 즉 위험 회피도가 무한대로 증가함에 따라 에이전트는 잔여 만기가 투자시계와 일치하는 순수 할인 채권을 최적으로 보유한다. 무한대의 위험 회피 투자자는 은퇴 시 재산의 변동에만 관심을 두고 있으며, 순수 할인 채권은 확실한 수익률을 산출하는 자산이기 때문에 이러한 결과는 직관적으로 타당하다. 그러나 중요한 것은 해당 채권 빌딩 블록은 일반적인 채권 포트폴리오가 아닌데, 순수 할인 채권의 수익률을 복제해야 하기 때문이다. 이 채권 빌딩 블록은 순수 할인 채권과 동일한 듀레이션을 갖고 있어야 한다. 즉 은퇴에 가까울수록 듀레이션이 0으로 줄어든다.

5.2.3 확률적 투자 기회 집합에서 투자시계 합리화

투자시계 효과Horizon Effect는 시간이 지남에 따라 투자 기회 집합이 확률적으로 변화할 때 발생할 수 있다. 이를테면 앞에서 설명한 모델에서는 무한히 위험을 기피하는 투자자는 그들의 투자시계와 동일한 잔여 만기를 가진 순수할인채권에 투자해야 한다고 예측한다. 와처(Wachter, 2003)가 수학적으로 정립한 이 결과는 모딜리아니와 서치(Modigliani and Sutch, 1966)의 '선호 서식설Preferred Habitat' 가설과 일치한다. 모딜리아니는 각자의 투자시계에 해당하는 만기 금리를 걱정하고 있다고 가정한다. 금리가 시간에 따라 변동할 때 만기가 서로 다른 채권은 서로 완벽한 대체물이 아니다. 즉, 은퇴일 이후에 만기가 도래하는 은퇴 채권의 가격은 사전적으로 불확실하며, 은퇴일 이전에 만기가 도래하는 은퇴 채권은 미리 알 수 없는 금리로 다른 채권에 재투자해야 한다.

주가 지수로 해석할 수 있는 단일 위험 자산이 있고 무위험 수익률 대비 리스크 프리미엄이 경기 사이클에 걸쳐 주식 가격 하락 후 리스크 프리미엄이 증가하고, 주식 가격 상승 후 리스크 프리미엄이 감소하는 식으로 변동한다면 또 다른 투자시계 효과가 존재한다. 이것은 김과 옴베르크(Kim and Omberg, 1996)가 분석적으로 해결한 것으로, 에이전트가 전략적 목적으로 주식에 투자할 수 있기 때문에 최적의 주식-현금 배분은 투자시계에 따라 다르다. 실제로 주식은 기대수익률이 낮을 때 높은 수익률을 보이는 경향이 있기 때문에 투자 기회 집합의 악화에 대비한 위험 회피 역할을 한다. 따라서 주식에 투자함으로써 주식 리스크 프리미엄의 하락 때문에 후생에 부정적인 충격을 주는 위험을 헤징할 수 있다. 이러한 효과는 긴 투자시계에 더 많이 나타나기 때문에 주식에 관한 헤징 수요는 투자시계에 따라 증가하는 경향이 있다. 그러나 최적의 주식-현금 배분은 리스크 프리미엄의 현재 가치에 따라 달라지므로 시간에 따라 확정되는 함수가 아니며 타깃 데이트 펀드의 확정적인 글라이드패스와 다르다.

5.2.4 비금융 소득의 역할

기여금이 축적 기간에 발생하는 경우에 투자시계 효과가 발생한다. 실제로 머튼(1969)은 투자자가 비금융 포트폴리오에서 노동 소득처럼 "비금융 소득"을 받는다면, 각 위험 자산에 대한 최적의 자산 배분은 포트폴리오 외부에서 아무런 소득도 받지 못하지만 미래 소득 유입의 할인 가치에 금융 자산의 합계를 더한 금액을 받는 투자가와 최적 자산 배분이 동일하다. 이 규칙을 수학적으로 표현하면 투자자가 일정한 소득을 얻고, 고정 상대 위험계수(γ)를 가지며, 일정한 투자 기회 집합에 직면하며, 샤프 지수 λ와 변동성 σ을 가진 단일 위험 자산과 현금 자산에 접근할 수 있는 경우를 고려한다. H는 무위험 이자율로 할인된 미래 소득 유입의 현재 가치인 인적 자본의 가치를 나타내고 W는 금융 자산의 가치를 표시한다. 따라서 최종 부의 가치는 $W + H$이다. 머튼의 최적성 정리Optimality Theorem에 따르면 비금융 소득이 없었다면 위험 자산에 대한 최적 비율 배분은 $\lambda/[\gamma\sigma^2]$이다.[11] 만약 w가 소득이 부여된 에이전트의 최적 비율 배분이라면 다음이 성립함을 머튼이 확인했다.[12]

$$wW = \frac{\lambda}{\gamma\sigma^2}[W + H]$$

따라서 w는 다음과 같다.

$$w = \frac{\lambda}{\gamma\sigma^2}\left[1 + \frac{H}{W}\right]$$

비율 $1 - w$에 해당하는 금융 자산의 나머지는 현금에 투자한다.

비금융 소득의 존재로 젊은 개인은 H/W 비율이 더 크기 때문에 투자시계 효과가 있다. 사실 젊은층은 대개 금융 자산이 거의 없고 인적 자본이 큰 반면, 은퇴에 가까운 개인은 자본은 축적돼 있지만 미래 소득은 더 적다.

11 머튼(1969)의 방정식(49)을 참조한다.

12 머튼(1969)의 방정식(71)을 참조한다.

위험 자산을 주식으로 해석된다면 이는 투자자들이 나이가 들면서 주식에서 채권으로 점차 대체해야 한다는 것을 시사한다. 그러나 이러한 조정은 확정적인 형태로 발생하지 않는데, 이는 자산이 어떻게 증가하고 위험 자산의 수익에 의존적인 H/W 비율에 따라 결정되기 때문이다.

그러나 고정 투자 기회 집합과 고정 수입은 다소 조잡한 모델이다. 불확실한 수입 또는 투자 기회 집합이 있는 모델은 일반적인 아이디어는 동일하지만 해결하기가 더 어렵다. 고정 상대 위험 회피 계수를 가진 투자가는 포트폴리오 소득이 없지만 총 재산이 더 큰 동일 투자자와 위험 자산에 대한 배분이 동일해야 하며, 인적 자본 수익률을 복제하기 위해 포트폴리오에 매도(Short) 포지션을 취하는 것이다. 이 기준에 따르면 직원들이 회사의 주식을 소유해서는 안 되는데 그렇게 되면 직원들이 회사 위험에 과대 노출되기 때문이고, 회사가 불황을 겪으면 급여가 삭감되고 저축이 줄어들기 때문이다. 그러나 벤조니, 콜린-듀프레네, 골드스타인(Benzoni, Collin-Dufresne and Goldstein, 2007)이 보여줬듯이 이 모델은 소득이 어떻게 모델링되느냐에 따라 채권의 점진적 대체 투자처로 주식을 합리화할 수 있다. 소득이 확정적이라면 인적 자본은 채권처럼 취급돼 젊은 개인이 장년층보다 더 많은 주식을 보유해야 하지만, 소득이 주식 배당과 연결되면 인적 자본은 주식과 같고 최적의 주식 배분은 나이에 따른 혹 모양의 함수Hump-shaped function of age 형태로 나타난다. 그렇다면 젊은 개인이 주식에 더 많이 투자하는 것이 반드시 최선은 아니다.

5.3 더 좋은 빌딩 블록 방식

5.3.1 전통적인 안전 자산 빌딩 블록 방식이 갖고 있는 문제

목표일이 다가올수록 타깃 데이트 펀드는 주식 투자와 관련한 손실 위험을 줄이고, "through" 형태의 타깃 데이트 펀드는 퇴직 시 소득 창출의 목적으로 채권과 현금에 투자하는 '안전 자산' 빌딩 블록으로 전환한다. 그러나 타깃 데이트 펀드가 재산 축적 목적에 진정으로 안전하려면 현재 시점과 은퇴 시점 사이에 일정한 수익률을 가져야 한다. 다시 말해 목표일에 만기가 도래하는 할인 채권의 수익률을 복제해야 한다. 따라서 은퇴 시 저축 가치의 분포에만 관심이 있는 투자자가 할인 채권에 투자함으로써 불확실성을 제거할 수 있다. 그러기 위해서는 만기일이 다가올 때 채권 블록의 듀레이션이 줄어들어 없어져야 한다. 그렇지 않다면 잔여 이자율 위험 익스포저는 존속하며, "안전" 포트폴리오에 전적으로 투자되더라도 이자율이 증가하는 경우 자본 손실의 위험에 여전히 노출된다. 이런 속성은 퇴직일 가까이에서 손실 위험을 줄이려는 목적과 상충한다.

따라서 타깃 데이트 펀드를 개선하는 첫 번째 방법은 "위험" 빌딩 블록과 "안전" 빌딩 블록에 대한 자산 배분뿐만 아니라 "안전" 버킷의 구성이 모든 투자시계에 동일할 수 없다는 것을 인식하는 것이다. *T*년도 투자시계에 관한 "안전" 빌딩 블록은 *T*년도 순수 할인채의 수익률을 복제하는 것이다. 따라서 할인채의 듀레이션과 동일해야 한다. 20년 투자 기간과 5년 투자 기간이 동일할 수 없으며, 글라이드 패스를 조정해 이 문제를 해결할 수 없다. 진정으로 안전한 포트폴리오를 구축하려면 특히 목표 듀레이션을 포함한 이자율 위험 요인에 목표 익스포저를 노출하는 방식으로 채권과 현금에 적절히 자산 배분해야 한다.

그러나 퇴직자들이 저축으로 매입할 수 있는 대체소득 금액보다 명목 저축의 가치는 미래 퇴직자에게 덜 관련성이 있다. 이는 순수 할인 채권이 퇴직일에 만기가 도래해도 소득 창출 목표 관점에서 무위험하지 않기 때문에 무위험 자산의 정의에 중요한 함의가 있다. 실제로 축적 단계 동안 채권에 투자한 금액은 개인이 퇴직할 때 $1 + r$달러를 돌려주는데, 여기서 r은 기여일과 퇴직일 사이의 채권의 단순 수익률이다. 이 수익률은 기여(투자)할 때 이미 알 수 있다. 그러나 개인은 은퇴 채권 가격을 미리 알 수 없기 때문에 $1 + r$달러로 얼마만큼의 소득을 구입할 수 있는지를 은퇴일에만 알게 된다. 문제는 기여금이 발생하는 시점에 순수 할인 채권의 절대 수익률이 알려지지만 은퇴 채권에 대한 상대 수익률은 그렇지 않다는 점이다.

다시 말하지만 이 문제는 타깃 데이트 펀드의 주식 글라이드 패스를 변경하는 것으로 해결되지 않으며, 투자 목표와 일치하는 '안전' 빌딩 블록을 사용할 것을 요구한다. 최종 목표는 퇴직 시 대체소득을 창출하는 것이므로, 적절한 '안전' 자산은 은퇴 채권 그 자체다. 금융 시장에서 이 채권을 쉽게 구할 수 없다면, '안전' 빌딩 블록은 은퇴 채권 수익률을 복제하는 유가증권 포트폴리오로 구성한다.

5.3.2 성과 추구 포트폴리오

밸런스 펀드와 타깃 데이트 펀드에서 주식은 채권과 현금보다 더 큰 장기 수익을 달성해 투자 기간이 긴 투자자들의 저축 증대를 목적으로 투자한다. 축적 기간에 목표 기반 접근 방식을 채택하면 이 역할을 약간 바꿔 말할 수 있다. 5.4에서 설명한 바와 같이 노후를 위한 목표 기반 투자에서 중요한 것은 은퇴 채권에 관한 포트폴리오 전략의 상대 수익률이다. 포트폴리오 전략은 은퇴 채권의 성과를 능가한다면 현재의 자산만으로 확보할 수 없는 소득 수준에 도달할 수 있도록 돕는다. 따라서 목표 기반 투자 전략에서 주식의 역할과 기능은 장기적으로 은퇴 채권을 능가하는 성과를 달성하는 것이다.

그러한 목적에 적합한 자산은 주식뿐이며, 유동성이 있고 비용 효율적인 투자 수단이 있는 한 대체 자산도 사용할 수 있다. 이러한 이유로 우리는 '주식'이라는 일반적이며 특정 자산을 언급하는 대신 은퇴 채권 이상의 성과를 창출하는 포트폴리오의 역할을 강조하고자 '성과 추구 포트폴리오[PSP, Performance Seeking Portfolio]'라는 용어를 사용한다. 이러한 명칭 변경은 자산 부채 관리[13]에서 펀드 분리 이론과 일치한다. 은퇴 채권에 대한 제도적 등가 개념인 부채 헤징 포트폴리오와 이론적으로 이용 가능한 위험 자산인 샤프

13 펀드 분리 이론의 예는 아멘크 외 연구진(Amenc et al., 2010)을 참조한다.

지수 포트폴리오로 구성된 성과 추구 포트폴리오의 두 가지 빌딩 블록으로 구성되며 후생 최대화 투자 정책Welfare-Maximizing Investment Policies이다. 따라서 펀드 분리 개념은 주식이나 채권과 같은 자산군으로 표현되는 것이 아니라 역할로 잘 정의된 기능적 구성 요소로 표현한다.

성과 추구 포트폴리오PSP를 주식에 투자하면 액티브 펀드부터 인덱스 성과를 복제하는 패시브 펀드까지 많은 펀드를 이용할 수 있다. 액티브 펀드는 수수료 차감 후 벤치마크보다 나은 수익률을 내지 못하는 경우가 많기 때문에 패시브 전략을 선호하는 것이 저자의 입장이다. ETFExchange-Traded Fund는 주식 시장에 존재하는 리스크 프리미엄에 저렴하고 손쉬운 접근을 제공하므로 포트폴리오 재조정이 필요한 전략에 특히 적합하다.[14]

모든 주가 지수가 동일하게 매력적인 위험 수익률 프로파일을 갖고 있는 것은 아니라는 점에 유의해야 한다. 오랫동안 주식 포트폴리오의 벤치마킹에 대한 기본 선택이었던 시가총액 가중 지수는 최선의 위험 수익 상충 관계를 제공하는 것과는 거리가 멀다는 것이 현재 널리 인식되고 있다. 표 2는 1970년 6월에 시작해 2016년 12월에 종료되는 46.5년 기간에 걸쳐 사이언티픽 베타Scientific Beta가 계산한 미국 주가 지수의 연간 수익률, 변동성 및 샤프 비율인데 이러한 점을 잘 보여준다. 전체 유니버스에서 시가총액 가중 지수는 28개 지수 중 연간 수익률이 가장 낮고(0.59%) 샤프 비율이 가장 낮았다. 전체 유니버스 주식에서 절반 정도로 구성하는 하위 유니버스 조합에서 시가총액 가중 지수가 가장 낮은 성과와 가장 낮은 샤프 비율을 갖고 있다.

14 ETF를 빌딩 블록으로 사용하는 다이나믹 거래 전략의 사례는 아멘크, 골티즈와 그리고리우(Amenc, Goltz and Grigoriu, 2010)를 참조한다.

표 2 1970년 6월부터 2016년 12월까지 미국 시가총액 가중 또는 스마트 베타 주가 지수의 성과 및 위험 지표

유니버스	가중치	수익률(연율화)	변동성(연율화)	샤프 지수
전체	시가총액 가중	10.59	16.74	0.33
	동일 가중	12.18	16.56	0.43
	최소 분산	12.58	14.23	0.53
	최대 샤프 지수	12.59	15.44	0.49
중형	시가총액 가중	12.50	17.03	0.44
	동일 가중	12.96	16.78	0.48
	최소 분산	13.61	14.05	0.61
	최대 샤프 지수	13.37	15.53	0.54
가치주	시가총액 가중	11.60	16.71	0.40
	동일 가중	13.34	16.30	0.51
	최소 분산	13.59	14.17	0.61
	최대 샤프 지수	13.89	15.37	0.58
높은 모멘텀	시가총액 가중	11.45	17.13	0.38
	동일 가중	12.75	16.96	0.46
	최소 분산	13.86	14.88	0.60
	최대 샤프 지수	13.26	16.04	0.52
저변동성	시가총액 가중	10.86	14.99	0.39
	동일 가중	12.71	13.69	0.56
	최소 분산	13.01	12.69	0.63
	최대 샤프 지수	13.06	13.16	0.61
저투자	시가총액 가중	11.90	15.58	0.44
	동일 가중	13.47	15.20	0.56
	최소 분산	14.08	13.49	0.67
	최대 샤프 지수	13.90	14.50	0.61
고수익성	시가총액 가중	11.03	16.99	0.36
	동일 가중	12.69	17.04	0.45
	최소 분산	13.02	14.56	0.55
	최대 샤프 지수	13.14	15.78	0.52

주: 주가 지수는 미국 주식으로 구성된다. 전체 유니버스는 가장 큰 500개의 주식을 포함하고 있으며, 다른 유니버스에는 250개 주식이 포함되는데 시가총액이 가장 적은 주식, 가장 낮은 투자(지난 2년 동안의 자산 증가), 가장 높은 모멘텀(가장 최근 52주 동안의 수익률에서 가장 높은 4주 동안의 수익률 차감), 가장 높은 총 수익성(총 자산으로 나눈 수익), 지난 2년 동안 가장 낮은 변동성, 또는 최고 장부가 대비 시장가 비율이다. 시가총액 가중 지수는 시가총액으로 가중치를 부여하고, 최소 분산 지수는 사전 포트폴리오 변동을 최소화하기 위해 가중치를 부여하며, 최대 샤프 지수는 이전 대비 샤프 지수를 극대화하도록 설계됐다. 숏 포지션을 배제하기 위해 비음수 제약이 적용되며, 모든 지수의 투자 가능성을 보장하기 위해 유동성과 매매 회전율 조정이 이루어진다. 데이터는 사이언티픽 베타 데이터베이스의 장기 기록 데이터에서 가져온 것이다. 시작일은 1970년 6월 19일이고 종료일은 2016년 12월 21일이다. 유니버스 구축 및 지수 계산에 관한 자세한 내용은 Scientific Beta(2018, 2019)에서 확인할 수 있다. 최대 샤프 지수에서 주식의 기대 수익은 반표준편차(semi-standard deviations)에 비례한다고 가정한다.

각 하위 유니버스는 주식 선택Stock Selection으로 정해지는데, 포트폴리오를 장기적으로 보상받는 것으로 알려진 주식 팩터에 노출시킨다. 하베이, 류, 주(Harvey, Liu and Zhu, 2016)의 조사에 따르면 1970년대 초부터 2016년까지 40년 동안 주식 내 위험 프리미엄에 대한 연구를 통해 300여 팩터가 발표됐지만 통계적 강건성의 반복적인 테스트를 거친 사례는 극소수에 불과하며 경제적으로 정당성이 입증됐다. 표 2는 오랜 시간과 여러 지역에 걸쳐 지속 관찰되는 위험 프리미엄을 문서화한 6가지 요인(기업 규모, 가치, 모멘텀, 변동성, 투자 및 수익성)를 보여준다. 아멘크 외 연구진(Amenc et al., 2014b)이 설명한 바와 같이 시가총액 가중 지수는 두 가지 단점을 갖고 있다. 첫째, 투자자에게 보상받는 위험 요인에 대한 노출을 제공하지 않으며, 기업 규모처럼 일부 팩터에 부정적으로 노출되기도 한다. 둘째, 시가총액에 의거한 가중치는 몇 개의 매우 큰 주식에 집중이 심하다는 것을 의미하므로, 이러한 지수는 분산돼 있지 않으며 상당한 양의 보상받지 못하는 개별 주식 위험을 수반한다. "스마트 팩터" 주가 지수는 보상받는 위험 요인에 노출을 제공하고 보상받지 않는 위험을 가능한 많이 분산시킴으로써 이러한 문제를 해결하는 것을 목표로 한다. 지수 구성의 두 번째 단계, 즉 "스마트 가중치 부여"는 주식에 균등하게 가중치를 매기거나 변동성과 상관관계에 따라 가중치를 매기는 것으로 구성된다.

표 2에 요약된 실증적 증거는 전체 시가총액 지수와 비교해 두 가지 차원에서 달리하면 평균 수익률과 샤프 비율을 개선하는 데 도움을 준다. 각 유니버스의 시가총액지수가 두 기준 모두에서 전체 시가총액 가중지수보다 더 좋은 성과를 보이고, 시가총액 방법을 사용하지 않는 지수는 추가적인 개선이 있다. 이 모든 것은 스마트 팩터 지수가 표준 전체 시가총액 지수보다 은퇴 채권의 성과를 능가할 확률이 더 높으며, 따라서 축적기 투자 전략으로 더 매력적임을 시사한다. 마지막으로 여러 위험 프리미엄을 포착하고 다양한 팩터의 엇갈린 성과 주기로부터 혜택을 얻기 위해 서로 다른 주가 지수도 함께 결합한다. 아멘크 외 연구진(Amenc et al., 2014a)은 멀티팩터

배분의 예를 제시한다.

5.3.3 펀드 대량 맞춤

본 절에서 수정된 밸런스 펀드와 타깃 데이트 펀드는 성과 추구 포트폴리오와 은퇴 채권에 투자한다. 은퇴 채권은 특정 퇴직일, 주어진 처분 기간 및 주어진 연간 생계비 조정COLA을 위한 것이기 때문에 각 펀드는 이러한 특성을 갖고 있다. 처분 기간은 퇴직 시 기대 수명과 동일하다고 볼 수 있다. 대부분의 개인이 65세 전후로 은퇴한다고 가정하면 20년이라는 기간을 의미한다. 유럽연합과 미국에서는 2%의 장기 기대 인플레이션을 생계비 조정으로 추정 가능한데, 이 지역 중앙은행들의 장기 물가 목표이기 때문이다(4.1 참조). 이 숫자는 일반적이며 특정 개인의 상황을 반드시 대표하는 것은 아니다. 원칙적으로 맞춤형 숫자를 사용하는 것이 가능하겠지만, 펀드는 맞춤형 상품인데 다른 개인에게 적합하지 않을 수 있다. 대신 대규모 투자자들의 요구를 맞출 수 있는 **대량 맞춤형 펀드**Mass Customization of Funds를 설계한다.

기대 수명이나 기대 인플레이션과 달리 은퇴일자는 개인에 따라 관측 가능한 방식으로 다르기 때문에 불완전한 맞춤형 상품이라도 다른 선택을 제공한다. 이미 타깃 데이트 펀드의 관행이며, 개인 투자가는 예상 퇴직일까지 가장 가까운 목표일을 가진 펀드에 가입한다. 은퇴 채권을 안전 자산 빌딩 블록으로 사용하는 펀드에서도 같은 제도가 시행된다.

5.4 은퇴를 위한 목표 기반 투자

5.4.1 절대 부의 가치와 상대 부의 가치

소득 창출 목표를 염두에 두고 이자 금액은 저축의 명목 가치가 아니라 대체소득 측면에서 구매력 가치여야 하며, 이는 저축액을 퇴직 시 대체소득

1달러의 가격(즉, 은퇴 채권 가격)으로 나눈 금액이다. 등식(4.4)은 이 정의를 표현한 식이다. 명목 부에서 부의 구매력으로 초점을 옮기는 것은 현재의 관행에서 상당한 변화를 가져오지만, 목표 기반 투자 접근법의 설정에는 중요한 단계다. 실제로 목표 기반 투자에서 중요한 것은 저축액이 얼마나 축적돼 있는지가 아니라 목표에 도달하기에 충분한지 여부이며 목표를 아직 달성하지 못한 경우 얼마나 더 많은 돈이 필요한지 여부이다.

절대 부에서 상대 부로의 초점 변화는 포트폴리오의 수익률을 축적 단계에 어떻게 측정해야 하는지에 시사점이 있다. 등식(4.7)과 같이 두 날짜 사이의 저축 구매력 변화는 두 날짜 사이의 은퇴 채권에 대한 저축의 상대 수익률과 같아서 상대 수익률은 절대 수익률보다 덜 중요하다. 따라서 축적기 전략으로 자연스러운 벤치마크는 은퇴 채권이다. 그러나 이 벤치마크를 상회하는 것이 최종 목표가 아니다. 투자자가 저축으로 조달할 수 있는 소득을 증가시키는 목표에 도움이 되기 때문에 은퇴 채권은 유용하다. 다시 말해 4.3에 정의된 바와 같이 개인이 "희망 목표"에 도달할 수 있도록 돕는 정도만큼 유용하다.

5.4.2 목표 자금 조달 현황

달성 가능 소득 수준을 확인함으로써, 개인은 대체소득 수준으로 정의된 목표의 관점에서 자신의 상황을 평가할 수 있다(4.3 참조). 목표 소득 수준을 염두에 두고 있다고 가정하고 축적 기간의 어떤 날짜를 고려한다. 만약 그 날의 달성 가능한 소득 수준이 목표보다 크다면, 목표는 달성 가능하고 경제적으로 달성됐다. 즉, 개인이 목표 소득 수준을 확보하는 충분한 돈을 축적했고 새로운 저축을 할 필요가 없다. 그러나 간략히 설명했듯이 어떤 포트폴리오 전략도 퇴직할 때까지 목표 달성 가능 상태를 유지할 수 없기 때문에 목표가 효과적으로 확보되도록 하기 위해서는 여전히 적절한 투자를 선택해야 한다.

달성 가능 소득 수준이 목표치보다 낮으면 목표치를 달성할 수 없으며, 4.3 정의에 따르면 희망 목표가 된다. 희망 목표는 퇴직일까지 확실하게 달성될 수 없지만 개인은 성공의 기회를 달성하기 위해 두 가지 조치를 취할 수 있다. 즉, 새로운 기여를 함으로써 더 저축하고 은퇴 채권을 능가할 가능성이 있는 포트폴리오 전략을 선택한다. 희망 목표 달성의 확률인 성공 확률은 미래 저축 가치와 은퇴 채권 미래 가격의 몬테카를로 시뮬레이션을 통해 추정할 수 있다. 이러한 시뮬레이션은 미래 기여 가치와 투자한 펀드의 미래 수익률의 가정에 의존한다. 예제는 다음 5.5에 나와 있다. 이렇게 하면 개인은 퇴직일까지 목표가 달성될 가능성이 어느 정도인지 알 수 있다.

5.4.3 이득 종료 의사 결정

대체소득의 목표 수준으로 정의되는 목표가 축적 단계의 어느 시점에 달성 가능하다면, 개인은 기본적으로 이 수준에 만족하는지 혹은 그 수준을 넘어서고 싶은지 결정해야 한다. 전자의 경우 추가 출연금이 필요 없어 은퇴를 위한 저축을 중단할 수 있지만 은퇴할 때까지 목표가 적정하게 유지되도록 해야 한다. 목표가 달성되는 것을 보장하기 위해서는 퇴직 자산을 은퇴 채권으로 이전해야 하는데, 이는 은퇴 채권이 모든 시장 상황에서 대체소득의 구매력을 보전하는 유일한 자산이기 때문이다. 4.4에서 설명한 바와 같이 보통 채권이나 현금과 같이 안전하다고 간주되는 자산은 우연 이외에는 동일한 보장을 제공할 수 없으므로 신뢰성 있는 보호를 제공하지 않는다. 저축액이 투자된 포트폴리오에서 은퇴 채권으로 이전하는 행동을 **이득 종료 의사 결정**Stop-Gain Decision이라고 한다.

개인이 이득 종료 의사 결정을 내릴 가능성은 희망 목표에 도달할 확률을 추정하는 데 중요한 영향을 미친다. 실제로 이러한 확률은 포트폴리오 전략(미래 기여금 포함)의 미래 수익률과 개인의 프로파일에 해당하는 은퇴 채권의 미래 수익률을 시뮬레이션해 계산되며, 각 시뮬레이션 시나리오에는 목표 달성 여부에 따라 0과 1의 점수가 부여된다. 0은 실패를 의미하고 1은 성공을 의미한다. 그러나 개인이 저축의 구매력을 확보하기 위해 언제든지 은퇴 채권으로 전환할 수 있는 옵션이 있는 경우, 축적 단계에서 구매력이 적어도 한 번 이상 목표치와 같아지는 시나리오에 점수 1을 부여해야 한다. 축적 단계에서 이득 종료 결정 가능성이 없는 경우, 퇴직일의 구매력이 목표보다 크거나 같은 시나리오에 점수 1을 보존한다. 분명히 이득 종료 결정의 기회를 고려하는 것은 무시하는 것보다 성공 확률을 높인다. 이 가능성을 포기하면 개인은 도달한 목표를 확보할 기회를 놓치게 된다.

물론 이득 종료 결정은 은퇴 채권이 축적기 동안 투자 유니버스의 일부이거나 적어도 가용 자산과 통합될 수 있는 경우에만 이뤄질 수 있다. 이러한 채권이 없고 축적 단계에서 복제 전략이 없는 경우 투자자는 은퇴할 때까지 일정한 대체소득 흐름을 확보할 수 없다.

목표 소득 수준이 달성 가능하다면 개인이 할 수 있는 또 다른 결정은 목표를 수정하고 더 높은 수준을 목표로 하는 것이다. 새로운 목표는 희망 목표이기 때문에 개인은 은퇴 채권의 성과를 능가할 가능성이 있는 투자 전략을 선택하거나 더 많은 기여 결정을 다시 하게 된다. 그러나 처음부터 시작하고 싶지 않을 수도 있고 이미 축적된 저축의 구매력 중 일부를 보존하고자 할 수도 있다. 구매력을 100%를 보호하려면 이득 종료 결정을 내리고 기존 저축액을 은퇴 채권으로 이전해야 하지만 90% 혹은 80% 등 일부만을 보호하려면 전부 완전히 전환할 필요가 없다. 차브라(Chabra, 2005)가 도입하고 디게스트 외(Deguest et al., 2015)에 의해 공식화된 목표 기반 투자 프레임워크에서 투자자가 확보하고자 하는 달성 가능한 목표가 필수 목표다. 그래서 희망 목표를 달성할 수 있는 여지를 갖고 있으면서 필수 목표를 확보하는 저축과 투자 계획을 세우는 것이 과제다.

이 작업은 결코 하찮은 일이 아니다. 전통적인 재무 어드바이저, 맞춤형 어드바이저, 로보 어드바이저 등 외부적이고 전문적인 조언 없이는 재무 배경이 튼튼하지 않은 개인 투자자는 달성할 수 없다. 실제로 필수 목표를 확보할 수 있는 전략은 많지만, 상승 잠재력 측면에서 같지 않으며 목표의 보호 관점에서 어느 정도 신뢰성이 있을 수 있다. 다음 장에서는 이러한 전략 집합을 설명하고 그 장점과 단점을 논의한다.

5.5 개인 연금 급여

시가총액으로 구성된 미국 주가 지수와 재무성 지수에 투자한 "표준" 밸런스 펀드 및 타깃 데이트 펀드의 수익률과 수정 버전(채권 빌딩 블록이 은퇴 채권으로 간주되는)을 시뮬레이션한다. 다양한 투자 전략에 따라 저축과 적정 소득 수준이 시간에 따라 여러 투자 전략에서 진화하는 것을 검토하고, 빌딩 블록 변화가 주어진 투자 규칙의 위험과 수익률 속성에 어떤 영향을 미치는지 확인한다.

5.5.1 목표 기반 투자 전략 비교

자산 운용에서는 절대 수준에서 평균 수익률과 변동성을 보고하는 것이 기준이지만, 5.4에서 논한 바와 같이 투자자가 저축의 명목 가치보다 조달할 수 있는 소득 금액을 더 우려하기 때문에 상대적 관점에서 위험과 수익률 지표가 목표 기반 체계에서 더 적절하다. 절대 지표와 상대 지표의 구별을 넘어 위험은 다의적 개념polysemic notion이다. 이는 부 자체의 불확실성, 소득 측면에서 부의 불확실성, 부의 구매력에 대한 불확실성, 혹은 손실 위험을 나타낼 수 있다. 전자의 관점에서 위험은 일반적으로 변동성으로 측정되며, 위험 측정치로서 한계점은 평균으로부터의 하향과 상향 편차를 동등하게 취급한다는 점이다. 이러한 단점은 연간 손실, 반 변동성semi volatility, 또는 최대 하락폭maximum drawdown과 같은 하방 위험 척도로 해결한다. 우리는 개인 투자가가 쉽게 해석할 수 있는 지표인 연간 손실에 초점을 맞춘다.

뮤추얼 펀드의 수익률을 시뮬레이션하기 위해서는 종목 수익률이 필요하고 저축의 구매력 진화를 확인하기 위해서는 은퇴 채권 수익률도 필요하다. 먼저 과거 주식 및 이자율 데이터로 실행한 백테스트를 제시하는데, 백테스트는 거래 비용과 세금이 포함된 상태에서 투자 전략이 어떻게 작동했는지를 알 수 있고 다양한 전략의 중요한 특성을 전달하는 데 도움이 된다. 그러나 백테스트는 목표에 기초한 투자 전략을 비교하기에 충분하지 않다. 다른 전략보다 더 나은 성과를 갖고 있고, 개인의 목표에 도달할 수 있는 더 나은 사전 능력을 갖고 있기 때문에 특정 전략이 선호돼서는 안 된다. 따라서 보유 종목의 수익률과 금리에 관한 여러 시나리오를 시뮬레이션하기 위해 몬테카를로 모형을 사용해 전략을 비교한다.

5.5.2 역사적 백테스트

2019년 1월 1일에 은퇴하고 다른 투자 전략을 따르는 4개의 뮤추얼 펀드 중에서 선택할 수 있는 개인을 고려한다.

- 미국 주식 40%, 미 국채 지수 60%의 "표준" 밸런스 펀드(약칭 "표준 밸런스 펀드")
- 2019년 1월까지를 축적 기간으로 하는 개인에 대해 동일한 비율의 주식과 은퇴 채권에 투자하는 "수정" 밸런스 펀드
- 퇴직 20년 전인 1999년 1월에 주식 60%로 시작해 퇴직 전년도에 20%로 끝나는 "표준" 타깃 데이트 펀드(요컨대 "표준 타깃 데이트 펀드") 또는
- 표준 타깃 데이트 펀드와 동일한 주식 글라이드 패스를 가지지만, 미 국채 지수가 은퇴 채권으로 대체된 채권 포트폴리오를 가진 "수정" 타깃 데이트 펀드

두 개 타깃 데이트 펀드의 주식 글라이드 패스는 그림 15에 있다. 4개 펀드는 모두 분기마다 목표 자산 배분에 맞춰 포트폴리오를 재조정한다.

그림 16은 4개의 펀드에 각각 10만 달러 투자의 시뮬레이션 가치와 소득 측면에서 연금의 구매력을 보여준다. 백테스트에서 거래 비용과 세금은 포함되지 않으며 특히 과거에 존재하지 않았던 은퇴 채권에 투자하는 것이라 실체가 없는 내재적 한계점이 있다. 또한 1999년 1월부터 2007년 12월까지 은퇴 채권의 현금 흐름 중 일부는 마지막 현금 흐름이 2038년 1월에 발생하기 때문에 만기가 30년보다 길다. 연방준비제도이사회 홈페이지에서 미국 무이표채 곡선은 최대 만기가 30년(표 1 참조)이기 때문에 30년 만기를 초과하는 현금 흐름은 30년 할인율에 외삽법을 적용해 반영한다.

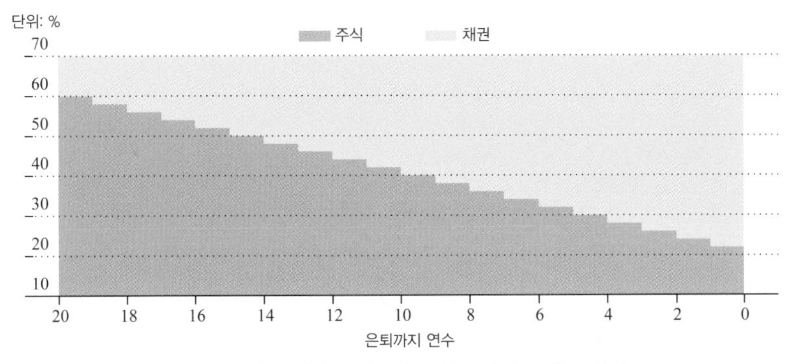

그림 15 타깃 데이트 펀드의 주식 글라이드 패스 예시

참고: 타깃 데이트 펀드에서 채권은 미국 재무부 채권 지수이며, 수정된 펀드에서는 펀드 목표일에 퇴직하는 개인 투자가를 위한 은퇴 채권이다.

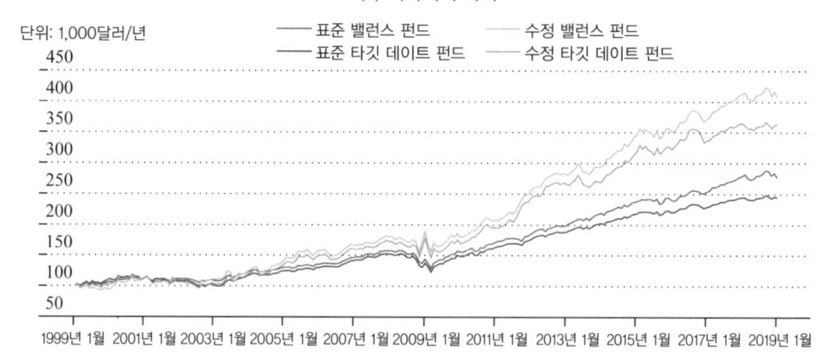

그림 16 1999년 1월 1일 뮤추얼 펀드에 투자한 10만 달러의 1999년부터 2019년까지 가치 변화

참고: 패널 (a)는 1999년 1월 1일에 두 개의 밸런스 펀드(BF)와 두 개의 타깃 데이트 펀드(TDF)에 투자한 10만 달러의 가치이다. 표준 펀드는 주가 지수(배당이 재투자된 S&P 500 지수)와 미 재무부 채권 지수(바클레이스 미 재무부 지수)에 투자되며, 수정 펀드는 2019년에 퇴직하는 개인 투자가를 위해 동일한 주식 포트폴리오와 은퇴 채권에 투자한다. 은퇴 채권은 미국 국채 무이표채 금리로 미래 현금 흐름을 할인함으로써 가격을 산정한다. 패널 (b)는 각 시점에서 저축으로 조달할 수 있는 소득 금액이다. 소득 현금 흐름(생계비 조정 없음)은 2019년 1월에 시작해 2038년 1월까지 매년 발생한다.

이 표본 기간 동안에 은퇴 채권은 채권 지수를 능가했으며, 이것이 수정 펀드가 표준 펀드들의 성과를 능가하는 이유다(표 3 참조). 이러한 성과는 금리 하락 및 은퇴 채권과 채권 지수 사이의 듀레이션 스프레드 축소에 기인한다. 실제로 채권 지수의 듀레이션은 이 기간 동안 5년에서 7년 사이로 구성된 반면 은퇴 채권의 듀레이션은 축적기 말기에 8.5년에서 축적기 초기에 27.8년까지 항상 더 길었다. 은퇴 채권의 듀레이션이 긴 것이 15.29% 변동성의 대부분을 설명하며 수정 펀드가 표준 펀드에 비해 변동성이 더 크다. 그러나 당연히 채권 지수를 은퇴 채권으로 대체하면 은퇴 채권에 대한 추적 오차로 측정하거나 혹은 최대 상대 손실로 측정하든 상대 위험Relative Risk은 감소한다.

또 다른 특징은 은퇴 채권의 6.81% 수익률에 비해 주식은 연 평균 5.62%의 수익률을 기록하며 저조한 성과를 보인 것이다. 결과적으로 수정 펀드들은 개인이 1999년에 조달할 수 있었던 것보다 훨씬 더 높은 수준의 대체소득에 도달하지 못하게 했다. 오직 수정 밸런스 펀드만이 저축의 구매력이 약간 증가했다. 10만 달러를 가지고 1999년에 개인은 23,925달러를 구입할 수 있었고 2019년까지 저축액은 407,439달러로 증가했는데 연간 26,124달러를 충분히 구입할 수 있다. 따라서 비록 두 지수 모두 이 벤치마크를 밑돌았지만 수정 밸런스 펀드는 채권보다 높은 성과를 보였다. 이는 포트폴리오 재조정 효과의 징후로, 재조정 포트폴리오가 특정 시장 상황에서 성과를 초과했다.[15]

표 3 1999년부터 2019년까지 뮤추얼 펀드 및 기타 지수에 관한 요약 통계

	연 수익률 (%)	연 변동성 (%)	추적 오차/ 은퇴 채권(%)	최대 하락폭 (%)	최대 하락폭/ 은퇴 채권(%)
표준 밸런스 펀드	5.21	6.95	16.71	20.01	63.08
수정 밸런스 펀드	7.28	10.17	10.81	19.72	45.17
표준 타깃 데이트 펀드	4.57	7.85	17.30	21.50	66.27
수정 타깃 데이트 펀드	6.65	10.14	12.11	23.28	52.77
주식	5.62	19.09	27.82	55.25	82.14
채권 지수	4.15	4.50	11.71	7.17	54.54
은퇴 채권	6.81	15.62	0.00	29.84	0.00

참고: 표준 펀드는 주식 및 채권 지수에 투자되고, 수정 펀드는 주식과 은퇴 채권에 투자된다. 모든 펀드는 분기별로 재조정된다. 변동성 및 추적 오차는 일간 수익률에서 추정된다. 고점 대비 상대적 관점에서 최대 손실은 구매력 시계열 데이터의 고점 대비 최대 하락폭이며 여기서 구매력(대체소득 기준)은 저축액을 은퇴 채권 가격으로 나눠 구한다.

15 마에소우와 마르텔리니(Maeso and Martelini, 2017) 논문의 「매수 후 보유 전략」에서 포트폴리오 재조정으로 예상되는 초과 수익률로 정의된 "재조정 프리미엄"을 참조한다.

정의에 따르면 연간 23,925달러 이상의 소득 수준은 1999년 1월에서는 희망 목표이다. 표준 타깃 데이트 펀드에 투자함으로써, 1999년에서 2019년 사이에 개인이 도달할 수 있는 최고 희망 목표는 연간 33,997달러로 초기 수준의 142.1%정도이다. 그러나 이를 확보하기 위해서는 2000년 1월 은퇴 채권으로 전환하는 이득 종료stop gain decision 결정을 내려야 한다. 은퇴 때까지 펀드에 계속 투자하면 결국 소득 수준은 15,660달러로 초기 수준의 65.5%, 이 기간 최대액의 46.1%에 불과하다. 좀 더 일반적으로 주어진 전략에서 해당 기간 동안 도달한 희망 목표는 소득의 초기 수준과 기간의 최대치 값 사이에서 구성된다.

단일 시나리오 분석의 고유한 한계는 희망 목표에 도달할 수 있는 확률을 사전적으로 계산할 수 없다는 것이다. 엄밀히 말하면, 이러한 확률은 특정 시나리오에서 목표에 도달했는지 또는 실패했는지에 따라 100% 또는 0%로만 추정할 수 있지만 성공 또는 실패는 좋은 운 혹은 나쁜 운과 같이 표현 가능한데 이 기준으로는 전략을 서로 비교할 수 없다. 성공 확률을 추정하려면 다음 논의에서 살펴본 바와 같이 여러 시나리오의 평균을 구해야 한다.

5.5.3 확률적 시나리오를 통한 비교

여러 시나리오를 생성하기 위해 위험 요인에 대해 확률적 연속 시간 모델을 사용한다. 이 모델은 부록 C.1에 공식적으로 기술돼 있지만 주요 특성은 다음과 같다. 주식 포트폴리오의 가치는 연 16.2%의 변동성과 무위험 이자율에 대한 기대 초과 수익률이 연 6.4%로 가정하고 모델링한다. 명목 이자율 기간 구조는 바시첵(Vasicek, 1977)의 모델로 생성하며, 모델 파라미터는 2019년 1월 1일 연방준비제도이사회 웹사이트에서 가져온 무이표채 데이터 세트로 보정한다. 채권 지수는 바시첵 모델에서 2년 만기의 고정 만기 채권constant-maturity bond으로 모델링한다. 즉, 고정 만기 채권은 2년 만기 채권의 연속 롤오버이다. 변동성은 연간 1.38%이며, 무위험율 대비 예상 초과 수익률은 연간 0.30%이다. 추정 매개 변수값으로는 채권지수, 주가 지수, 은퇴 채권 등이 축적기 동안 연 평균 2.52%, 7.67%, 3.27% 수익률을 달성하고, 연간 변동성이 1.39%, 16.16%, 6.86%이다.

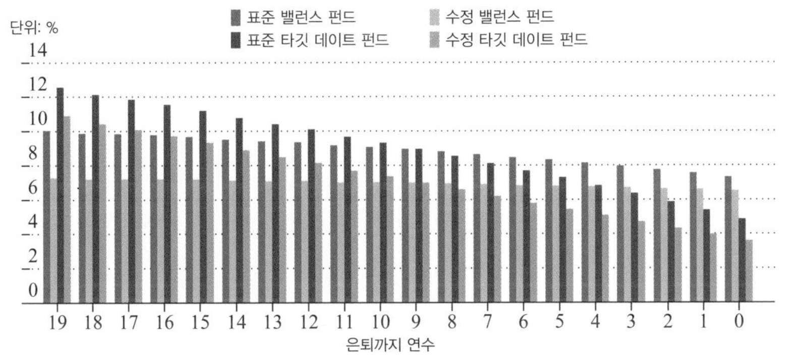

그림 17 2019년 1월 파라미터를 가지고 확률적 시나리오에서 뮤추얼 펀드의 절대 및 상대 위험

참고: 변동성 및 추적 오차는 먼저 각 시나리오의 월별 수익률에서 계산한 다음 10,000개 시나리오에서 평균을 구한다. 추적 오차는 은퇴 채권에 대해서 계산한다. 이자율 모델의 파라미터는 2019년 1월 1일 미국의 무이표채 수익률 곡선에 적합된다.

그림 17은 축적 단계의 각 연도에 4개 뮤추얼 펀드의 은퇴 채권에 대한 평균 변동성과 평균 추적 오차를 보여준다. 표준 밸런스 펀드는 시간이 지남에 따라 변동성이 일정한데, 정상적 변동성Stationary Volatility을 가진 두 개의 지수에 투자하는 고정 혼합 포트폴리오fixed-mix portfolio이기 때문이다. 반면

그림 15에 나타난 글라이드 패스에 따르면 타깃 데이트 펀드는 주식(변동성이 큰 자산)에서 채권(변동성이 적은 자산)으로 이동하기 때문에 전체 변동성이 감소한다. 이 두 펀드 모두 은퇴 채권에 대비해 추적 오차가 감소하는데, 은퇴 채권은 시간이 지남에 따라 변동성이 감소하기 때문이다. 실제로 단일 요인 모형인 바시첵 모델의 변동성은 이자율 위험에 대한 노출에 비례하며, 현금 흐름의 만기가 도래함에 따라 해당 익스포저가 감소한다.

시간이 지남에 따라 수정 펀드는 표준 펀드보다 추적 오차가 더 낮으며, 이는 개인이 수정 펀드로 대체소득의 단기 불확실성에 덜 직면한다는 것을 의미한다. 또한 수정 펀드의 상대위험은 표준 펀드의 절대 위험도를 반영한다. 수정 밸런스 펀드는 시간이 지남에 따라 안정적인 추적 오차를 가지고 있지만 수정 타깃 데이트 펀드의 상대 위험은 은퇴 19년 전 10.90%에서 최근 12개월 누적 3.59%로 감소한다.[16]

표 4는 퇴직 시점에서 상대 수익률 분포다. 이러한 수익률은 적립 시작일과 종료 사이의 투자 저축의 구매력 변화를 측정해 수익률이 100% 미만이면 개인이 구매력을 상실하고 100% 이상이면 어느 정도 이익을 얻었음을 의미한다. 채권 지수를 은퇴 채권으로 대체한다는 것은 최종 대체소득 수준에 관한 불확실성 감소를 의미하는데, 표준편차로 측정하든 분포의 최소값과 최대값 사이의 스프레드로 측정하던 불확실성이 감소한다. 75% 확률로 달성된 상대 수익률인 75% 성공 수준은 표준 펀드에 비해 수정 펀드에서 더 높다. 이것은 포트폴리오에서 진정으로 안전한 빌딩 블록을 사용하는 것이 불확실성을 낮출 뿐만 아니라 전략이 벤치마크에 뒤지지 않도록 보장한다. 시뮬레이션에서 은퇴 채권의 연 3.27% 수익률에 비해 채권 지수는 연 2.52% 오르기 때문에, 펀드 교체는 해당 전략이 벤치마크를 성과 하회하지 않도록 보장한다.

16 실제로 수정 밸런스 펀드의 추적 오차는 소폭(7.28%에서 6.52%로) 감소한다. 은퇴 채권의 변동성 감소로 은퇴 채권에 대한 주식 포트폴리오의 추적 오차가 감소하기 때문이다.

표 4는 수정 펀드의 상대 수익률 분포가 표준 펀드에 비해 최대치가 낮지만 평균은 더 크고 75분위가 더 크다는 것을 보여준다. 이것은 수정 펀드가 매우 희망 목표에 도달하는 경우를 제외하고 은퇴 채권에 비해 상승 가능성이 적지는 않다는 것을 암시한다. 이 점을 좀 더 분석하기 위해 우리는 다양한 전략으로 달성된 희망 목표를 살펴본다. 희망 목표는 최초 목표보다 큰 대체소득 수준으로 정의된다는 점을 상기하라. 금리 모형의 파라미터는 2019년 1월 1일 미국 무이표채 수익률 곡선에 적합하므로 최초일 모델 추정 은퇴 채권 가격은 실제 수익률 곡선에서 추론한 가격에 가깝다. 그 결과 연간 12,116달러인 초기 대체소득 수준은 이 날짜의 무이표채 수익률 곡선(연간 1만 2,228달러)에서 암시하듯이 2019년 1월 1일에 10만 달러의 구매력에 근접했다.

개인이 축적 기간의 어느 시점에서 은퇴 채권에 접근할 수 있는 경우, 즉 개인이 이득 종료 결정을 내릴 수 있는 가능성이 있으면, 저축의 구매력이 이 기간 동안 적어도 한 번 이상 또는 동일한 경우에 희망 목표에 도달한다. 여기서 주식 및 채권 지수에 투자한 표준 뮤추얼 펀드와 채권 지수가 은퇴 채권으로 대체되는 수정 펀드를 비교한다. 전자의 투자 옵션에서는 사실상 은퇴 채권이 투자 유니버스의 일부가 아니기 때문에 이득 종료 결정이 불가능하다고 가정하는 것이 더 일관성이 있다. 그런 다음, 기간 말 저축의 구매력이 목표보다 크거나 같은 경우에만 기간 내에 희망 목표에 도달한다. 이 측정 접근 방식을 사용하면 희망 목표에 도달하는 확률은 이득 종료 결정이 구현될 수 있는 경우보다 기계적으로 낮다.

표 4 2019년 1월 파라미터로 시뮬레이션한 확률적 시나리오에서 은퇴 시점의 상대 수익률 분포

	최소값	**평균(%)**	**최대값**	**표준편차**	**25분위**	**75분위**
표준 밸런스 펀드	34.09	103.30	146.84	175.51	757.64	61.44
수정 밸런스 펀드	44.36	121.38	158.78	186.37	581.10	52.38
표준 타깃 데이트 펀드	31.67	103.21	148.63	179.62	790.94	65.05
수정 타깃 데이트 펀드	38.06	118.90	159.90	189.74	630.12	57.40

참고: 상대 수익률은 축적 기간 동안 뮤추얼 펀드의 총 수익률을 은퇴 채권의 총 수익률로 나눈 것이다. 이자율 모델의 파라미터는 2019년 1월 1일 미국의 무이표채 수익률 곡선에서 최적화됐다.

이러한 이유로 그림 18에서 이득 종료 결정이 있든 없든 두 가지 상황을 모두 고려한다. 패널 (a)는 축적 단계의 각 지점에서 75% 확률로 달성 가능한 대체소득 수준을 보여주고, 여전히 초기에 100,000달러가 투자되고 이득 종료 가능성을 없다고 가정한다. 이 지표의 정확한 수학적 정의는 각 시점의 소득 수준 분포의 25번째 백분위수이다. 패널 (b)에서는 목표에 도달하는 성공을 다르게 정의하고 이득 종료가 가능하다고 가정한다. 각 시점에서 축적 기간 시작과 현재 날짜 사이에 75%의 확률로 달성 가능한 최고 소득 수준을 계산한다. 기술적으로 이 수량은 첫 번째 날짜와 현재 날짜 사이에 도달한 최대 소득 수준 분포의 25번째 백분위수이다. 시간이 지남에 따라 증가하는데, 누적된 첫 n년 동안 목표를 달성하면 첫 $n + 1$년 이내에 반드시 도달한다.

성공 확률을 계산하는 방법에 관계없이, 수정 펀드는 75%의 확률로 더 높은 수준의 소득에 도달할 수 있다는 점에서 표준 펀드를 지배한다. 표준 펀드로 이득 종료가 불가능할 때와 수정 펀드로 이득 종료가 가능할 때 스프레드가 가장 크다. 축적기 종료 시 표준 타깃 데이트 펀드가 75% 확률로 도달 가능한 수준은 연간 12,505달러로, 매년 최초 12,116달러보다 거의 크지 않다. 만약 개인이 수정 타깃 데이트 펀드에 접근할 수 있고 어느 시점에서든 은퇴 채권으로 전환할 수 있다면 연간 12,505달러가 아니라 16,098달러를 달성할 것으로 예상할 수 있다. 이는 저축의 구매력이 32.9% 성장한 것과 일치한다. 수정 타깃 데이트 펀드를 사용할 수 없지만 은퇴 채권이 있는 중간이지만 다소 의도된 경우, 75% 확률로 도달한 소득 수준은 연간 15,496달러로 수정 펀드에 비해 여전히 낮다. 밸런스 펀드에서 비슷한 내용을 반복 관찰한다.

(a) 이득 종료가 없는 전략

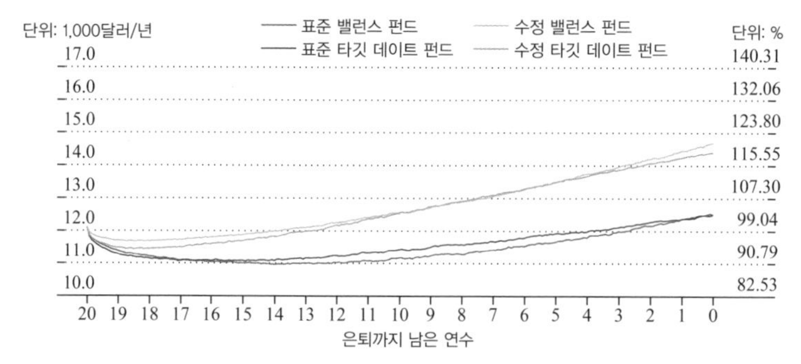

(b) 이득 종료가 있는 전략

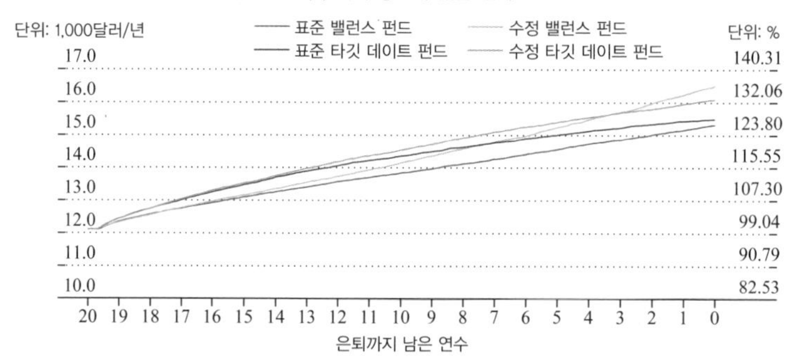

그림 18 2019년 1월 파라미터로 시뮬레이션한 은퇴 20년 전에 10만 달러를 투자해 75%의 확률로 달성하는 대체소득 수준

참고: 왼쪽 축은 연간 1,000달러 단위의 대체소득 수준을 나타내고 오른쪽 축은 이 수준을 연간 12,116달러인 초기 수준의 백분율로 나타낸다. 오른쪽 축의 눈금 표시는 반올림된 값이기 때문에 연속된 두 값 사이의 단계가 엄격히 일정하지 않을 수 있다.

패널 (a)와 (b)에서 수정 펀드의 오른쪽 점 사이를 비교해보면 성공 확률에 이득 종료 결정이 미치는 영향을 확인할 수 있다. 만약 개인이 은퇴할 때까지 펀드에 머물러 있어야 한다면, 수정 밸런스 펀드와 수정 타깃 데이트 펀드는 75% 확률로 각각 연간 14,706달러와 14,407달러에 달한다. 그러나 축적 시점에서 이득 종료 결정이 내려질 수 있는 경우 75%의 확률로 도달한 수준은 연간 16,511달러와 16,098달러로 증가한다.

06
은퇴 투자에 위험 예산 기법 적용하기

이 책의 마지막 부분은 위험 통제 전략으로 알려진 축적기의 특정 투자 전략에 초점을 맞춘다. 이 전략의 광범위한 목표는 모든 자산을 은퇴 채권에 투자하지 않고 주어진 투자시계에서 최소한의 대체 수입을 확보하는 것이다. 포트폴리오 보험 전략Portfolio Insurance Strategy이 최소한의 부를 보호하는 동시에 그 이상으로 성장할 수 있는 기회를 제공하는 것처럼, 자산의 일부를 주식에 투자함으로써 최소 소득 수준보다 더 큰 소득 수준에 도달 가능한 잠재력을 갖는다.

해당 전략은 목표 기반 투자Goal Based Investing에 특별한 관심을 가지고 있는데, 희망 목표에 도달할 수 있는 가능성을 남겨두고 필수 목표를 확보하기 위해 사용되기 때문이다. 따라서 이들 전략의 속성은 평균 분산 포트폴리오 이론의 원칙에 기초한 전략의 속성보다 개인에게 설명하기가 더 쉽다. 성과 추구 빌딩 블록Performance-Seeking Building Block, 목표 헤징 포트폴리오Goal-hedging Portfolio 및 위험 예산 함수로 표현되는 이 두 빌딩 블록 사이의 동적 배분과 함께 포트폴리오 보험 전략Portfolio Insurance Strategy을 이룬다. 다음 절에서는 투자 규칙을 필수 목표의 선택과 연관시키는 방법을 설명한다. 동적 전략을 통한 포트폴리오 보험은 금융공학적 지식을 요구하기 때문에 6장은 다른 부분보다 더 기술적이지만, 대부분의 기술적 논의는 부록으로 남겨둔다.

6.1 목표 기반 투자에서 위험 수익률 상충관계

6.1.1 기대 수익률과 변동성의 단점들

마코위츠(Markowitz, 1952)의 연구 이후 현대 포트폴리오 이론의 표준 위험 척도는 미래 수익의 표준편차이며 사전적 성과는 수익률의 수학적 기대값으로 측정된다. 이들 지표는 포트폴리오 최적화 관점에서 수학적으로 편리하지만 목표 기반 투자에서 그 관련성에 의문이 제기된다. 기대 수익률은 종종 통계에 익숙하지 않은 개인이 이해하지 못하는데, 정확하게 이야기하면 미래 수익률에 관한 신뢰 구간을 계산하기 위해 표준편차와 결합하는 방법을 모르기 때문이다. 경험 법칙에 따르면 확률 변수는 95% 확률로 평균에서 표준편차 2배 안에 속하지만, 이는 문제의 변수가 거의 정규 분포를 따른다고 암시적으로 가정하는 것이다.[1] 이 가정은 특히 포트폴리오 보험과 같은 비선형 손익 구조non-linear payoffs에서 실제로 위반되는 경우가 많다. 이 경우 평균과 변동성을 신뢰 구간으로 간단히 변화할 수 없다.

평균에서 상방 및 하방 편차를 구분하지 못하기 때문에 표준편차는 위험 척도로 한계가 있다. 일반적으로 위험은 하방 위험으로 훨씬 더 잘 인지되는데, 이는 개인들이 예상보다 더 많이 돈을 벌 수 있는 기회가 아니라 돈을 잃을 수 있는 위험으로 이해하기 때문이다.

기대 수익-표준편차의 또 다른 한계는 목표 부의 수준이나 소비 수준 및 이러한 목표에 도달할 확률과 즉각적으로 관련되지 않는다는 것이다. 적어도 금융 수학과 통계 미적분학에 능숙하지 않은 개인에게는 더욱 그렇다.

---

1 임의 변수 X는 평균이 μ이고 표준편차가 σ인데 임의변수 X가 $[\mu - 1.96\sigma, \mu + 1.96\sigma]$ 범위에서 떨어질 확률이 95%이다. 임계치 2σ는 신뢰 구간의 반지름에 관한 보수적인 추정치다.

전형적인 투자자의 목표는 "향후 10년 동안 연평균 7.18%를 벌고 싶다"는 것이 아니라 "향후 10년 안에 재산을 두 배로 늘리고 싶다"로 표현될 가능성이 높다. $1.0718^{10} = 2$여서 두 문장은 동일한 의미를 갖지만, 두 번째 문장이 대부분 더 가깝게 다가올 것이다.

투자자에게 10년 투자 기간에 총 수익률이 2(연 7.18%)이고 표준편차가 1인 펀드 또는 기대 수익률이 1.8(연 6.05%)이고 표준편차가 0.6인 펀드를 제공한다고 가정해보자. 어느 것이 더 좋아할까? 펀드 #2는 펀드 #1보다 결과가 불확실하지는 않지만 기대수익률도 낮기 때문에 평균 분산 포트폴리오 이론에서는 어떤 펀드도 다른 펀드를 지배하지 않는다. 어떤 것을 선택하는가는 위험 회피도risk aversion에 달려 있는데, 위험 회피도는 변동성의 감소를 위해 얼마나 많은 기대 수익을 희생할 준비가 돼 있는지 측정하는 변수이다.

문제점: 위험 회피도는 관찰할 수 없고 쉽게 측정할 수 없다. 실제 삶이나 가상 상황에서 위험에 대한 개인의 태도를 구별하는 것을 목표로 하는 심리 테스트가 투자 시 위험을 감수하려는 의지를 반드시 잘 보여주는 것은 아니다.

두 펀드를 비교할 수 있는 더 의미 있는 지표는 투자자의 목표에 도달할 확률이다. 즉, 부를 두 배로 늘리거나 동등하게 200%의 총 수익을 얻는 것과 같은 목표이다. R을 펀드의 불확실한 총 수익률로 표현하자. 대략적인 가정은 R이 로그 정규분포를 따르고 평균 μ 및 분산 σ이다.[2] 따라서 목표 수익 a에 도달할 확률은 다음과 같다.

2 R 자체가 아니라 R의 로그값이 정규분포를 가진다고 가정한다. log R은 음이 될 수있지만, R은 항상 양이기 때문이다. 정규분포가 아래로 무한이기 때문에 가정은 R보다는 log R에 대해서 덜 비현실적이다.

$$
\begin{aligned}
p &= \mathbb{P}(R \geq a) \\
&= \mathbb{P}(\log R \geq \log a) \\
&= \mathbb{P}\left(\frac{\log R - \mu}{\sigma} \geq \frac{\log a - \mu}{\sigma}\right) \\
&= \mathcal{N}\left(\frac{\mu - \log a}{\sigma}\right)
\end{aligned}
$$

여기서 $\mathcal{N}$이 가우시안 누적 분포 함수를 나타낸다. $a = 2$를 취하면 펀드 #1의 경우 p값이 90.4%이고, 펀드 #2의 경우 p값이 96.8%를 얻는다. 성공 확률 기준으로 투자자는 펀드 #2를 선택한다.

금융 수학에 능통하지 않은 개인이 수행하기에는 너무 기술적이지만, 이 분석은 여전히 피상적이다. 특히 비선형성의 수익 구조를 명시적이거나 암묵적으로 갖고 있는 옵션을 포함할 경우 수익률이 로그 정규 분포를 따르지 않기 때문에, 목표에 도달하는 확률은 단순히 수익률 분포의 평균과 표준편차의 함수가 아니다. 확률 추정에 관한 좀 더 정교한 접근법은 펀드 수익률에 대한 많은 확률적 시나리오를 생성하고 5.5에서와 같이 평균 성공 시나리오 수를 계산한다.

6.1.2 목표에 도달할 확률

목표 기반 투자에서 성과는 개인이 현재 저축으로는 확보할 수 없는 목표라고 정의된 희망 목표에 도달하는 데 도움이 된다. 이러한 목표를 달성하기 위해서는 투자 전략이 벤치마크인 은퇴 채권의 성과를 능가해야 한다. 만약 투자 목표가 은퇴일에 목표 부의 수준으로 표현됐다면, 벤치마크는 은퇴 시 만기가 돌아오는 순수 할인 채권이 될 것이다. 그러나 벤치마크를 초과하는 전략의 기대 초과 수익률은 상대 수익률 분포에 관한 많은 정보를 버린다. 기대 초과 수익률은 단지 분포의 평균일 뿐이다. 목표에 도달할 확률은 분포에 대한 더 많은 정보를 포함하고 전략의 상승 잠재력을 계량화할 수 있다.

개인 자신의 목표를 두 가지 범주로 분류할 수 있다. 희망 목표aspirational goals는 보장될 수 없지만, 이상적으로는 이러한 확률이 100% 미만이더라도 가장 높은 확률로 달성해야 한다. 반면 필수 목표essential goals는 모든 시장 상황에서 보장돼야 하는 감당 가능한 목표다. 따라서 100% 확률로 도달해야 한다. 하지만 신뢰 수준은 모수와 모델 가정에 강건robust해야 하며, 사후적으로 잘못된 결과를 입증할 수 있어야 한다. 이는 적절한 위험 관리 기법이 필요한 강력한 요건이다.

6.1.3 포트폴리오 보호와 상승 잠재력 사이의 상충관계

평균 분산 포트폴리오 이론에서 변동성과 기대 수익 사이에는 상충관계가 있다. 평균-분산 효율적 경계선은 증가하는데, 이는 효율적인 포트폴리오를 선택하는 투자자가 더 많은 기대 수익을 원한다면 더 많은 위험을 감수해야 한다는 것을 의미한다. 목표 기반 투자에서 위험은 필수 목표를 놓칠 위험이며 성공은 희망 목표에 도달하는 것이다. 또한 필수 목표를 높임으로써 더 높은 수준의 보호를 요구하는 것은 전략의 상승 잠재력을 약화시키고 희망 목표에 도달할 가능성을 낮춘다는 점에서 둘 사이에는 상충관계가 있다.

이러한 상충관계는 평균 분산 이론 뒤에 있는 것보다 훨씬 더 간단한 수학으로 설명될 수 있다. 이를 확인하기 위해 4.3에 소개된 매수 후 보유 전략을 고려한다. 0일처럼 축적 단계 시작일에 투자자는 대체소득 수준에 해당하는 W_0를 저축 금액으로 받는다.

$$ri_0 = \frac{W_0}{\beta_0}$$

개인은 은퇴 시에 이 가치와 동일한 소득 현금 흐름을 반드시 확보하기를 원하지 않으며, 다음의 연간 소득에 해당하는 비율 δ_{ess}만을 확보해도 만족한다고 결정한다.

$$ri_{ess} = \delta_{ess} ri_0$$

은퇴 시점의 저축 금액이 이 정도의 소득을 제공하는 데 충분하도록 보장하는 것이 투자자에게 필수 목표이다. ri_0 이상의 자금을 조달할 수 있을 만큼 충분한 저축을 확보하는 것이 희망 목표이다.

필수 목표를 달성하기 위해 개인은 자신의 은퇴 시점에 상응하는 은퇴 채권에 $ri_{ess}\beta_0$를 투자하고 나머지는 주식 포트폴리오에 투자한다. T일인 은퇴 시점까지 포트폴리오는 매수 후 보유 전략으로 운용되고 새로운 돈이 투입되지 않는다. R_{equ}는 축적 기간 동안의 주식 총 수익률을 나타낸다. 날짜 T에 저축의 가치는 다음과 같다.

$$W_T = ri_{ess}\beta_T + [W_0 - ri_{ess}\beta_0] R_{equ}$$

따라서 대체소득 관점에서 구매력은 다음과 같다.

$$\begin{aligned} ri_T &= \frac{W_T}{\beta_T} \\ &= ri_{ess} + \frac{W_0 - ri_{ess}\beta_0}{\beta_T} R_{equ} \end{aligned}$$

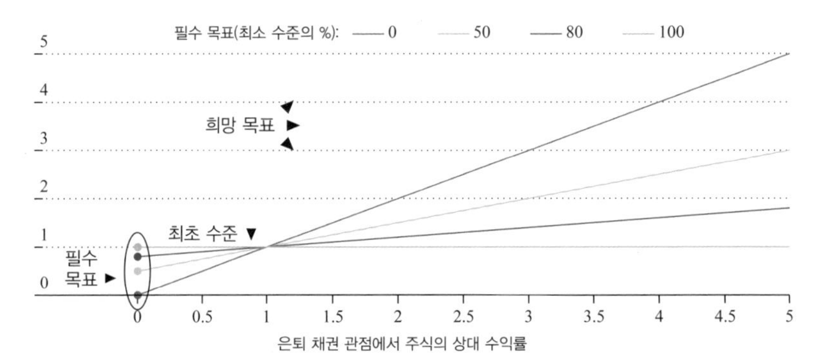

그림 19 매수 후 보유 전략으로 축적 기간 동안 대체소득에 관한 저축의 총 구매력 변화

참고: 축적 기간 초기에 보호 목적으로 달성 가능한 수준의 백분율인 필수 목표를 선택한다. 저축은 은퇴 채권과 주식의 매수 후 보유 전략 포트폴리오에 투자한다. 각 선은 은퇴 채권에 대한 주식의 상대 수익률의 함수로 축적 기간 동안의 소득 측면에서 구매력의 변화를 나타낸다.

R_β를 은퇴 채권의 총 수익률이라고 표기하고, 날짜 0 시점에 대한 변화는 다음과 같다.

$$\frac{ri_T}{ri_0} = \delta_{ess} + [1 - \delta_{ess}]\frac{R_{equ}}{R_\beta}$$

그림 19는 은퇴 채권에 대한 주식의 상대 수익률 함수로, 소득 측면에서의 구매력 변화를 보여준다. 모든 시장 상황에서 매수 후 보유 전략은 투자자가 원하는 최소 소득 금액을 달성하므로 필수 목표를 효과적으로 확보한다. 이 결과를 얻기 위해 주식과 은퇴 채권 각각의 기대 수익률에 관한 가정은 없다.

희망 목표에 도달하기 위해서는 주식이 은퇴 채권의 성과를 능가해야 한다. 100% 이상의 상대 수익률이 주어진다면 달성한 소득 수준은 파라미터 δ_{ess}에 요약된 필수 목표 수준에서 결국 감소한다. 이를테면 구매력을 1.5배로 늘리고자 한다면, 필수 목표를 80%로 정하면 주식은 채권보다 3.5배 더 벌어야 하지만 투자자가 50%의 구매력 손실을 감수할 준비가 돼 있다면[3] 2배만 더 벌면 된다. 완전한 포트폴리오 보호가 필요한 제한된 경우에는 저축은 전액 은퇴 채권에 투자되며 상승 여지는 없다. 그러므로 투자자는 주어진 희망 목표에 도달할 가능성을 높이기 위해 더 낮은 필수 목표를 설정함으로써 자신의 현재 상황과 관련해 더 큰 손실을 감수해야 한다.

6.2 최적 전략에서 구현 가능 전략으로

필수 목표를 보장하는 동시에 희망 목표 달성 확률을 극대화하는 문제는 수학적으로 간단히 표현 가능하다. 이것은 "최소 부의 수준을 존중하는 제약하에 목표 부 수준에 도달할 확률을 최대화한다"고 말할 수 있다. 퇴직 저축에서는 두 수준이 모두 미래 은퇴 채권 가격에 비례하기 때문에 확률

3 필수 목표를 50%로 정하면 – 옮긴이

적이다. ri의 연간 소득을 조달하기 위해 개인은 최소 $ri\beta_T$ 저축이 필요하다. 필수 목표는 최소 수준 ri_{ess}이며, 희망 목표는 목표 ri_{asp}이며 현재 감당할 수 있는 소득 수준보다 상대적으로 작거나 클 수 있는 목표다.

6.2.1 확률 최대화 전략

확률 최대화 문제는 브라운(Browne, 1999)과 폴머와 루커트(Fölmer and Leukert, 1999)가 솔루션을 찾았으며, 상세한 도출은 부록 D.1에 제시돼 있다.[4]

확률 극대화 투자 정책을 도출하기 위해 시장은 "동적으로 완전하다dynamically complete"고 가정하며, 이는 블랙-숄즈 모델의 유럽형 옵션과 똑같이[5] 어떠한 수익도 동적 트레이딩 전략으로 복제 가능함을 보장한다. 부록 D.1에서 확률 최대화 전략하에서, 저축에 대한 기대 로그 수익률을 최대화하는 포트폴리오로 정의되는 **성장 최적 포트폴리오**growth-optimal portfolio가 은퇴 채권을 임계치 h만큼 능가하는 경우와 그런 경우에만 개인은 희망 수준의 소득을 얻을 수 있다는 것을 보여준다. 여기서 h는 모델 입력 함수로 계산할 수 있다. 채권에 대한 성장 최적 포트폴리오의 상대 수익률이 h보다 작을 때 개인은 희망 소득 수준에서 자금을 조달할 재원이 부족하게 되지만, 여전히 필수 목표에는 도달 가능하다. 성장 최적 포트폴리오는 현금과 투자 가능한 모든 위험 자산의 최대 샤프 비율MSR, Maximum Sharpe Ratio 포트폴리오의 두 가지 빌딩 블록에 투자한다.

최적의 전략을 찾는 것은 블랙과 숄즈(Black and Scholes, 1973)와 머튼(1974)의 옵션 가격 결정 모델처럼 최적의 수익 구조를 복제하는 포트폴리오 전략을 찾는 것과 같다. 최적의 비중을 구하려면, 옵션 가격이 닫힌 형태로 알려져 있어야 한다.

---

4 부록 D.1의 도출 과정은 폴머와 루커트(1999), 브라운(1999)과 같은 노선을 따른다. 하지만 조건부 리스크 프리미엄, 변동성 및 상관관계로 요약되는 확률적 최소 수준 및 목표 부의 수준 및 확률적 투자 기회를 허용함으로써 결과를 약간 확장한다.

5 기술적 적분 가능성 조건은 수익 구조(Payoff)에 의해 충족돼야 한다. 더피(Duffie, 2001a)의 6장을 참조하라.

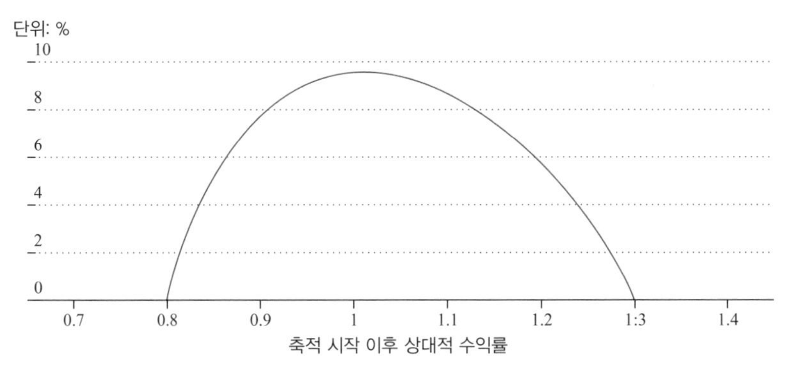

그림 20 확률 최대화 전략에서 성장 최적 포트폴리오에 배분된 부의 비율

참고: 이 그림에서 최대 샤프 비율(MSR) 포트폴리오의 샤프 지수, 은퇴 채권의 샤프 지수 및 은퇴 채권의 변동성은 일정하다고 가정한다. 파라미터 값은 다음과 같다(부록 D.1의 등식(D.11) 참조): MSR 포트폴리오의 샤프 비율 λ_{MSR} = 0.6, 은퇴 채권의 샤프 비율 λ_{β} = 0.3, 은퇴 채권의 연간 변동성 σ_{β} = 7%, 은퇴 기간 = 10년, 축적기 시작에 달성 가능한 소득 수준의 80% = 필수 소득 수준 ri_{ess}, 희망 수준 ri_{asp} = 최초 달성 가능한 소득 수준의 130%.

부록 D.1은 변동성, 샤프 비율 및 상관관계가 일정하다는 가정하에 이를 얻는 방법을 설명한다. 특히 이자율에 관한 가정은 필요하지 않으며, 이자율은 확률적일 수 있다. 그다음 최적의 전략은 성장 최적 포트폴리오와 목표 헤징 포트폴리오GHP 사이에서 부를 나누는 것이고, 전자의 빌딩 블록에 할당될 부의 백분율은 필수 목표에 자금을 조달하기 위해 보존해야 할 현재의 부와 최소 부 사이의 거리의 함수다. 자세한 표현은 부록 D.1의 식(D.11)에 주어져 있다. 그림 20은 은퇴 채권에 관한 상대 저축 수익률의 함수로서 성장 최적 포트폴리오에 투자할 최적 부의 비율을 보여준다. 상대 수익률은 혹 모양hump-shaped의 함수로, 필수 수준과 희망 수준에서 모두 0으로 떨어진다. 부가 하한floor으로 접근함에 따라 위험 감수risk taking가 사라지는 특성은 포트폴리오 보험 전략에서 표준이지만[6] 여기서 새로운 통찰력은 부가 상한Cap에 도달하면 성장 최적 포트폴리오로 대표되는 "위험" 빌딩 블록에 대한 배분도 0이 된다는 점이다.

---

6 고정 비율 포트폴리오 보험(constant proportion portfolio insurance)은 블랙과 페롤드(Black and Perold, 1992)를 참조하고, 옵션 기반 보험은 테플라(Tepla, 2001)를 참조하라.

이론적으로는 최적이지만, 디지털 유형인 수익 구조Payoff의 불연속성 때문에 확률 최대화 전략을 실제로 구현하기는 어려울 것이다. 더욱이 정확한 복제 전략은 옵션이 분석적으로 가격이 결정될 수 있도록 보장하는 제한적 가정하에서만 알려져 있으며, 이러한 조건이 충족될 때 최적의 전략은 샤프 비율과 위험 자산의 변동성, 은퇴 채권 등 관측할 수 없는 여러 파라미터에 따라 달라진다. 좀 더 개념적으로 개인 투자자에게 디지털 수익 구조는 매력적이 않을 수 있는데, 희망 목표를 완전히 달성하거나 달성하지 못하고, 성장 최적 포트폴리오의 수익률 측면에서 작은 조정으로 성공에서 실패로 전환될 수 있다. 실제 투자자는 확률 최대화 기준에서 암시된 것보다 더 복잡한 선호도를 가질 수 있으며, 희망 목표를 놓친 경우에도 대체소득 수준이 더 높다면 투자자들은 더 만족한다.

이러한 단점 때문에 옵션을 사용하지 않고 최소한의 소득 수준을 보장하고, 성장 잠재력을 갖는 최적 전략의 단순화된 버전을 찾는다. 이에 관한 자세한 내용은 다음 절에서 설명한다.

6.2.2 포트폴리오 보험으로 최소 소득 수준 보호

포트폴리오 보험은 더 높은 부의 수준을 달성할 수 있는 여지를 유지하면서 최소 부의 수준을 보호하는 것을 목표로 하는 리스크 관리 기법이다. 실제로 주어진 기간에서의 최소 부의 수준은 특정 기간의 순수 할인채를 매입함으로써 보장될 수 있다. 하지만 이 전략은 순수한 헤징이며, 이자율이 낮다면 매우 낮은 수준의 순수 할인채의 성과만을 제공한다. 대신 포트폴리오 보험 전략은 투자 목표가 고정 부의 수준일 때 순수 할인채인 "안전" 빌딩 블록을 주식 포트폴리오 형태의 성과 추구 포트폴리오PSP와 결합한다. 이 전략은 기대수익률이 낮은 자산에 투자하는 기회비용을 감소시키기 위함이다. 이들은 두 가지 주요 범주로 분류된다.

- 성과 추구 포트폴리오PSP에 대한 자금 배분이 현재 부와 달성해야 할 최소 부 수준의 현재 가치로 정의된 하한floor 사이의 거리 배수

로 정해지는 고정 비율 포트폴리오 보험CPPI 전략[7]

- 성과 추구 포트폴리오의 롱 포지션과 성과 추구 포트폴리오에 매도한 "보험 풋insurance put"의 롱 포지션으로 구성되는 옵션 기반 포트폴리오 보험OBPI. 풋은 소유자가 성과 추구 포트폴리오 수익률이 낮아 필수 목표를 달성하지 못할 위험으로부터 보호한다.

두 가지 형태의 보험을 모두 벤치마크 대비 손실 위험에서 포트폴리오를 보호하도록 확장할 수 있다. 이 설정에서 벤치마크 성과의 일부(80% 또는 90%)를 획득하는 것을 목표로 한다. 최소 부의 수준을 확보하는 것이 아니라 하한이 벤치마크의 가치에 비례하고, "안전" 빌딩 블록은 벤치마크 복제 포트폴리오다. 포트폴리오 보험의 이러한 확장을 "동적 코어-위성dynamic core-satellite" 관리라고 부른다.[8] 코어 전략은 벤치마크 복제 포트폴리오이고 위성 전략은 성과 추구 포트폴리오다. 투자자(예: 연금 기금)가 최소 펀딩 제약을 원한다면 이것은 자산 부채 관리asset-liability management에도 사용할 수 있다. 이 경우 코어 전략은 부채-헤징 포트폴리오이고, 위성 전략이 성과 추구 포트폴리오다. 확장된 형태의 OBPI에서 보험 풋은 성과 추구 포트폴리오와 "안전" 빌딩 블록 사이의 교환 옵션exchange option으로 대체된다. 두 가지 형태의 보험 전략에서 순수 할인채는 목표 헤징 포트폴리오Goal-Hedging Portfolio(앞으로 GHP로 칭한다)로 대체한다. 이때 목표 헤징 포트폴리오는 달성하고자 하는 최소 부 수준의 현재 가치를 복제한다.

두 보험 형태의 상세한 비교는 이 책의 범위를 벗어난다. 이론적인 관점에서, OBPI는 최소 부 또는 최소 펀딩 제약[9]하에 최종 부로부터의 기대 효용을 극대화하려는 투자자에게 최적이다. 성과 추구 포트폴리오와 은퇴 채권인 GHP 사이의 교환 옵션을 사용하는 데 불편함이 있다. 이러한 옵션은 쉽게 구할 수 없으며, 변동성과 같은 관측 불가능한 파라미터가 필요하기

---

7 이 전략의 자세한 설명은 블랙과 존스(Black and Jones, 1987)과 블랙과 퍼롤(Black and Perol, 1992)을 참조하라.

8 코어-위성 전략은 아멘크, 말라이스와 마르텔리니(Amenc, Malaise and Martellini, 2004)를 참조하라.

9 최적화 증명은 테플라(Tepla, 2001)와 마르텔리니와 밀하우(Martellini and Milhau, 2012)를 참조하라.

때문에 복제 전략은 확률 최대화 전략에서 이미 존재했던 문제를 일부 제기한다. 이러한 이유로 우리는 최소 부 수준을 보호하기 위해 확장된 형태의 CPPI에 초점을 맞춘다.

전략의 빌딩 블록은 수정 밸런스 펀드와 타깃 데이트 펀드(5.3 참조)의 빌딩 블록과 동일하다. 즉 은퇴 채권을 복제하기 위한 성과 추구 포트폴리오와 GHP이다. 앞으로 GHP가 완벽하게 채권을 복제한다고 가정한다. 하한의 정의는 필수 목표의 성격에 의해 결정된다. 여기서 목표는 ri_{ess}로 표시된 필수 소득 수준에 도달하는 것이다. 따라서 항상 그리고 모든 시장 조건에서 보존해야 할 최소한의 부의 수준은 이러한 소득 현금 흐름을 제공하는 은퇴 채권의 가격이다. 성과 추구 포트폴리오에 자금 배분은 현재 부와 부의 하한 사이의 거리로 정의되는 위험 예산[risk budget]의 m배로 결정한다. 수학적으로 이 배분은 다음과 같다.

$$\theta_t = m[W_t - F_t] \tag{6.1}$$

여기서 부의 하한[floor]은 다음과 같다.

$$F_t = ri_{ess}\beta_t$$

포트폴리오의 나머지 부분은 GHP에 투자된다. 이 전략은 확률 극대화 전략보다 유리하며, 예측 불가능한 변동성이나 기대 수익률 파라미터가 필요하지 않기 때문에 전략의 구현이 용이하다.

승수가 1인 특수한 경우 이 전략은 매수 후 보유[buy-and-hold] 전략이며 하한과 동일한 금액을 은퇴 채권에, 나머지는 성과 추구 포트폴리오에 투자한다. 승수가 1보다 클 경우 포트폴리오 가치가 하한 가까이 떨어진 후 성과 추구 포트폴리오에 배분되는 비율이 감소하기 때문에 전략은 경기 순응적 포트폴리오 재조정을 수반한다. 포트폴리오 가치가 하한에 도달함에 따라 성과 추구 포트폴리오에 대한 배분이 점차 0으로 줄어들기 때문에 이 전략이 필수 수준의 소득을 보장하는 것은 직관적으로 타당하다. 부록 D.2.1은 포트폴리오가 연속적으로 재조정되는continuously rebalanced 경우에 이러한 특성을 증명하고 있으며, 축적이 끝나는 시기에 달성되는 대체소득 수준에 관한 상세한 내용을 설명한다.

6.2.3 갭 리스크와 상방 잠재력

포트폴리오가 등식(6.1)에 따라 연속적으로 재조정된다면 필수 목표가 확보된다는 것을 부록 D.2.1에 확인한다. 실제로 연속적인 거래는 실현 불가능하므로 일반적으로 월별 또는 분기별로 제한된 빈도로 재조정된다. 이 경우 성과 추구 포트폴리오가 큰 수준으로 은퇴 채권의 성과를 못 따라가지 않는다면 필수 목표가 보호된다. 실제로 이산 거래로 비중 재조정이 지연되고 하한이 뚫린 후에 비중 재조정이 일어날 수 있다. 부록 D.2.2는 두 재조정 날짜 사이에 성과 추구 포트폴리오 총 수익률이 은퇴 채권 성과의 1−1/m배 이상인 경우에만 항상 하한 위에 부가 유지되는 결과를 도출한다. m이 1일 때 이 조건은 항상 충족되며, m이 무한대로 커질 때 성과 추구 포트폴리오는 항상 은퇴 채권보다 성과가 뛰어나다. 이는 매우 큰 제약이다. 승수가 3인 경우 성과 추구 포트폴리오의 총 수익률은 은퇴 채권의 66.7% 이상이다.

큰 승수의 장점은 승수가 클수록 최소 소득 측면에서 동일한 보장에 대해 성과 추구 포트폴리오에 더 많은 배분이 이루어진다는 점이다. 정적인 매수 후 보유 접근법에서 성과 추구 포트폴리오에 투자할 수 있는 부의 양은 부가 하한을 초과하는 부분이므로, 필수 목표를 높은 가치로 설정하거나 저금리로 인해 은퇴 채권이 비싸다면 성과 추구 포트폴리오 부분은 작을 것이다. 동적 접근법은 자산이 하한으로 다가올 때 성과 추구 포트폴리오에 대한 노출을 줄이는 약속의 대가로 투자자가 필수 목표의 현재 가치보다 적은 금액을 은퇴 채권에 투자할 수 있도록 허용한다.

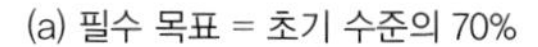

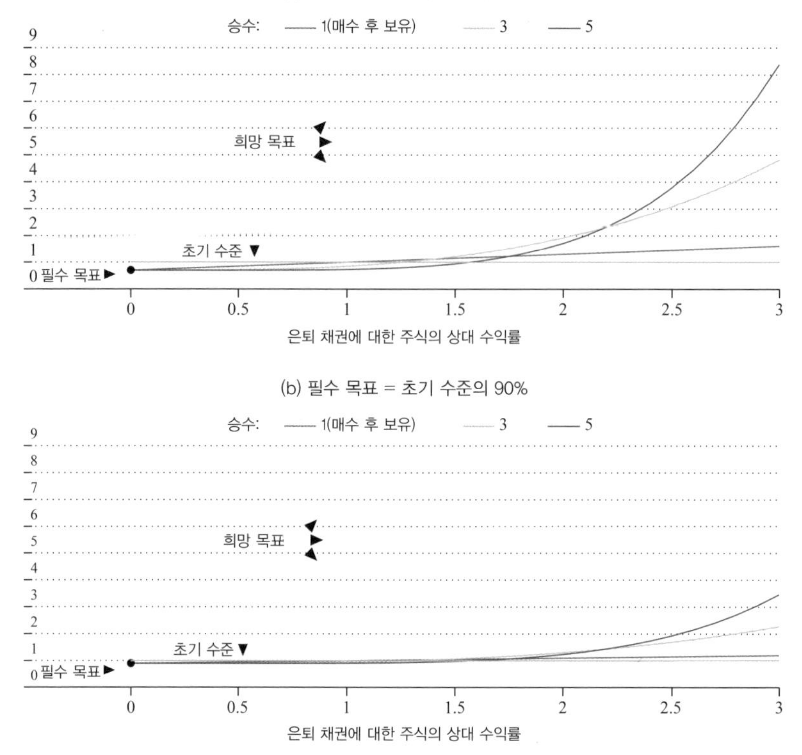

그림 21 위험 통제 전략으로 축적 기간 동안 대체소득 관점에서 저축의 총 구매력 변동

참고: 축적이 시작될 때, 개인은 보호해야 할 합리적인 소득 수준의 비율인 필수 목표를 선택한다. 저축은 은퇴 채권과 주식을 결합하는 위험 통제 전략에 투자한다. 자본에 대한 금액 배분은 위험 예산의 배수로 결정하는데, 배수는 현재부와 필수 소득 현금 흐름을 전달하는 은퇴 채권의 가격과 일치하는 하한 사이의 거리로 정의된다. 각 선은 은퇴 채권에 대한 주식의 상대 수익률의 함수로써 축적기의 소득 관점에서 구매력 변동을 나타낸다. 이 그림에서 기간은 10년으로 설정됐으며 은퇴 채권에 대한 주식의 추적 오차는 연간 15%로 가정된다.

그림 21은 이러한 위험 통제 전략의 결과를 보여주며, 축적 기간 동안 대체소득 측면에서 저축의 구매력 총 변동으로 표현한다. 포트폴리오가 연속적으로 재조정되고 은퇴 채권에 대한 성과 추구 포트폴리오의 연간 추적 오차가 일정할 때 이러한 변동은 채권에 대한 주식의 상대 수익률의 함수임을 부록 D.2.1에서 확인 가능하다. 6.1에서 분석한 매수 후 보유 전략 보다 더 복잡한데, 이유는 비선형적이기 때문이다. 실제로 위험 통제 전략은 경

기 순응적 성격을 반영해 볼록 형태의 수익 구조convex payoffs를 가진다.

하방 위험을 제한하는 목표와 희망 목표에 도달하고자 하는 목표 사이의 긴장감이 다시 한 번 뚜렷해진다. 필수 목표를 초기 소득 수준의 70%가 아닌 90%로 설정하면 야심찬 희망 목표 달성에 필요한 주식의 초과 성과 수준을 크게 높여야 한다. 그 결과 이들 목표에 도달할 확률은 낮아진다. 흥미롭게도 승수를 1보다 크게 해도 수익이 매수 후 보유 전략의 수익보다 체계적으로 높아지지 않는다. 더 큰 승수에 해당하는 선이 매수 후 보유 전략에 해당하는 선과 교차하는 상대 수익률이 임계값이며 부록 D.2.1에 나와 있는 것처럼 계산할 수 있다. 주목할 만한 속성은 필수 목표로부터 독립적이라는 것이다. 그림에서 가정한 파라미터 값으로 승수가 3이면 임계값은 1.40이고 승수가 5이면 1.76이다.

목표 기반 투자 전략goal based investing strategy의 한 예가 확장된 포트폴리오 보험 전략이다. 그 이유는 빌딩 블록과 포트폴리오 재조정 규칙이 잘 정의된 목표와 일치하기 때문이다. 확장된 포트폴리오 보험 전략은 필수 목표를 (갭 리스크까지) 확보하며, 희망 목표 달성에 필요한 성장 잠재력을 가지고 있다.

6.2.4 "현금화" 위험

갭 리스크의 따름정리는 "현금화monetization" 위험이다. 전통적인 포트폴리오 보험에서는 포트폴리오의 가치가 하한 아래로 떨어진 후 포트폴리오가 무위험 자산에 완전히 투자될 때 현금화가 발생한다. 위험 예산이 사라진 후, 포트폴리오는 하한의 성과를 정확하게 복제한다. 하한보다 작거나 같은 수준에서 시작하기 때문에 하한에서 가치와 동일한 퍼센트로 끝난다. 연속적인 재조정에서는 이러한 상황이 발생할 수 없는데, 포트폴리오 가치가 정확히 하한으로 떨어지지 않고 항상 위험 예산이 남아 있기 때문이다.

확장 포트폴리오 보험에서도, 이러한 위험은 여전히 존재한다. 하지만 안전 자산의 역할을 하는 것은 은퇴 채권이다. 재조정 날짜에 위험 예산이 음인 것으로 관찰되면 성과 추구 포트폴리오에 대한 배분은 자동으로 0으로 설정되고 포트폴리오는 은퇴 채권을 복제한다. 그 결과 나머지 축적 기간 내에서 재조정 날보다 더 높은 수준의 소득에 도달할 확률은 0으로 떨어진다.

실무에서 이러한 위험은 승수를 적절히 선택하고 포트폴리오 재조정 빈도를 조정해 처음부터 하한에 도달하는 것을 방지해 완화할 수 있다. 만약 이렇게 구현된다면, 성과 추구 포트폴리오에 0이 아닌 배분을 설정하고 채권 수익률을 따라가는 것을 피하기 위해 하한을 낮은 수준으로 재설정함으로써 위험 예산을 다시 재설정할 수 있다. 그러나 이 솔루션은 약세장의 상황이 지속돼 새로운 하한이 계속 도달해 새롭게 하향 재설정이 필요한 경우에는 충분하지 않을 것이다. 해당 접근법의 변형으로는 위험 예산이 소진될 때까지 기다리지 않고 정기적으로 재설정을 수행하는 것이다. 6.3에 소개하는 전략은 연간 단위로 하한을 재설정한다.

6.3 위험 통제 밸런스 또는 타깃 데이트

위험 예산 기법을 사용해 밸런스 펀드 및 타깃 데이트 펀드와 같은 표준 투자 전략에 위험 통제 계층을 추가할 수 있다. 이것은 두 가지 장점이 있다. 첫째, 결과적으로 수정된 전략은 6.2에 소개된 위험 통제 전략처럼 완전히 다른 투자 접근 방식이 아닌 표준 투자 정책의 진화로 간주할 수 있다. 밸런스 펀드와 타깃 데이트 펀드를 앵커 포인트로 삼는 것은 자산 운용사와 판매사에서 해당 접근법의 채택을 촉진하기 위함이다. 둘째, 표준 투자 정책의 개정은 수정된 펀드의 주식 배분이 선택된 날짜에 표준 펀드의 주식 배분과 일치하는 방식으로 이뤄질 수 있다. 이는 기준점으로 선택한 주식 배분에서 영구적으로 벗어나는 것을 방지하고 두 펀드를 서로 비교할 수 있도록 보장한다. 5장에서는 빌딩 블록을 변경하고(채권 지수를 은퇴 채권으로 변경) 각 시점에서 정확히 동일한 주식-채권 배분을 유지함으로써 뮤추얼 펀드의 설계에 최소한의 변경만 실행했다. 여기서는 매년 초에 동일한 주식-채권 배분을 유지해 1년 이내에는 기준 배분에서 벗어날 수 있도록 허용해 한 단계 더 진일보했다.

6.3.1 뮤추얼 펀드에 위험 통제 도입

5.5에 나타난 바와 같이 표준 채권 포트폴리오를 밸런스 펀드와 타깃 데이트 펀드 내의 적절한 만기의 은퇴 채권으로 대체하는 것은 단기적으로는 매년 더 낮은 수준의 추적 오차, 장기적으로는 전체 축적 기간에서 상대 수익률의 작은 변동으로 은퇴 채권에 관한 펀드의 상대 수익률의 불확실성이 감소함을 의미한다. 이는 개인들이 은퇴할 때 저축으로 조달할 수 있는 대체소득 금액에 대한 불확실성이 줄어든다는 것을 의미한다.

이러한 개선에도, 그림 22에 나타난 바와 같이 단기 손실 위험은 여전히 존재한다. 2008년에는 성과 추구 포트폴리오에서 54.7%의 손실을 보는 극심한 주식 약세장을 겪었지만, 유동성 위기 때 안전 자산으로의 회피flight-to-quality 움직임을 보이면서 국채 금리가 낮아져 같은 해 은퇴 채권이 39.0% 이익을 거두었다. 그 결과 주식은 채권 성과를 밑돌았으며 양 자산에 투자된 뮤추얼 펀드는 수정 밸런스 펀드와 수정 타깃 데이트 펀드 대비해 상대 손실이 각각 24.7%와 25.8%였다. 위안을 삼는 것은 표준 펀드의 손실이 더 컸다는 점이다. 일반적으로 수정 펀드의 연간 수익률이 덜 변하지만, 단기적으로는 여전히 상당한 손실이 발생할 수 있다.

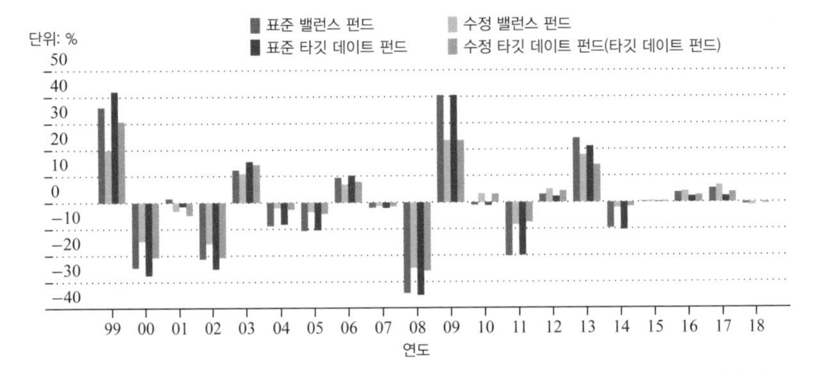

그림 22 1999년부터 2019년까지 뮤추얼 펀드 대체소득 관점에서의 저축의 연간 구매력 변동

참고: 표준 펀드는 주가 지수(배당이 재투자되는 S&P 500 지수)와 정부채 채권 지수(바클레이즈 미국 정부채 지수)에 투자하며, 수정 펀드는 2019년에 은퇴하는 개인을 위해 동일한 주식 포트폴리오와 은퇴 채권에 투자한다. 밸런스 펀드는 자산의 40%를 주식에 투자하고 타깃 데이트 펀드의 주식 배분은 은퇴 전 60%에서 은퇴 후 20%로 감소한다. 펀드는 분기마다 재조정한다.

이러한 손실 위험에 신뢰성 있는 보호를 제공하는데 6.2에 소개된 것과 유사한 적절한 포트폴리오 보험 전략이 있다. 여기에 도달하기 위한 필수 목표는 연간 구매력 손실을 $1 - \delta$ 수준으로 제한하는 것이다. 여기서 δ는 0%에서 100% 사이의 파라미터로 구성된다. δ가 0이면 어떤 크기의 손실도 허용된다는 의미이고, δ가 100%이면 모든 손실을 방지해야 한다는 의미이다. 전자의 경우 은퇴 채권이 필요하지 않으며, 후자의 경우 저축액을 전액 은퇴 채권에 투자해야 한다. 중간값의 경우 포트폴리오가 위험 통제 투자 정책에 따라 두 자산에 모두 투자한다. 연말 저축 구매력을 연초의 δ배 이상으로 유지하는 것이 목적이기 때문에 하한은 공식적으로 대체소득 금액을 지급하는 은퇴 채권의 가격으로 정의한다. 수학적으로 $n + 1$년에서 t일의 하한은

$$F_t = \delta \times \beta_t \times \frac{W_n}{\beta_n}$$

이고, 여기서 W는 저축 가치, β는 채권 가격, W_n과 β_n은 $n + 1$년 시작 시점의 가치를 나타낸다(W_0은 1차 연도 시작인 날짜 0의 저축액을 의미하며, W_1은 2차 연도 시작 시점의 저축액을 의미한다). 하한은 정의에 의해 매년 초 저축액

의 δ배수임을 주목하라.

성과 추구 포트폴리오에 대한 자금 배분은 위험 예산의 배수로, 현재 부와 하한 사이의 거리로 정의된다. 수학적 표기는 다음과 같다.

$$\theta_t = m_n [W_t - F_t]$$

여기서 m_n은 관행적으로 n 날짜인 연초에 고정된 $n + 1$년에 대한 승수이다. 포트폴리오를 표준 밸런스 펀드 또는 타깃 데이트 펀드로 정한 기준 펀드와 비교할 수 있도록 승수를 선택하는데, 성과 추구 포트폴리오에 대한 % 배분은 글라이드 패스에서 암시하는 주식 % 배분과 일치한다. 따라서 다음을 갖는다.

$$m_n = \frac{w_{ref,n}}{1 - \delta}$$

여기서 $w_{ref,n}$은 $n + 1$년 초의 기준 펀드 내의 주식 배분 %이다. 이 설정에서 위험 통제 포트폴리오와 기준 펀드는 1년에 한 번 동일한 주식 배분을 가지며, 1년 이내에 이전 포트폴리오의 주식 배분을 재조정해 연초에 저축 구매력의 δ%를 보장한다.

이 전략은 위험 통제 밸런스 또는 타깃 데이트 펀드로 간주할 수 있으며, 연간 저축의 구매력 손실을 고정 임계값까지 제한하도록 설계한다. 위험 통제 타깃 데이트 펀드에서 승수가 결정론적 글라이드 패스를 따르지만 주식 배분은 1년 이내에 위험 예산에 따라 달라진다. 6.2에 소개된 위험 통제 형태와 관련해 이러한 접근법의 장점은 1년 이내에 하한이 위반될 경우 은퇴 채권에 영구적으로 투자하는 위험을 연간 재설정으로 회피한다는 점이다. 실제로 하한이 매년 초에 저축 비율로 재설정되므로 해당 날짜의 위험 예산은 반드시 양의 값이다. 그 결과, 심지어 위반 후에도 포트폴리오가 1년 이상 "현금화"되지 않는다.

6.3.2 역사적 백테스트

그림 23은 1999년 1월에 4개의 위험 통제 펀드에 투자한 100,000달러의 변화이며, 상한cap는 20% 또는 10%이다. 상한이 20%(또는 10%)라는 것은 1월부터 내년 1월까지 1년 동안 전략의 총 수익률이 항상 은퇴 채권 총 수익률의 80%(또는 90%) 이상이어야 한다는 것을 의미한다. 이 샘플에서 은퇴 채권은 연 평균 6.81% 수익률로 주식 5.62% 수익률 대비 성과가 좋았고, 따라서 채권에 투자한 비율이 더 높은 포트폴리오가 다른 포트폴리오의 성과를 능가했다.

(a) 저축액의 가치

(b) 대체소득의 측면에서의 구매력

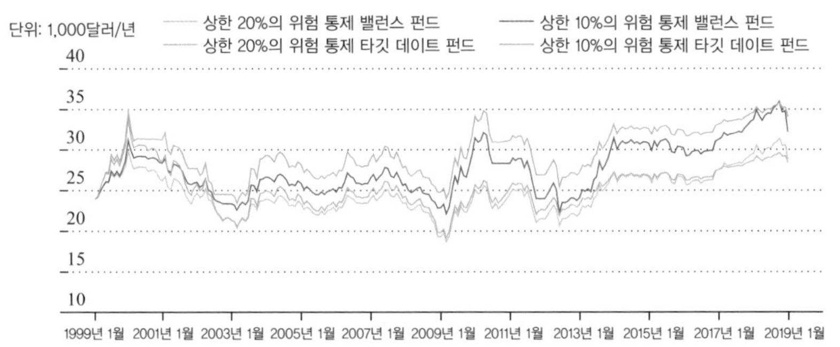

그림 23 수정 및 위험 통제 타깃 데이트 펀드에 1999년 1월 1일에 투자한 100,000달러의 1999년에서 2019년까지의 변화

참고: 모든 펀드는 S&P 500 지수로 대표되는 성과 추구 포트폴리오와 2019년 1월에 은퇴하는 개인을 위한 은퇴 채권에 투자한다. 분기별로 재조정된다. 여기에는 대체소득 측면에서 저축 구매력의 연간 손실 상단을 제한하기 위한 위험 예산 메커니즘이 포함된다. 이 그림에서 어떤 전략들은 상한이 20% 혹은 10%이다. 패널 (a)는 1999년 1월에 투자한 100,000달러의 시뮬레이션 값을 보여주고 패널 (b)는 저축으로 자금을 조달할 수 있는 대체소득 금액을 보여준다.

펀드 구성 정보는 그림 24와 그림 25에 나와 있다. 그림 24는 밸런스 펀드는 고정이고 타깃 데이트 펀드는 결정론적 글라이드 패스를 따르는 승수를 표시한다. 그림 25는 20%의 상한을 가진 두 펀드의 구성을 보여준다. 구축상 위험 통제 밸런스 펀드는 매년 초에 표준 밸런스 펀드와 동일한 배분을 가지므로 구성이 40-60 주식-채권 배분에서 영구적으로 벗어나지 않는다. 마찬가지로 1월에 위험 통제 타깃 데이트 펀드의 주식 배분은 항상 표준 타깃 데이트 펀드의 주식 배분과 일치한다. 따라서 60%에서 20%로 감소한다. 그러나 1년 이내에 모든 위험 통제 펀드의 주식 배분은 은퇴 채권에 대한 포트폴리오 가치의 변동에 따라 움직인다. 2000년, 2002년, 2008년, 2011년 주식 약세장의 영향은 상응하는 주식 익스포저 감소로 잘 나타나고 있다.

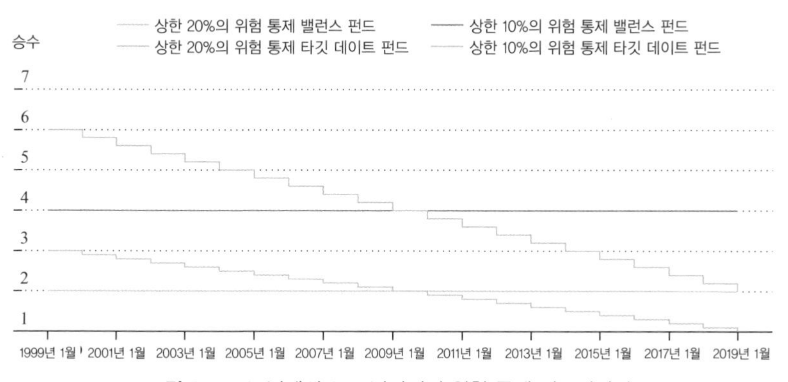

그림 24 1999년에서 2019년까지의 위험 통제 펀드의 승수

참고: 각 위험 통제 펀드에서는 주식 성과 추구 포트폴리오에 대한 자금 배분이 위험 예산과 동일하며, 현재 가치에서 하한을 뺀 값으로 정의되며 승수를 곱한다. 위험 통제 타깃 데이트 펀드에서 승수는 매년 1월에 재설정돼 확정적 글라이드 패스를 가진 표준 타깃 데이트 펀드의 주식 배분 비율에 매칭된다(그림 15 참조). 위험 통제 밸런스 펀드에서 승수는 고정되며 매년 1월에 주식 배분 비율이 40%가 되도록 설정된다. 두 유형의 펀드에서 승수는 은퇴 채권에 대한 최대 상대 손실에 따라 달라진다. 이 그림에서 상한은 20% 또는 10%로 설정된다.

(a) 밸런스 펀드

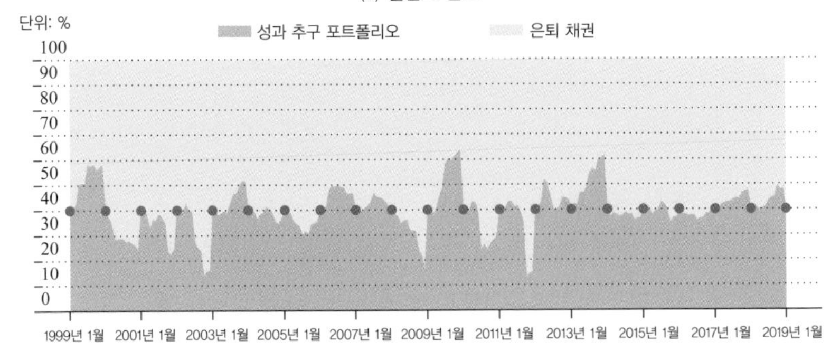

(b) 타깃 데이트 펀드

그림 25 1999년에서 2019년까지 상한 20% 위험 통제 펀드에서 빌딩 블록에 대한 배분 비율

참고: 두 펀드는 S&P 500 지수로 대표되는 주식 성과 추구 포트폴리오와 2019년 1월에 퇴직하는 개인의 은퇴 채권에 투자된다. 이들은 분기별로 재조정된다. 여기에는 대체소득의 관점에서 최대 20%로 저축 구매력의 연간 손실을 제한하기 위한 위험 예산 메커니즘이 포함된다. 이 수치는 1월, 4월, 7월, 10월의 재조정 후 비중과 일치하는 월별 유효 비중을 보여준다. 점 표시는 1월 배분을 강조한다. 1월 배분은 패널 (a)의 위험 통제 밸런스 펀드에 대해 40%이고, 패널 (b)의 위험 통제 타깃 데이트 펀드에 대해서는 60%에서 20%로 감소한다.

6.3.3 갭 리스크에 미치는 재조정 빈도의 영향

위험 통제 메커니즘이 은퇴 채권 대비 상대 손실의 상한을 제한하는 데 효과적인지 여부를 확인하기 위해 그림 26에서 연간 상대 수익률을 확인한다. 상한이 20%인 경우 20% 미만의 상대 수익률이 발생하지 않으므로 전략은 유효하다. 2001년, 2002년, 2008년, 2011년 상대 수익률이 10% 미만이어서 상한이 10%로 정해지면 상황은 더욱 복잡해진다. 2002년에 밸런스 펀드와 타깃 데이트 펀드는 채권 대비 각각 11.39%와 11.42% 손실을 냈으며, 2011년에는 밸런스 펀드가 −15.27%, 타깃 데이트 펀드가 −13.61%로 최악의 상대 수익률이 관측됐다.

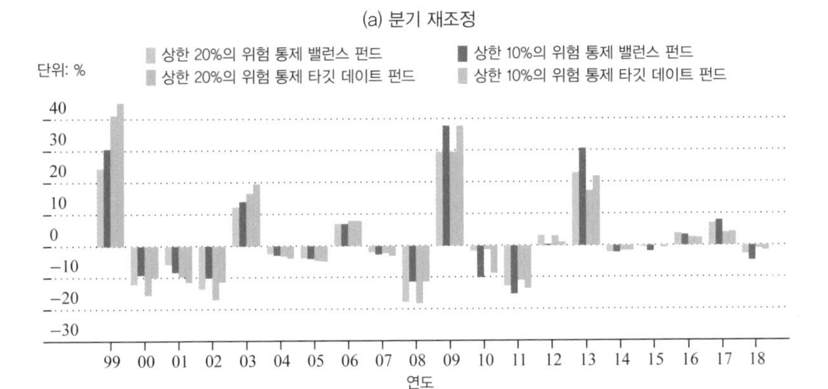

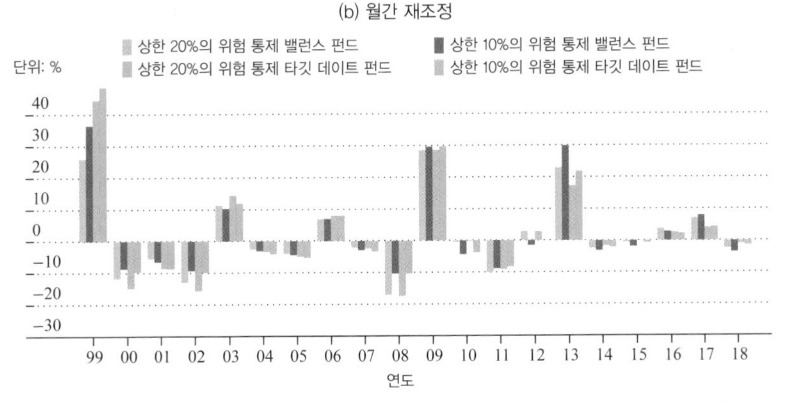

그림 26 1999년에서 2019년까지의 위험 통제 메커니즘을 사용한 대체소득으로 표시한 저축 구매력의 연간 변화

참고: 모든 펀드는 S&P 500 지수로 대표되는 주식 성과 추구 포트폴리오와 2019년 1월에 은퇴하는 개인 은퇴 채권에 투자한다. 이러한 전략은 대체소득으로 표시한 연간 저축 구매력 손실을 20% 또는 10%로 사전 정의된 임계값으로 제한하기 위해 고안된 위험 통제 전략을 따른다. 패널 (a)에서는 펀드가 분기(1, 4월, 7월, 10월)마다 재조정되고 패널 (b)에서는 매월 재조정된다.

−10% 미만의 상대 수익률은 6.2에 소개한 전략처럼 갭 리스크가 있다. 포트폴리오가 연속적으로 재조정된다면, 포트폴리오의 가치가 항상 하한 위로 보존될 수 있도록 설계된다. 하지만 이산 재조정의 경우(여기서, 매분기),

은퇴 채권 대비 주식의 심각한 성과 부진으로 하한 위반이 초래될 수 있다. 정확한 수학 공식은 부록 D.2.2에 있다. 하한이 항상 지켜지려면 두 번의 재조정일 내에 성과 추구 포트폴리오의 총 수익률이 은퇴 채권 수익률의 [1 − 1/*m*]배가 돼야 한다. 여기서 *m*은 이 기간에 적용하는 승수이다. 승수가 클수록 임계값은 더 커지기 때문에 달성하기가 더 어렵고 갭 리스크가 더 커진다. 2001년에 타깃 데이트 펀드만 상대손실이 −11.49%로 10% 제약을 위반하고, 밸런스 펀드는 이를 지켰는지 설명한다. 실제로 타깃 데이트 펀드는 2009년까지 축적 기간 초기에 승수가 더 크기 때문에(그림 24 참조), 주식 배분이 더 큰 경향이 있고 약세장 위험에 더 많이 노출된다.

갭 리스크의 가능성에 영향을 미치는 또 다른 파라미터는 재조정 빈도이다. 빈도가 높을수록 한 번의 재조정 기간 내 성과 추구 포트폴리오와 은퇴 채권의 수익률은 1에 가까우므로 상대 성과 추구 포트폴리오 수익률이 [1 − 1/*m*]보다 커야 되는 조건이 쉽게 만족된다. 사실 분기 재조정을 월간 재조정으로 전환하면 2001년, 2002년, 2008년, 2011년의 손실 정도가 감소한다. 2001년, 2002년, 2011년에 10% 상한을 가지고 있는 두 펀드 모두 목표를 달성했지만 분기마다 재조정될 때 목표를 달성하지 못했다. 2008년에는 밸런스 펀드와 타깃 데이트 펀드의 상대 수익률이 −10.34%와 −10.36%로 여전히 갭이 관찰되지만, 이들 값은 이론적인 임계값인 −10%에 매우 가깝고 분기별 사례에서 기록된 상대 수익률인 −11.39%와 −11.42%보다 낫다.

6.3.4 확률적 시나리오

확률적 시나리오 분석은 많은 시나리오에서 다양한 전략 행태를 연구하고, 만족하도록 설계된 단기 제약 조건을 잘 준수하는지 확인하고, 희망 목표에 도달할 수 있는 각각의 사전 확률ex-ante probabilities을 추정하는 것이다. 이 분석은 부록 C.1에 설명된 몬테카를로 시뮬레이션 모델에 따라 수행되며, 2019년 1월 1일의 미국 무이표채 수익률 곡선에 적합화된 이자율 파라미터가 적용된다. 즉, 이자율 파라미터는 이날의 정부채 시장 상황을 반영한다.

각 전략의 상승 잠재력을 측정하기 위해 그림 27을 참조한다. 그림 27은 은퇴 이전 20년 동안 100,000달러를 투자함으로써 축적 단계의 각 시점에서 75% 확률로 달성된 대체소득 수준을 보여준다. 우리는 이익 중단 결정 가능성이 주어졌을 때(5.4 참조), 이러한 목표를 확보할 수 있는 충분한 금액이 있는 날짜가 하나 이상 존재한다면 희망 목표에 도달한다고 말한다. 이익 중단 결정은 저축을 은퇴 채권으로 이전함으로써 목표를 확보하는 결정이다. 이 그림은 그림 18과 시각적으로 매우 유사하며, 비 위험 통제 펀드와 동일한 척도를 갖고 있다. 이는 위험 통제 도입이 전략의 상승 잠재력을 크게 훼손하지 않는다는 것을 의미한다.

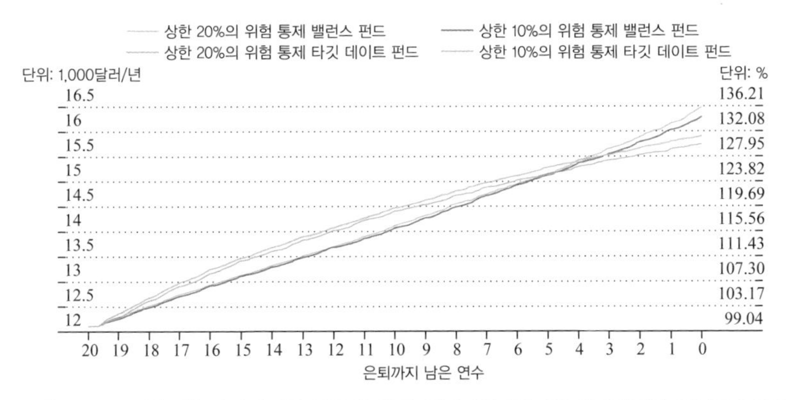

그림 27 2019년 1월 파라미터를 사용해 은퇴 이전 20년간 100,000달러를 투자함으로써 75% 확률로 달성 가능한 대체소득 수준 시뮬레이션

참고: 축적 기간의 각 포인트와 각 전략에서 이 수치는 축적 시작과 고려 시점 사이에서 75% 확률로 달성된 대체소득 수준을 표시한다. 왼쪽 축은 연간 대체소득 수준을 (000)달러로 나타내며 오른쪽 축은 해당 수준을 초기 수준의 비율로 나타낸다.

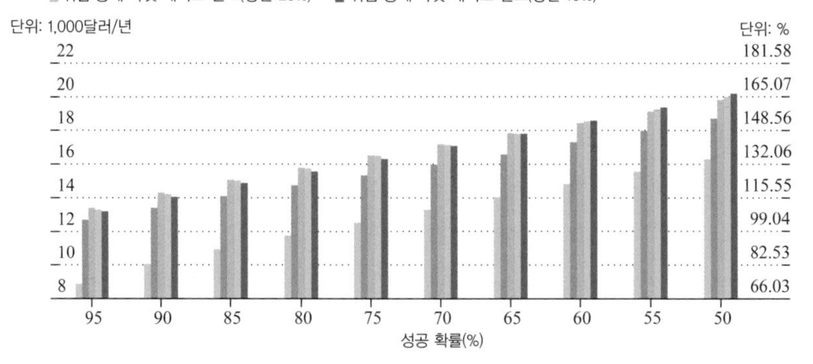

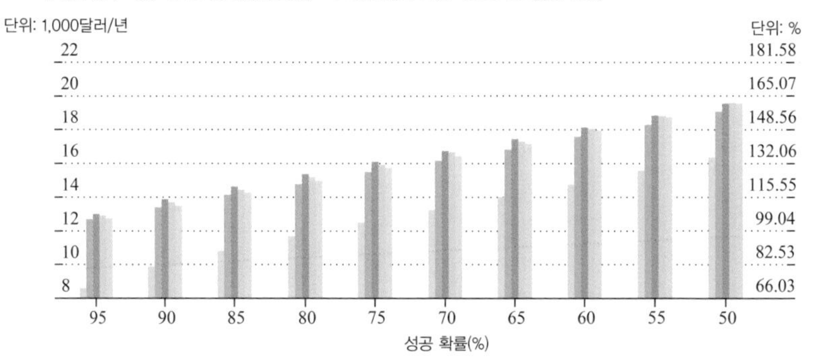

그림 28 2019년 1월말 파라미터를 사용해 은퇴 이전 20년간 100,000달러를 투자함으로써 축적 기간 말에 달성하는 대체소득 수준 시뮬레이션

참고: 왼쪽 축은 대체소득 가치를 연간 (000)달러로 표시하고 오른쪽 축은 이러한 수준을 초기 가치의 백분율(연간 12,116달러)로 표시한다. 표준 밸런스 펀드와 타깃 데이트 펀드는 주식과 채권 지수에 투자하고, 기타 모든 펀드는 주식과 은퇴 채권에 투자한다. 수정 펀드는 표준 펀드와 동일한 확정된 자산 배분 정책을 가지며, 위험 통제 펀드는 은퇴 채권에 대한 연간 손실을 20% 또는 10%로 제한하도록 설계됐다. 달리 명시되지 않은 한, 성공 확률은 개인이 이익 중단 결정을 내릴 수 있다고 가정해 계산한다. 즉, 자산을 은퇴 채권으로 이전함으로써 축적 단계의 어느 시점에나 소득 흐름을 확보할 수 있다. 표준 펀드의 경우 이익 중단 결정이 불가능하다는 가정하에 성공 확률을 계산한다.

그림 28은 성장 잠재력 측면에서 5장과 6장에 소개된 다양한 밸런스 및 타깃 데이트 펀드의 특성을 요약했다. 이 잠재력은 50%에서 95% 사이의 확률로 도달 가능한 소득 수준을 통해 측정된다. 성공 확률이 낮은 목표를 고려하지 않는데, 목표가 달성되는 것보다 놓칠 가능성이 높기 때문에 낮은 성공 확률의 목표는 투자자와 관련이 없다. 다른 한편 모든 시나리오에서

달성된 소득 수준을 보고하지 않는다. 그 이유는 "100% 확률로 달성"이라는 문구는 다소 오해의 소지가 있기 때문이다. 즉 성공의 공식적 보증으로 이해될 수 있기 때문이다. 하지만 확률은 모델에 의해 생성된 모든 가능한 시나리오가 아닌 유한 표본 집합에 기초하고, 더 중요하게 사후적으로 잘못된 것으로 증명할 수 있는 가정과 파라미터값을 가진 모델에 의존할 수 있다.

우선 고려되는 두 펀드는 주식과 채권 배분이 40-60인 표준 밸런스 펀드와 퇴직 전 20년 기간 동안 주식 배분이 60%에서 20%로 감소하는 표준 타깃 데이트 펀드다. 5.5의 설명에 따라 두 가지 대체 가정에 따라 펀드의 성공 확률을 계산한다. 첫 번째 경우 투자자는 은퇴 채권에 접근할 수 없기 때문에 매력적인 소득 수준에 도달한 후에도 은퇴할 때까지 펀드에 투자해야 한다. 두 번째 경우 충분히 높아 보이는 소득 수준에 도달하면 언제든지 이익 중단 결정을 할 수 있다. 전자의 정의는 은퇴 채권이 존재하지 않는 세계에서의 기본 투자 옵션이기 때문에 표준 펀드에 더 적합하지만 후자 접근법은 은퇴 채권을 포함한 다른 펀드와 공정한 비교가 가능하다. 수정 펀드는 표준 펀드와 정확히 동일한 배분 정책을 따르지만 채권 지수를 은퇴 채권으로 대체한다. 마지막으로 위험 통제 펀드는 은퇴 채권에 대한 연간 손실을 20% 또는 10%로 제한하도록 설계된다.

그림 28에서 주식과 은퇴 채권에 투자된 3개의 밸런스 펀드가 비슷한 상승 잠재력을 가지고 있다. 성공 확률에 관해 최고와 최저 소득 수준 사이의 스프레드는 연간 42달러에서 363달러이다. 마지막 3개 타깃 데이트 펀드의 경우 연간 37달러에서 386달러 범위의 스프레드는 연간 소득에 비해 적은 금액이다. 표준 펀드는 이익 중단이 가능한 다소 비현실적인 상황에서 약간 뒤처지고, 이익 중단이 없으면 훨씬 뒤처진다. 이러한 관찰은 승수의 적절한 재설정을 통해 위험 통제 펀드의 주식 배분을 수정 펀드의 주식 배분과 1년에 한 번 일치시키는 것이 3개 밸런스 펀드가 희망 목표에 도달할 수 있는 동등한 능력을 갖도록 하는 데 도움이 된다.

위험 통제 펀드가 위험 통제가 없는 수정 펀드에 가까운 것이 놀랄 만한 내용이다. 하방 위험에 대한 보험이 비용으로 발생하기 때문이다. 이러한 펀드는 설정된 상한보다 큰 연간 손실을 회피하는 대가로 더 적은 상승 잠재력을 가진다. 은퇴 채권을 활용하는 처음 3개 밸런스 펀드를 자세히 살펴보면, 위험 통제 펀드의 낮은 소득 수준을 통해 비용이 가시화되는 가장 높은 성공 확률(70% 이상)에 대해서만 나타난다. 낮은 신뢰 수준(65% 이하)에서는 그 반대가 성립하며, 후자 펀드는 성장 잠재력이 더 높다. 타깃 데이트 펀드에서 위험 통제의 도입은 소득 수준에 약간 부정적이거나 중립적인 영향을 미친다. 전반적으로 연간 손실에 대한 보험은 60% 이상의 사나리오에서 달성하는 목표로 정의된 "적당히 야심찬"의 희망 목표 달성 가능성에 적은 정도의 부정인 영향을 미치며, 50%에서 약 60%까지의 대략적인 확률로 달성되는 목표로 정의되는 "야심찬" 목표 달성 가능성에 대해 약간의 긍정적이거나 중립적인 영향을 미친다. 이는 단기적 손실을 피하는 것이 높은 목표 달성에 유리하거나 적어도 해롭지는 않다는 말로 해석할 수 있다.

6.4 위험 통제 전략의 설계 원리

지금까지 두 가지 형태의 위험 통제 전략을 소개했다. 6.2에서 고정된 임계값으로 은퇴 채권의 성과 부진을 제한하는 것을 목표로 하는 확장 포트폴리오 전략을 소개했다. 6.3에서는 위험 통제 펀드에 대해 설명하고 있으며, 위험 통제 펀드의 목적은 임계값보다 낮은 연간 상대 수익률을 회피하기 위함이다. 이 모든 전략은 성과 추구 포트폴리오와 은퇴 채권의 두 가지 구성 요소에 투자하고 채권에 대해 지나치게 큰 손실을 피하는 것을 목적으로 하는 더욱 광범위한 종류의 위험 통제 전략에 속한다. 이러한 손실을 회피하는 것이 필수 목표에 해당하는데, 갭 리스크를 포함해 모든 전략을 활용해 필수 목표를 달성한다. 6.5에서는 필수 목표의 관점에서 상이한 전략의 몇 가지 예를 설명한다.

6.4.1 대중 맞춤형 펀드

6.5에서 고려하는 모든 포트폴리오 전략은 5.3의 "대중 맞춤형Mass Customization" 펀드다. 이 형용사를 사용하는 것은 펀드가 완전한 맞춤형이 아니라 많은 사람들을 위한 것이라는 의미한다. 유일한 맞춤형 요소는 안전 빌딩 블록, 즉 은퇴 채권이다. 다른 빌딩 블록인 성과 추구 포트폴리오는 모든 투자자에게 동일하다.

이들 빌딩 블록 이외에 모든 전략에는 은퇴 채권 관점에서 큰 하방 위험을 회피하고자 하는 목적을 가진 위험 통제 메커니즘을 보유하는 또 하나의 공통적인 특성이 있다. 이러한 통제는 확장된 포트폴리오 보험 전략을 통해 달성되며, 상대적인 하방 위험을 측정하는 방법과 기간에 따라 하한이 전략마다 다르다. 일단 하한이 정해지면 위험 예산은 현재 포트폴리오 가치에서 하한을 뺀 값으로 정의되며, 성과 추구 포트폴리오에 대한 자금 배분은 위험 예산의 승수와 같다.

수학적으로 t일의 포트폴리오에서 성과 추구 포트폴리오의 백분율 비중은 다음과 같다.

$$w_t = m_t \left[1 - \frac{F_t}{X_t} \right] \tag{6.2}$$

여기서 m_t는 승수, F_t는 하한, X_t는 펀드 1주의 가치다. 이 공식은 1주의 가치가 하한보다 훨씬 큰 경우 100% 이상의 비중을 부여하거나, 또는 1주의 가치가 하한보다 작은 갭 발생 시 음의 비중을 부여할 수 있다. 0%와 100% 사이의 비중을 유지하기 위해 식 (6.2)의 결과는 0%이 하한이고 상한은 100%로 지정된다.

제한된 맞춤형 제약 조건 때문에 펀드 설계에 기여금 규모에 대한 가정을 포함할 수 없으므로, 이 접근법은 기여금 체계와 상관없이 전략을 정의하고 투자자에게 어떤 보장을 제공하는지 확인한다. 그러나 펀드 수를 제한하기 위해 전략은 축적 기간 내 주기적 기여 가능성을 고려한다. 투자자가 매월 말 또는 연초에 돈을 가져온다고 가정함으로써 기여일을 가정을 할 수 있다.

6.4.2 보장된 소득 수준

목표 기반 투자 전략과 함께 제공되는 투자 보고서는 투자자에게 목표와 관련해 현재 위치에 대한 명확한 관점을 제공하는 것이 중요하다. 이와 관련해 같은 펀드에 저축을 남겨두고 새로운 기여를 하지 않는 경우, 은퇴 시 의지할 수 있는 소득 가치로 정의된 “보장된 수준secured level”의 소득을 계산해 보고하는 것이 바람직하다. 보장 수준을 계산하는 한 가지 방법은 미래 자산 수익률에 대한 가정을 하고 미래 기여금을 0으로 설정해 미래 부에 대한 몬테카를로 시뮬레이션을 실행하는 것이다. 그러나 이 값은 사후적으로 잘못될 수 있는 여러 파라미터 가정에 영향을 받으며 미래 수익률을 예측하는 모델에 의존한다. 이러한 이유로 희망 목표에 도달할 확률을 추정하기 위해서 시뮬레이션을 사용하지만 보장 수준의 계산에는 사용하지 않는다.

공식적으로 보장 수준은 과거 기여금 및 과거 펀드의 수익률과 같은 보고일에 알려진 수량의 함수이며, 개별 투자가가 현재일 이후에 기여하지 않는 경우 축적기 말에 100% 확률로 달성돼야 한다. 차익 거래 기회가 없는 경우, 이 수준은 현재 가능한 소득 수준보다 작거나 같다. 실제로 t일에서 보장 수준 레벨 sec_t를 계산했다고 가정한다. T일 즉 은퇴 시점에 달성한 소득 수준은 100% 확률로 sec_t보다 크다. 마찬가지로 최종 부 W_T는 100% 확률로 $sec_t\beta_T$보다 크다. 여기서 β_T는 은퇴 직전 채권 가격을 나타낸다. 차익 거래 기회가 없기 때문에, 미래 기여금이 0이라는 가정하에서, 시간 t에서의 W_T의 현재 가치는 현재 채권 가격인 β_t에 sec_t를 곱한 값보다 크다. 포트폴리오가 현재 날짜 이후 자금을 조달한다고 가정할 때 미래 부의 현재 가치는 현재 부의 가치이므로 W_t는 $sec_t\beta_t$보다 크거나 같다. 동일하게 sec_t는 W_t/β_t보다 작거나 같다.

일반적으로 현재 소득 수준은 보장 수준을 과대평가하는데, 은퇴 채권에 완전히 투자된 전략을 제외한 모든 전략은 은퇴 시 은퇴 채권보다 성과가 낮을 가능성이 0이 아니기 때문이다. 그러나 일반적으로 펀드에서 구현된 위험 통제로 은퇴 채권 대비 전략의 상대 수익률의 하한을 계산할 수 있다. 예는 6.5에 제시돼 있다.

6.5 필수 목표의 선택

위험 예산 접근법은 다양한 형태의 성과 제약을 수용하도록 조정할 수 있기 때문에 유연하다. 은퇴 저축 맥락에서 가장 흥미로운 점은 은퇴 채권 대비 상대 성과다. 벤치마크와 관련된 포트폴리오의 상대 수익률이 대체소득 관점에서 저축의 구매력 변동을 측정하기 때문이다. 이전 절에서 소개한 위험 통제 펀드는 단기 상대 수익률에 초점을 맞추는데, 목적이 채권과 관련된 연간 손실을 20% 또는 10%의 임계값으로 제한하는 것이기 때문이다. 그러나 매년 "큰" 하방 위험을 피한다고 장기적인 하방 위험이 통제되는 것은 아니다. 매년 은퇴 채권에 대비 20%씩 손해를 보는 것은 원칙적으로 가능하지만(실제로는 거의 가능성이 없다) 20년 후에는 최초 구매력의

$$0.8^{20} = 1.15\%$$

로 끝날 수 있다. 이처럼 극도로 불리한 시나리오에서, 장기 손실은 98.85%이다.

물론 20년 동안 매년 20%의 상대 손실이 발생하는 시나리오는 극한 스트레스 테스트이지만, 예시는 서로 다른 목표를 가진 전략이 서로 대체되지 않음을 보여준다. 20% 이상의 연간 상대 손실을 피한다고, 이 임계값보다 큰 20년 손실을 피하게 하는 것은 아니다. 반대로 투자자가 20% 이상의 장기 손실을 방지하고자 한다면, 불필요한 비용이 발생할 수 있는 연간 손실을 제한하지 않아도 된다. 필수 목표의 다양한 예를 검토하고 이러한 목표

를 달성하는 위험 통제 전략을 설명할 것이다.

대중 맞춤형 포트폴리오의 가치와 투자자가 보유한 자금을 명확히 구분하기 위해 은퇴 저축 펀드의 1주 가치에 대해 기호 X를 사용하고, 개인 저축의 축적된 금액을 나타내기 위해 문자 W를 사용한다. 각 시점의 저축 금액은 부록 B.2에 제시된 수학 공식에 따라 과거 기여금과 과거 펀드의 성과에 따라 달라진다.

6.5.1 필수 목표 1: 종료일의 대체소득 최소 수준 보장

가장 간단한 하한은 아마도 6.2에 소개한 것이다. 하한은 축적 시작 시점의 가능한 소득의 80% 또는 90%를 지급하는 은퇴 채권의 가격으로 정의한다. 수학적으로, 0일이 축적 첫 번째 날이고, β_t가 은퇴 시 연간 1달러를 지불하는 은퇴 채권의 t일의 가격이고, δ가 선택 비율이고, X_0이 최초 1주의 가치를 나타내며, t일의 하한은

$$F_t = \delta \times \frac{X_0}{\beta_0} \times \beta_t$$

이다. 비율 X_0/β_0은 펀드 1주로 0 시점에서 조달할 수 있는 소득을 나타낸다.

이 하한을 가지고, 0일과 축적 기간의 어떤 날짜 사이의 펀드 총 수익률은 은퇴 채권의 총 수익률의 최소 δ배이다. 따라서 0일에 투자한 저축액은 채권 대비 상대 손실 위험으로부터 보호를 받는 혜택을 본다. 즉, 이러한 저축 구매력의 δ 비율은 은퇴일까지 보존된다. 그러나 펀드가 중간일과 축적 기간의 종료일 사이에 상대 성과를 관리하지 않기 때문에 0일 이후에 이루어진 기여금은 동일한 보장을 받지 못한다. 부록 D.3은 축적 단계의 각 시점에서 보장된 소득 수준을 수식으로 도출하고 있으며, t일에서 다음과 같이 표현된다.

$$sec_t = \delta \frac{R_{X0,t}}{R_{\beta,0,t}} \frac{W_t}{\beta_t} \tag{6.3}$$

은퇴일에 갭 리스크가 없을 때 저축 구매력이 식 (6.3)에 의해 주어진 양보다 크거나 같을 확률이 100%이다. s일에 저축 금액이 보장 수준에 기여한 것은 e_s/β_s로 측정되는 이 돈의 구매력에 δ를 곱한 값에 펀드 대비 은퇴 채권의 상대 성과를 곱한 값과 같다. 결과적으로 펀드가 채권을 크게 성과 상회한 후에 돈이 들어오면 돈의 구매력 일부만 보존된다.

이 전략에서는 승수를 일정하게 하거나 6.3과 같이 밸런스 또는 타깃 데이트 펀드의 주식-채권 배분에 맞게 매년 조정할 수 있다.

6.5.2 필수 목표 2: 구매력 연간 손실 상한

두 번째 전략은 단기적인 초점을 가지고 있다. 1년 이내에 임계값을 넘는 대체소득 관점에서 저축의 구매력 감소를 방지하는 것을 목표로 하기 때문이다. 6.3에서 소개한 위험 통제 밸런스 펀드 및 타깃 데이트 펀드가 이 범주에 속한다.

현금 유입이 매년 초(예: 1월의 첫째날 또는 1월 첫째 영업일)에 발생한다고 가정한다. 그렇다면 첫 번째 기여일에서 다음 기여일로의 저축의 구매력의 변화(첫 번째 기여금은 포함하고 두 번째 기여금은 제외)는 두 날짜 사이의 은퇴 채권 대비 펀드의 상대 수익률과 같다. 따라서 달성 가능한 소득 수준에서 상한 $1 - \delta$를 넘는 손실을 방지하기 위한 필요충분조건은 1년 이내에 펀드의 상대 수익률이 채권 수익률의 적어도 δ배 이상이 되도록 보장하는 것이다. 예를 들어 20% 이상의 연간 손실을 방지하려면 펀드의 연간 총 수익률이 채권의 80% 이상이어야 하며, 최대 허용 손실을 10%로 설정하면 최소 상대 성과는 90%가 된다.

매년 δ 이상의 상대 수익률을 얻기 위해, 6.3에서와 같이 연간 하한 재설정이 가능한 위험 통제 전략을 채택할 수 있다. 매년 초에 하한이 펀드 1주의 현재 가치의 δ배로 재설정되고, 연내에 이것은 은퇴 채권의 수익률을 다음 해 연초에 일어나는 재설정까지 복제한다. 수학적 표기법으로, $n + 1$년의 t 시점 하한은 다음으로 주어진다.

$$F_t = \delta \times \frac{X_n}{\beta_n} \times \beta_t$$

여기서 관행적으로 날짜 n은 $n + 1$년도의 처음 시점을 표기하며, 날짜 0은 첫해 즉 1년도의 시작 시점을 표시한다.

승수는 밸런스 펀드 또는 타깃 데이트 펀드의 주식 채권 배분 정책에 맞추기 위해 매년 일정하거나 재설정할 수 있다. 전략은 6.3에서 분석한 위험 통제 밸런스 펀드 중 하나이거나 타깃 데이트 펀드가 된다.

저축 구매력에서 연간 변화에 초점을 맞춤으로써, 이 전략은 축적기 말기에 달성되는 대체소득 수준에 대한 하한을 즉시 계산할 수 없다. "최악의 경우" 수준을 추정하려면 축적 단계에서 매년 최대 손실이 기록되는 극단적인 상황을 고려해야 한다. 그러한 일련의 나쁜 시나리오는 자산 수익률에 대한 현실적인 파라미터 값 집합에서는 매우 가능성이 낮지만 원칙적으로 가능하며, 이 극단적인 경우를 살펴보는 것이 기대 수익률에 어떤 입장도 취하지 않고 최소 대체소득을 추정할 수 있는 유일한 방법이다. 보장 수준의 도출은 이전 전략에 비해 약간 더 기술적으로 수행되며 부록 D.3에서 수학적 증명을 기술한다. 날짜 t의 보장 수준은 다음과 같이 주어진다.

$$sec_t = \max\left[\sum_{i \le t} \delta^{T-i} \frac{e_i}{\beta_i}, \max_{i \le t}\left[\delta^{T-i} \frac{W_i}{\beta_i}\right]\right] \tag{6.4}$$

여기서 합계와 최대값은 t일에 선행하는 연도의 모든 시작 시점에서 구한다.

식 (6.4)의 오른쪽에는 δ^{T-i} 형태의 수치가 포함돼 있으며, 여기서 정수 i는 0에서 $T - 1$의 범위이다. 따라서 $T - i$의 범위는 1부터 T까지이며, 100% 미만인 계수 δ은 연도가 지날수록 급격히 감소한다. 예를 들어 δ가 80%일 때 은퇴 채권에 대해 허용되는 최대 연간 손실이 80%이고 은퇴 20년 전에 기여금이 발생한다는 의미일 때, 확실하게 보장되는 구매력의 비율은 $0.8^{20} = 1.15\%$이다. 만약 은퇴 1년 전에 기여금이 발생한다면 그 비율은

80%로 증가한다. 다시 말하면 투자자가 은퇴 시 회복할 것이 확실한 각 달러의 구매력 비율은 투자 실행 시점에 크게 의존하며, 은퇴하기 한참 전에 가져온 투자 금액은 보장 소득 수준에 매우 작게 기여한다.

6.5.3 필수 목표 3: 투자된 각 기여금의 비율 보존

세 번째 전략은 이전 전략의 한계 중 두 가지를 다루는 것을 목표로 한다. 첫째, 첫 번째 유형의 전략이 균등한 보호를 제공하지 못하는 반면, 세 번째 전략은 관계없이 모든 기여금의 구매력의 일부분을 보증한다. 대신 최초일과 기여일 사이에서 채권 대비하여 펀드의 상대 수익률에 의존하는 비율을 확보한다. 세 번째 형태의 전략은 기여금이 유입되는 시점에 관계없이 고정 비율을 확보하는 것을 목표로 한다.

둘째, 이러한 전략은 두 번째 종류의 전략보다 더 장기적인 목표를 가지고 있으며, 이는 연간 기준으로 구매력의 일부를 보호하는 것을 목표로 한다. 여기서는 새로운 달러가 펀드에 들어올 때마다 증분을 더해 대체소득을 쌓는 것이 목표다.

두 가지 요구 사항을 종합하면, 펀드는 1달러가 투자될 때마다 투자일과 축적 종료일 사이에 대체소득으로 표시한 달러의 총 구매력 변화가 적어도 임계값 δ와 같아야 한다. 그러나 이 변화는 펀드의 총 수익률을 채권의 총 수익률로 나눈 것과 같다. 따라서 축적 단계의 어느 시점과 은퇴일 사이의 펀드의 총 수익률은 채권의 수익률의 δ배 이상이어야 한다. 수학적으로, 만약 T가 은퇴일이고 t가 기여일이라면 X는 펀드 1주 가치이고, β가 은퇴 채권 가격이라면 다음과 같아야 한다.

$$\frac{X_T}{X_t} \geq \delta \frac{\beta_T}{\beta_t}$$

이 부등식은 모든 기여일 t에 유지돼야 하므로, $\mathcal{A}$가 가능한 모든 기여일의 집합이라면 다음과 동일하다.

$$X_T \geq \delta \times \beta_T \times \max_{t \in \mathcal{A}} \frac{X_t}{\beta_t} \tag{6.5}$$

어느 날짜에나 새 기여금이 들어올 수 있으며, $\mathcal{A}$는 모든 축적일의 범위이다.

식 (6.5)의 우변은 **상대 최대 하락폭 하한**relative maximum drawdown floor으로 정의하며, 이는 축적 기간 중 펀드의 상대 가치의 최대치를 포함한다. 더 일반적으로 축적 기간의 각 시점에서 하한은 다음과 같다.

$$F_t = \delta \times \beta_t \times \max_{\substack{s \in \mathcal{A} \\ s \leq t}} \frac{X_s}{\beta_s}$$

식 (6.2)에 의해 지정된 배분 규칙과 하한의 정의가 있는 경우, 펀드의 성과 추구 포트폴리오에 대한 백분율 배분은 현재 승수 m_t에 $1 - \delta$를 곱한 것과 같다. 따라서 승수가 3이고 최대 상대 손실이 20%인 경우 가능한 최대 성과 추구 포트폴리오 배분은 60%이다.

부록 D.3은 보장 수준의 계산 과정을 보여준다. 축적 기간 t일에 개인은 갭 리스크까지 은퇴 시 다음의 최소 대체소득을 기대할 수 있다.

$$sec_t = \delta \times \max \left[\sum_{\substack{s \in \mathcal{A} \\ s \leq t}} \frac{e_s}{\beta_s}, \max_{\substack{s \in \mathcal{A} \\ s \leq t}} \frac{W_s}{\beta_s} \right] \tag{6.6}$$

W_s가 s일에서 저축 금액임을 상기하라. 이 공식은 식 (6.3)과 다른데, 투자 전략이 다르기 때문에 첫 번째 유형 전략의 보장 수준을 제공한다. 따라서 상이한 위험 통제 전략은 보장 소득 수준 관점에서 개인 투자자들에게 다른 함의를 가지고 있다.

6.5.4 역사적 시나리오 시뮬레이션

그림 29는 2019년 1월 1일에 은퇴하며, 1999년부터 2018년까지 (2008년 포함) 연간 10,000달러를 저축한 개인의 축적 저축의 구매력 시뮬레이션을 보여준다. 이는 각각 10,000달러씩 총 20번의 기여에 해당된다. 또한 각 전략

에 대한 보장 수준도 표시하며, 보장 수준은 펀드가 하한을 위반하지 않는 한 현재 달성 가능한 수준 이하 또는 그에 해당한다. 각 펀드에 대해 보장 수준은 은퇴 채권 및 기여금 대비 펀드의 실현 성과에 따라 진화한다. 초기 기여금 구매력의 80%를 확보하고 후속 하한 재설정이 없는 전략을 '단순 하한 simple floor' 전략이라고 한다. 나머지 3개의 펀드는 하한 재설정의 형태와 관련이 있다.

(a) 위험 통제 밸런스 펀드와 타깃 데이트 펀드

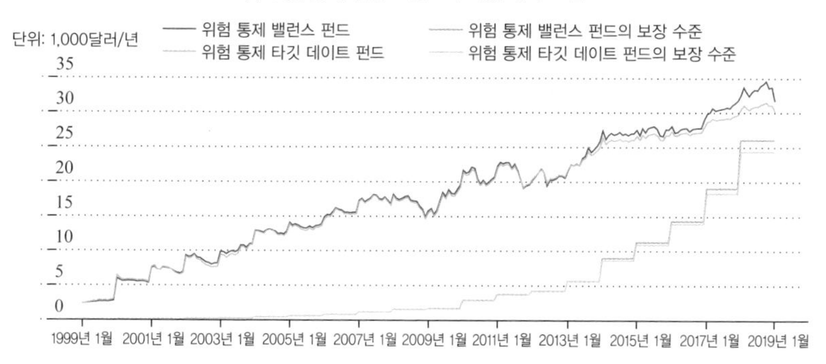

(b) 다른 위험 통제 전략

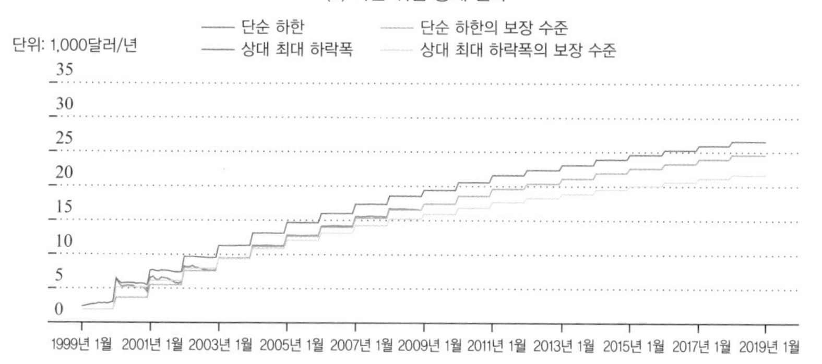

그림 29 1999년 1월부터 2019년 1월까지 매년 10,000달러 저축으로 달성한 대체소득으로 표시한 저축의 구매력

참고: 모든 펀드는 2019년 1월 1일에 은퇴하는 투자자를 위해 주식 성과 추구 포트폴리오와 은퇴 채권에 투자된다. 위험 통제 밸런스 펀드 및 타깃 데이트 펀드는 은퇴 채권에 대비 1월부터 다음해 1월까지의 손실을 최대 20%로 제한하는 것을 목표로 한다. 매년 밸런스 펀드의 승수는 주식 배분이 40%가 되는 방식으로 재설정되며 타깃 데이트 펀드의 승수는 1999년 60%에서 시작해 2019년 20%로 끝나는 표준 타깃 데이트 펀드와 일치하도록 재설정된다. '단순 하한' 전략은 1999년 1월부터 2019년 1월까지의 은퇴 채권 실적 중 최소 80% 이상을 확보하고, '상대 최대 하락폭'은 과거 일자에 걸쳐 측정한 최대 구매력의 20% 이상을 상실하지 않도록 하는 것이다. 투자자는 1999년부터 2018년까지 매년 초에 10,000달러를 저축 계좌에 추가한다. 2019년 1월 기여는 없다.

1999년 1월에 유입된 10,000달러는 2019년부터 시작해 매년 2,393달러의 자금을 조달할 수 있다. 이 샘플에서 밸런스 펀드와 타깃 데이트 펀드가 각각 연간 31,709달러와 30,162달러로 연간 24,601달러 및 26,585달러의 단순 하한 전략과 하락폭[DD] 제약을 가진 전략을 앞서기 때문에 정기 저축을 대체소득으로 가장 효율적으로 전환한 것은 패널 (a)에 표시된 두 개의 펀드이다. 기여금에 대한 "수익률"을 정의하는 것은 서로 다른 날짜에 이루어진다는 점을 고려할 때 간단하지 않지만, 할인 효과를 무시하고 투자자가 가져온 총액 20 × 10,000 = 200,000달러와 은퇴 시작 시 은퇴 채권에 저축을 투자함으로써 받을 자격이 있는 총액을 비교함으로써 대략적 계산을 할 수 있다. 축적 기간과 처분 기간은 여기서 동일하므로 이러한 비교는 연간 저축액과 연간 대체소득을 비교하는 것과 동일하다. 여기에 나와 있는 4가지 전략 각각에 대해 소득은 저축의 최소 2.46배이므로 개인은 이러한 펀드에 돈을 저축함으로써 많은 이익을 얻는다. 실무적으로는 수수료가 적용되고 대체소득이 과세되지만, 이러한 전략이 근로 연수 동안 저축한 돈을 은퇴소득으로 전환하는 효율적인 방법으로 좋은 사례가 될 수 있다.

그림 30에서 볼 수 있듯이 마지막 두 전략은 갭 리스크로 페널티를 받으며 이로 인해 2009년 1월 현재 은퇴 채권에 완전히 투자된다. 이 '현금화'는 2008년 극심한 약세 장 이후 발생했는데, 1년만에 주식에서 54.7% 손실을 보고 은퇴 채권에서 39.0%를 벌었다. 짧은 기간 내에 주식 실적이 저조해 각 전략이 하한을 위반하게 됐고, 이는 재조정 규칙에 따라 포트폴리오가 은퇴 채권에 완전히 투자하게 됨을 의미한다. 일단 주식을 배제하면, 축적된 저축의 구매력은 투자자가 가져온 새로운 자금에 의해서만 커진다. 따라서 패널 (b)에서 곡선은 계단 패턴을 보인다. 단순 하한 전략의 경우, 현금화일(즉 2009년 1월 1일) 이후 보장 수준 대비 현재 가능한 소득 수준 비율이 일정하며 다음과 같다.

$$\frac{1}{0.8} \times \frac{R_{X,\text{Jan-1999,Jan-2009}}}{R_{\beta,\text{Jan-1999,Jan-2009}}} \quad (6.7)$$

여기서 $R_{X,s,t}$와 $R_{\beta,s,t}$는 각각 s일과 t일 사이의 펀드 총 수익률과 은퇴 채권 총 수익률을 나타낸다. 2009년 1월의 갭 때문에 식 (6.7)의 수치는 1보다 작다. 해당 예제에서 0.9992이며, 따라서 갭 리스크로 인한 보장 수준 위반이 규모 측면에서 제한된다.

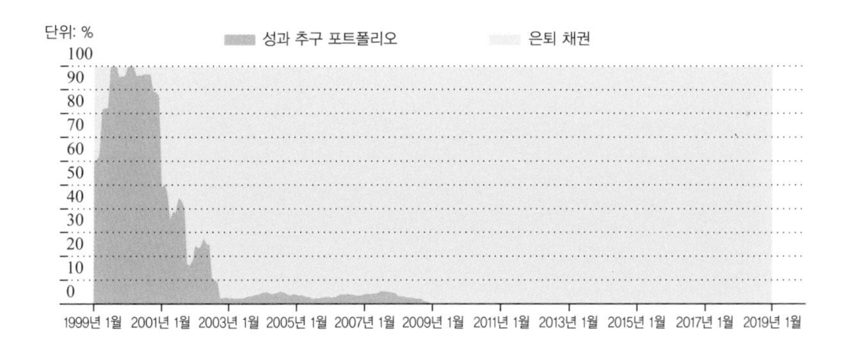

그림 30 2009년 1월의 현금화한 1999년 1월에서 2019년 1월까지의 위험 통제 펀드의 비중

위험 통제 밸런스 펀드와 타깃 데이트 펀드도 약세 시장의 영향을 받지만, 그림 26에서 볼 수 있듯이 하한의 적절한 선택 덕분에 2008년의 상대 손실을 20% 캡 아래로 유지한다. 이 결과 그림 25와 같이 현금화되지 않는다. 심각한 주식 약세장 이후 1년 이내에 현금화된다 하더라도 다음 연도에 주식 배분이 영(0)이 아닌 값으로 다시 설정되기 때문에 이러한 상황은 영구적이지 않다.

단순 하한을 가진 전략의 경우 투자자는 은퇴를 위해 떠날 때 보장 수준 이상을 얻을 수 없다. 실제로 최종 구매력이 24,601달러인 반면 보장 수준은

24,621달러이므로 다소 적게 받는다. 비록 기대 수익률에 대한 가정이 없고 신규 자금이 미래에 투자된다는 가정 없이 보장 수준이 도출된다면 전략이 하한을 위반하지 않는 만큼만 보장한다는 것을 20달러 스프레드가 설명한다. 여기서 2008년에 위반이 발생하며, 보장 수준은 축적 기간 끝에서 달성되지 않는다. 사례에서 얻는 교훈은 다음과 같다. 보장 수준을 투자자들에게 공식 보장으로 제시하면 안 되며, 면책 조항Disclaimers과 함께 제시돼야 한다.

6.5.5 확률적 시나리오의 시뮬레이션

몬테카를로 시뮬레이션 모델은 주식 수익률과 이자율에서 여러 시나리오에 걸쳐 예상되는 전략의 성과를 비교할 수 있다. 표 5에서는 각 위험 통제 전략이 갭 리스크까지 달성하도록 설계된 필수 목표에 도달하는지 확인한다. 다음의 세 가지 필수 목표를 고려한다. 줄여서 EG1, EG2, EG3로 지칭한다.

1. 첫 번째 목표는 저축을 투자한 펀드의 수익률로 계산되는 방정식 (6.3)에서 정의한 수치 이상으로 최종 대체소득을 유지하는 것이다. 만약 자금이 단 한 번 유입된다면, 축적기가 시작될 때 이 목표는 단순히 달러 구매력의 80%를 축적기가 끝날 때 보존하는 것이다. 목표에 관한 정의를 확장해 최초 날짜 이후 기여금의 존재를 고려한다. 목표 달성이 축적 기간의 마지막에서 확인되기 때문에 이 목표를 '장기long-term'라고 한다. 다음 두 가지 목표는 본질적으로 단기적이다.
2. 두 번째 목표는 20% 이상의 대체소득 측면에서 연간 구매력 손실을 방지하는 것이다. 특정 연도의 손실은 이 날짜에 들어온 자금을 제외하고 연초의 소득 수준을 다음 연도 초의 소득 수준에서 1을 뺀 값을 나누어서 계산한다. 이는 은퇴 채권에 대한 펀드의 상대 수익률과 같다.

3. 세 번째 목표는 과거 모든 기간에 걸쳐 최대 대체소득의 20% 이상을 잃는 것을 방지한다.

갭 리스크까지 EG1은 단순 하한으로 100% 달성되며, EG2는 위험 통제 밸런스 펀드 및 타깃 데이트 펀드로 100% 달성되며, EG3는 상대 수익률 관점에서 최대 하락폭maximum drawdown 하한 전략에 의해 100% 확률로 달성된다. 표 5는 목표를 놓칠 확률을 부족Shortfall 확률로 정의한다. 또한 갭 리스크로 인한 실패의 크기를 계량화하기 위한 부족 지표Shortfall Indicator를 보고한다. EG1의 경우, 이 지표는 은퇴일에 달성한 대체소득 수준을 퇴직일에 평가한 등식 (6.3)의 수량으로 나누고, 100%에서 모든 시나리오에 걸친 최소액을 차감함으로써 계산된다. 만약 전략이 모든 상태에서 식 (6.3)에 의해 주어진 소득 수준을 제공하면 부족 지표는 0%이다. EG2의 경우, 부족 지표는 80%에서 전년 연초의 수준 대비 올 연초 대체소득 수준의 최악의 비율을 뺀 것이다. 연간 손실이 20%를 초과하지 않는 경우 이 비율은 양이 아니며, 모든 시나리오와 모든 연도에서 손실이 20% 미만이면 음이 될 수도 있다. EG3의 경우, 부족 지표는 비슷한 정의를 가지고 있으며, 80%에서 과거 기간에 측정된 최고 소득 수준 대비 소득 수준의 최악의 비율을 뺀 값이다. 전략이 최대 소득 수준의 80%를 효과적으로 보장한다면 이 비율은 0이거나 음이다.

표 5 2019년 파라미터를 사용한 필수 목표의 성공 지표

	부족 확률(%)	최악의 부족 지표(%)
	필수 목표 1: 장기	
단순 하한	0.02	0.11
위험 통제 밸런스 펀드	2.54	44.37
위험 통제 타깃 데이트 펀드	3.49	50.87
상대 최대 하락폭(MDD)	0.00	0.00
	필수 목표 2: 연간 손실	
단순 하한	44.34	29.40
위험 통제 밸런스 펀드	0.00	−3.45
위험 통제 타깃 데이트 펀드	0.00	−0.93
상대 최대 하락폭(MDD)	0.00	−0.18
	필수 목표 3: 상대 하락폭	
단순 하한	61.88	49.02
위험 통제 밸런스 펀드	1.52	8.11
위험 통제 타깃 데이트 펀드	4.59	11.36
상대 최대 하락폭(MDD)	0.00	−0.18

참고: EG1의 경우, 부족 확률은 최종 소득 수준이 식(6.3)에서 계산한 수준보다 작을 확률이며, 파라미터 δ는 80%이다. 최악의 부족 지표는 100%에서 식(6.3)에 의해 주어진 하한에 대한 최종 소득 수준의 비율 중 최소 비율을 뺀 값이다. EG2의 경우, 부족 확률은 은퇴 채권에 대해 20% 이상의 연간 손실이 발생할 확률이며, 부족 지표는 80%에서 모든 연도 및 시나리오에서 가장 작은 연간 수익률을 뺀 값이다. 연간 손실 계산에서 연초에 발생한 기여금을 고려하지만, 다음 연도에 발생한 기여금은 고려하지 않는다. EG3의 경우, 부족 확률은 이전 날짜에 달성된 최대 구매력의 20% 이상을 상실할 확률이다. 부족 지표는 80%에서 과거 최대치에 대한 달성 가능한 소득 수준의 최소비율을 뺀 값이다. 부족 지표에서 양의 값은 필수 목표가 적어도 시나리오 하나에서 달성되지 않았음을 의미하며, 따라서 이는 양의 부족 확률과 관련이 있다. 0 또는 음수 값은 모든 시나리오에서 필수 목표를 달성함을 의미한다.

단순 하한을 사용한 전략은 0.02%의 부족 확률을 가지며, 분기별 재조정 빈도로 인해 확률이 0%이 아니다. 갭 리스크는 확률적으로 작을 뿐만 아니라 크기도 작다. 99.89%로 100%에 매우 가까운 부족 지표를 통해 알 수 있다. 위험 통제 밸런스 펀드와 타깃 데이트 펀드는 작지만 큰 장기 목표를 놓칠 확률이 있으며 부족 지표는 훨씬 더 심각해 약 50%에 이른다. 이 결과는 전략이 단순 하한을 가지고 있는 전략의 신뢰할 대용치로 사용할 수 없음을 의미한다. 마지막으로 모든 시나리오에서 상대 최대 하락폭 펀드가 EG1을 달성하는 것으로 밝혀졌다. 이 전략은 다른 필수 목표를 염두에 두고 설계됐기 때문에 이 사실이 놀라워 보일 수 있지만, 두 투자 정책의 보

장 수준을 제공하는 식 (6.3)과 (6.6)을 보면 설명 가능하다. 실제로 식 (6.6)에 의해 주어진 상대 하락폭 펀드의 보장 소득 수준은 이 펀드로 평가된 식 (6.3)의 결과보다 크다.[10] 이 펀드가 식 (6.6)에 명시된 최소 수준 이상으로 소득 수준을 효과적으로 유지하는 한 EG1에 도달한다.

다음 두 가지 목표는 연간 기준(EG2) 또는 과거일에 걸쳐 달성한 최대 소득 수준 기준(EG3)으로 과거 소득 수준에 대한 손실에 초점을 맞춘다. 상대 최대 하락폭 펀드는 두 목표를 모두 보장해야 하며, 시뮬레이션 시나리오에서는 실제로 그러하다. 연간 기준으로 20%보다 큰 손실을 피하기 위해 설계됐을 뿐이지만, 위험 통제 밸런스 펀드와 타깃 데이트 펀드가 EG3 놓칠 확률(5% 미만)이 다소 낮다는 것은 놀라운 일이다.

반면 단순 하한 전략은 EG2와 EG3에 도달하지 못할 확률이 각각 44.34%와 61.88%로 높다. 이 펀드로 투자자는 1년 이내에 80 − 29.40 = 50.60%의 구매력과 80 − 49.02 = 30.98%의 최대 소득 수준을 잃을 수 있다.

표 5에서 보면 상대 최대 하락폭 펀드가 장기 목표와 단기 목표를 보장하는 모든 박스에 체크되는 것으로 보인다. 그러나 성과 추구 포트폴리오 배분은 구축상 60%로 제한되는 반면 다른 펀드는 자산의 최대 100%를 여기에 배분할 수 있기 때문에 원칙적으로 다른 펀드보다 상승 잠재력이 작다(60%는 승수 3을 최대 상대 하락폭DD 20%에 곱한 결과다). 이러한 효과가 시뮬레이션에 존재하는지를 확인하기 위해 그림 31은 축적 기간의 처음 1, 2, ..., 20년 이내에 달성된 최대 대체소득의 분위수를 표시한다. 75% 확률로 달성한 단순 하한 펀드와 비슷한 상승 잠재력을 상대 최대 하락폭 펀드가 가지고 있다. 즉, 20년의 축적 기간 동안 투자자는 두 펀드로 연간 17,452달러와 17,487달러를 각각 받는다.

10 이를 보기 위해 상대 최대 하락폭 펀드가 $R_{X,0,s} \geq \delta R_{\beta,0,s}$를 만족함을 주목하라. 따라서 식 (6.3)에 정의된 수치가 $\sum_{s \leq t} e_s/\beta_s$보다 작거나 같으며, 결과적으로 식 (6.6)의 수치보다 작다.

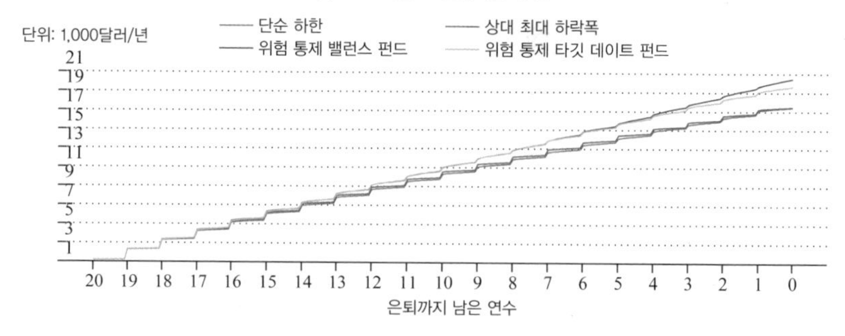

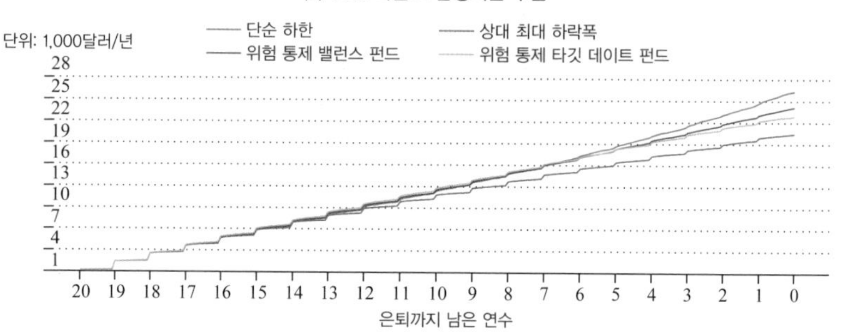

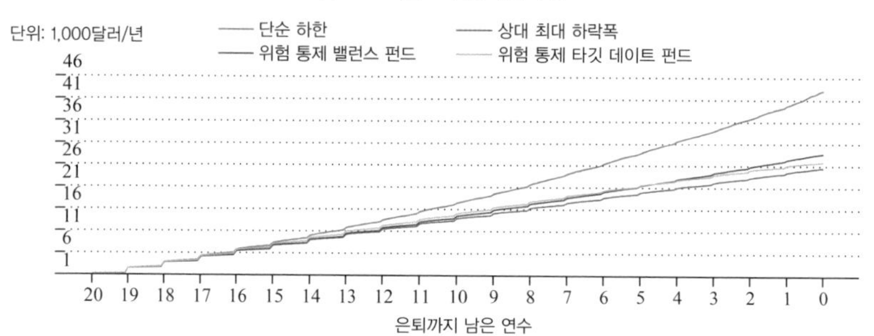

그림 31 20년 동안 매년 10,000달러 저축을 투자함으로 얻는 대체소득 수준 예측

참고: 모든 펀드는 처분기 말에 은퇴하는 투자자를 위해 주식 성과 추구 포트폴리오와 은퇴 채권에 투자한다. 전략 및 투자자의 기여 일정에 대한 설명은 그림 29를 참조하라. *t*일에서 확률 *x*로 얻은 대체소득 수준은 축적기 시작과 날짜 *t* 사이의 최대 대체소득 수준이 확률 *x*로 도달하는 값이다. 즉, 축적기 시작일과 *t*일 사이의 최대 대체소득 분포의 1 − *x* 백분위수이다.

하한을 낮추는 장점은 높은 목표 소득 수준(즉, 50% 또는 25% 확률로 달성되는 소득 수준)을 고려할 때 나타난다. 상대 최대 하락폭 펀드를 통해 투자가는 연간 20,429달러의 소득을 조달할 수 있는 50%의 기회를 갖는다. 하지만 단순 하한을 사용하는 경우도 연간 26,334달러의 소득을 올릴 수 있는 확률이 동일하다. 일반적으로 "높은" 예상 소득 수준에 관한 전략의 순위는 성과 추구 포트폴리오의 배분에 설정된 제약 강도를 반영한다. 상대 최대 하락폭 펀드는 배분이 60%로 제한되기 때문에 가장 엄격한 제약을 받는다. 위험 통제 밸런스 펀드와 타깃 데이트 펀드는 표준 밸런스 펀드 또는 타깃 데이트 펀드의 배분과 일치하도록 1년에 한 번 재설정되기 때문에 1년을 초과하는 기간 동안 대규모 성과 추구 포트폴리오에 배분하는 가능성을 제거한다. 펀드가 은퇴 채권을 능가하는 시나리오에서 성과 추구 포트폴리오 배분이 최대 100%까지 자유롭게 달라질 수 있는 것은 단순 하한 전략이며, 최고 소득 수준에 도달하는 것도 바로 이 전략이다. 단순 하한 전략은 25% 확률로 연간 43,098달러에 도달할 가능성을 제공하지만, 이 신뢰 수준에서 나머지 3가지 전략은 연간 29,000달러 미만이다.

결론적으로 이러한 결과는 안전성과 상승 잠재력 사이의 트레이드 오프의 예시다. 즉 단순 하한 전략은 야심찬 희망 목표에 도달할 가능성이 있지만 상당한 단기 손실의 가능성을 남겨두고 있다. 특정 상한을 초과하는 손실을 회피하는 전략은 매우 높은 소득 수준을 만들 기회가 더 적다. 다양한 위험 통제 형태 간의 비교가 위험 예산 방법의 유연성을 강조하는데, 하한을 적절히 정의해 서로 다른 필수 목표를 수용할 수 있다.

07
결론: 은퇴 투자의 미래

7.1 투자 상품 대 투자 솔루션

투자 상품의 진화는 오랫동안 자산 운용 산업의 주요 목표였다. 주식형 펀드에서는 초과 수익을 찾고 채권형 펀드에서는 상대 가치 분석rich-cheap analysis을 하는 등 수십 년 동안 액티브 운용active management이 지배적인 패러다임이었다. 이 패러다임하에서, 펀드를 선택하는 것은 과거 실적이 앞으로도 지속되고 그 결과로 생기는 성과가 수수료에 의해 잠식되지 않기를 바라면서 최고의 매니저를 찾는 것이다. 2010년대 초부터 상황이 변화하고 있으며, 특히 주식에서는 스마트 베타smart beta라고 널리 언급되는 많은 새로운 형태의 패시브passive 상품이 등장하고 있다. 패시브 투자는 이전에도 존재했고, 기본적으로 시가총액 비중 지수를 추종하는 것을 기반으로 했다. 1952년 해리 마코위츠Harry Markowitz의 작업 이후 수행된 포트폴리오 구축 및 자산 가격 결정에 관한 연구를 바탕으로 스마트 베타는 효율적으로 개별 위험을 다양화하고 보상되는 위험 요인에 높은 노출을 추구함으로써 시가총액 비중 지수보다 더 나은 위험 수익률 프로파일을 제공하는 것을 목표로 한다. 중요한 것은 이러한 포트폴리오 구축 방법은 체계적인 종목 선정과 비중 부여 규칙에 의존하기 때문에 기존의 액티브active 상품보다 훨씬 낮은 수수료를 부과한다. 간단히 말해 액티브 펀드의 단점(즉 성과 지속성에 대한 의심과 높은 수수료) 없이 액티브 펀드의 이점(시장 대비 초과성과)만을 제공한다.

상장 지수 펀드ETF, Exchange-Traded Funds는 개인을 포함한 투자자들에게 패시브 전략에 쉽고 저렴하게 접근할 수 있도록 하지만 모든 문제를 해결하지는 않는다. 결국 좋은 기대수익률이나 샤프 비율, 낮은 변동성 또는 보상 요인에 대한 높은 노출로 투자자가 부나 소비 목표에 충분한 돈을 갖게 된다는 보장은 아니다. 더욱이 공짜로 오는 것은 없으며, 모든 좋은 것들은 다양한 종류의 위험(단기 변동이나 손실 위험 또는 수년 간 투자한 후의 결과에 대한 불확실성)을 동반한다. 이러한 모든 위험은 최소한의 부 또는 소비 수준으로 요약된 필수 목표 달성을 손상시킬 수 있으므로 심각하게 고려해야 한다. 투자자들에게 궁극적으로 필요한 것은 **솔루션**이다. 솔루션은 가능한 한 필수 목표를 안정적으로 보장하고, 더 야심찬 목표인 희망 목표를 달성할 확률을 높게 한다.

진정한 투자 솔루션의 설계는 적절한 **빌딩 블록**을 식별하고 이러한 블록에 대한 배분 전략으로 구성된다. 현대 포트폴리오 이론의 펀드 분리 이론은 적어도 두 종류의 블록이 존재한다고 제안한다. **목표 헤징 포트폴리오**GHP는 이자율 변동으로 인해 매일 달라지는 필수 목표에 필요한 최소 자산 수준을 추적한다. 두 번째 구성 요소는 **성과 추구 포트폴리오**PSP로, 장기적으로는 목표 헤징 포트폴리오를 능가하며 기대 초과 성과가 실현되는 시나리오에서 투자자가 희망하는 목표를 달성할 수 있도록 한다. 마지막으로 이러한 블록에 잘 설계된 배분을 통해 성과 향상을 위한 여지를 유지하면서 필수 목표를 보장한다. 이 책의 마지막 장은 위험 통제 전략에서 하한의 정의를 변경함으로써 어떻게 상이한 필수 목표가 달성되는지 개념의 유연성을 설명했다.

이러한 지침은 투자 솔루션이 목표의 본질에 따라 달라지는 것이다. 은퇴를 위한 저축을 진행 중인 개인은 자녀들이 대학에 입학할 때 등록금을 내거나, 어떤 기간에 부동산을 매입하고자 하는 개인과 동일한 목표를 가지지 않는다. 부동산 가격이나 대학 등록금과는 다르게 은퇴 기간에 대체소득을 창출하는 것이 고민이다. 또한 은퇴 예정일로부터 시작하는 특정 기간의 소득을 목표로 하고 있어 은퇴까지 10년 또는 20년이 남은 투자자의 요구와 동일하지 않다.

상품이 어느 정도 투자자의 프로파일과 목표에 맞춰야 한다는 개념은 새로운 것이 아니다. 밸런스 펀드는 다양한 수준의 위험 회피를 수용하기 위해 이미 상이한 주식과 채권 혼합을 제공하고 있으며, 은퇴 시점에 가까운 타깃 데이트 펀드는 목표일까지 시간에 따라 주식과 채권이 배분된다. 개별화된 특성을 고려함으로써 이 상품들은 투자자 중심 솔루션 설계를 향한 첫 번째 단계를 나타내지만, “안전” 빌딩 블록이 처분 단계에 고정 소득을 보장하지 않기 때문에 하나가 모두에 잘 적용되는 채권-현금 포트폴리오로 이들은 여전히 불완전하다. 이 책의 주요 제안은 은퇴일로부터 시작되는 개인의 기대 수명에 대해 고정 수익을 지급하는 유가증권으로 정의되는 은퇴 채권을 도입하고, 뮤추얼 펀드의 표준 채권 포트폴리오를 대신하여 저축으로 조달하는 대체소득 수준의 장단기 불확실성을 줄이는 것이다.

물론 완전 맞춤형은 소매 고객들에게는 불가능하다. 따라서 은퇴 채권은 가능한 모든 은퇴일에 제공할 수 없으며, 성과 추구 포트폴리오는 어떤 기초 투자 유니버스와 분산 방법으로 개별 구축될 수 없다. 결국 빌딩 블록은 “대중 맞춤형”이다. 성과 포트폴리오는 뮤추얼 펀드로 수수료가 낮은 것이 이상적이며, 은퇴 채권은 선택된 은퇴일에 가능하다. 개인은 현재 타깃 데이트 펀드를 선택할 때와 같이 예상 은퇴 날짜에 가장 가까운 날짜를 가진 은퇴 채권을 선택한다. 빌딩 블록에 규칙 기반 배분 정책을 구현하는 뮤추얼 펀드도 반드시 대중 맞춤형이므로 광범위한 개인에게 타당한 전략을 추종할 것이다. 결국 자산 운용 회사의 과제는 충분히 낮은 수수료로 대중 맞춤형 은퇴 저축 솔루션을 제공해 많은 개인들에게 투자금을 모으고 큰 운용 규모로 운용해 금액당 적은 수수료로 받는 것이다.

7.2 "목표 기반 보고서"와 고객과 더 나은 커뮤니케이션 필요

향상된 상품 채택을 촉진하기 위해 펀드 세일즈 담당자와 금융 자문가의 제3자는 고객 중심 접근법을 채택해야 하는데, 과거 수익률을 근거로 상품을 세일즈하는 방식을 지양해야 한다. 일반적인 면책 조항처럼 과거 성과는 미래에 대한 신뢰할 수 있는 예측변수가 아니며, 어떤 경우에도 과거 성과는 고객에게 목표와 얼마나 차이가 있는지 여부를 알려주지 않으며, 마찬가지로 예상 성과도 고객에게 도달할 가능성을 알려주지 않는다. 목표 기반 관점에서 1, 3년 또는 5년의 기간에 걸친 과거 성과를 보여주는 것은 명백히 불충분하다. 비록 기본 고객 보고가 변동성 및 고점 대비 하락폭 같은 위험 지표를 사용해도 마찬가지다. 그렇다고 정기 보고서와 온라인 대시보드에서 이 숫자를 삭제해야 하는 것은 아니다. 이들은 목표와 관련해 고객이 어디에 위치하고 있는지 정보와 함께 제공돼야 한다.

저축 가치 옆에 표시할 첫 번째 간단한 지표는 고객의 예상 은퇴일로부터 시작하는 대체소득 금액이다. 이를 통해 개인은 주어진 목표 소득 관점에서 현재 상황을 평가할 수 있다. 소득 기준 저축 구매력은 은퇴일로부터 시작해 매년 1달러를 지급하는 은퇴 채권 가격에 대한 저축의 비율로, 은퇴 시 기대 수명에 해당하는 기간에 대해서 얻어진다. 따라서 은퇴 채권 가격은 재화나 용역의 가격이 아니라 대체소득의 가격에 초점을 맞춘 소비자 물가 지수와 유사한 가격 지수로 생각할 수 있다. 따라서 개인이 쉽게 자신의 저축 가치를 소득 수준으로 환산하고 더 큰 저축이 필요한지 여부를 결정할 수 있도록 공개적이고 널리 공개돼야 한다.

저축 구매력은 지금까지 달성된 목표가 무엇인지 알려주지만, 남은 축적 기간 내에 주어진 목표를 달성하기 위해 저축 계정에 성과와 노력이 얼마나 필요한지는 알려주지 않는다. "목표에서 얼마나 떨어져 있는가?"라는 고객의 질문에 대한 답변이고, 다음 질문은 "어떻게 거기에 도달할 수 있는

가?"이다. 목표 기반 보고서는 저축의 미래 수익률, 미래 이자율 및 미래 정기 저축 금액에 대한 가정이라는 조건하에서 목표 달성 확률을 표시할 수 있다. 가능한 한 높은 수익률을 원하는 식으로 잘 지정된 목표가 없는 경우, 대안적 접근법은 이 책에서 채택된 접근법으로 75%의 확률이나 다른 신뢰 수준으로 도달할 수 있는 소득 수준을 계산하는 것이다.

특히 미래 저축 노력의 증가 또는 감소의 파라미터와 다양한 투자 채택의 파라미터를 포함한 효과를 개인이 시뮬레이션할 수 있도록 함으로써 이 단계에서 디지털 인터페이스가 매우 유용하다. 주어진 목표에 도달할 확률에 대한 정보는 하방 위험 지표와 함께 사용한다. 개인은 주식 투자와 같이 성공 확률이 높은 전략이 나쁜 시나리오에서 매우 낮은 대체소득 수준을 초래할 수 있다는 사실을 인식할 수 있다. 일반적으로 보고서는 비전문 투자자가 이해할 수 있을 정도로 간결하면서도 부정적인 면을 숨기지 않고 결과의 분배에 대한 포괄적인 개요를 제공해야 한다. 이러한 정보는 은퇴 준비의 다양한 측면에 개인이 제대로 된 결정을 내리는 데 매우 중요하다.

다음 단계는 투자 및 저축 조언을 제공해 여러 투자 옵션에 고객을 안내하고, 고객이 최적의 조합을 선택하는 것보다 더 겸손하고 현실적인 목표인 저축 금액과 투자 전략을 잘 조합할 수 있도록 돕는 것이다. 예를 들어 전략을 수정하거나, 일정한 신뢰 수준(예: 75%)으로 목표에 도달할 수 있는 정기 기여금을 계산하거나, 전략에 대한 최적화를 하고 확정 기여를 도출하거나, 또는 두 가지 모두에 대한 동시 최적화를 통해 목표를 달성할 수 있다. 이 책에서 교육적 목적으로 기술된 이론적 확률 극대화 전략은 실무에서 실현 가능하지 않으므로, 제한된 종류의 전략 내에서 찾아야 한다. 또한 기여금의 최적화는 개인의 저축 능력을 존중한다는 제약하에 이뤄져야 한다.

로보어드바이저 개발은 대화형 대시보드, 디지털 자산 배분 도구 및 자동화된 조언을 제공해 개별 고객과 함께 생산적인 대화를 촉진할 수 있는 기회다. 이러한 플랫폼은 예상 은퇴 나이, 현재 소득 및 나이를 포함한 고객에 대한 정보를 수집하고 맞춤형 리포팅 및 조언을 제공한다. 사실 소매 고객에게는 펀드의 완전한 맞춤형이 불가능하지만, 디지털 시대에는 알고리즘과 서버가 갖춰지면 조그마한 비용으로 보고가 가능하기 때문에 고객의 프로파일을 기반으로 한 맞춤형이 바람직하고 실현 가능하다.

7.3 교육 관련 도전 과제

지속적인 인구 통계학적 불균형으로 인해 많은 개인들이 자발적 저축으로 보충해야 하는 불충분한 대체소득 위험에 직면하고 있다. 자산 운용 업계가 은퇴 저축 상품을 개선하고 제3자가 상품 중심에서 고객 중심 접근 방식으로 전환하는 것은 도전 과제이지만, 문제 해결책의 일부는 개인 자신들에 있다. 결국 언제 저축을 시작할 것인지, 어디에 투자할 것인지, 얼마나 저축을 할 것인지 그리고 저축을 어떻게 할 것인지 결정하는 것은 그들의 책임이다.

경제 이론은 후생을 극대화하는 의사 결정을 어떻게 할지에 관해 많은 처방을 내린다. 그러나 현실 세계에서 효용 극대화를 위해 행동하는 사람은 거의 없다. 그리고 다기간 투자와 소비 계획 문제를 해결하는 것은 경제학자들에게도 어려운 과제로 남아 있다. 과학적인 지침이 없는 상황에서 비전문 투자자들은 많은 리스크에 노출된다. 첫째, 현재의 소비를 선호해 은퇴 저축 결정을 지연하고 저축을 너무 적게 하는 위험이다. 투자 과정에서 공통적인 함정에는 기본 투자 옵션의 맹목적인 사용, 경험적 규칙 또는 종종 듣는 주먹구구식 규칙의 사용, 감정적으로 내린 성급한 결정 및 이와 반대되는 태도, 즉 환경 변화 후 반응 부재 등이 포함된다. 행동 금융 연구는 이러한 행동의 많은 사례를 제공한다. 투자자들은 401(k) 제도에서 타깃데이트 펀드와 같은 솔루션이 제공될 때 디폴트 옵션을 고수하는 경향이 있으며, 복수의 옵션에 직면할 경우 제한된 수의 펀드에 균등하게 부를 나누거나, 반올림된 수치(예: 50% 또는 25%)로 배분하는 등 경험적 다각화 전략을 따르는 경향이 있다.[1] "4% 지출 규칙"이 여전히 인기 있는 지침이지만, 비록 축적기 종료 전에 돈이 부족하지 않고 효율적으로 자본을 지출할 수 있는 방법으로서 엄격한 정당성을 갖고 있지 않다. 행동 재무학은 제한된 정보 처리 능력, 군집 현상 및 미루기 성향, 외삽 및 자신감과 같은 행동(일부는 전문 투자자에게도 영향을 미침)을 설명하는 데 큰 도움이 된다.

금융 교육의 목표는 모든 사람에게 예상되는 효용 극대화 문제를 수학적으로 해결하는 방법을 가르치는 것이 아니라 개인 선택의 의미를 이해할 수 있는 도구를 갖추는 것이다. 첫째, 사람들은 충분한 양과 충분한 기간 동안 기여의 중요성을 인식해야 하며, 그래야만 이자의 복리 효과를 최대한 활용할 수 있다. 둘째, 어떤 금융자산이 특정 목적에 다른 금융자산보다 더 적합하다는 것을 이해하려면 금융자산의 특성에 대한 최소한의 지식을 보유해야 한다. 주식은 역사적으로 채권보다 더 높은 장기 수익률을 보여왔지만, 하방 위험이 크다. 채권은 채무불이행이 없는 경우 최소한 고정 소득을 제공하지만 소득이 필요할 때 반드시 제공하지는 않는다. 이색적인 자산 클래스를 고려할 때는 잠재적으로 높은 수수료와 수익률과 위험에 대한 뒤늦은 인식 부족에 특별한 주의를 요한다. 포트폴리오 전략의 한계, 특히 대체소득을 제공할 수 있는 능력에 대한 한계도 염두에 두는 것이 중요하다. 이와 관련해 시겔과 게일Siegel and Gale의 2012년 설문 조사에서 나타난 바와 같이 타깃 데이트 펀드가 제대로 이해되지 않는 경우가 많다. 응답자의 30%는 소득이 보장될 것으로 믿는다고 대답한 반면, 나머지 35%는 확신하지 못하고 있으며, 나머지 35%는 실제로 보장하지 못한다고 정확하게 답하고 있다.[2]

1 은퇴 저축 플랜의 참여자들이 전형적으로 사용하는 나이브한 분산 정책에 대한 리뷰는 베나르치와 탈러(Benartzi and Thaler, 2007)를 참조하라.

2 "타깃 데이트 은퇴 펀드(TDF) 이해와 소통의 투자자 테스트(Investor Testing of Target Date Retirement Fund Comprehension and Communications)"라는 제목의 설문 조사 결과는 www.sec.gov/comments/s7-12-10/s71210-58.pdf에서 찾을 수 있다.

이러한 이슈에 관해 인지도를 높이고, 은퇴 결과에 대한 행동 편향의 바람직하지 않은 영향을 감소시키기 위한 여러 가지 이니셔티브가 등장했다. 탈러와 베나르치(2004)는 실제 회사에서 확정 기여 연금제도만 제공하는 회사의 직원을 대상으로 은퇴 저축률을 높이기 위한 "내일 더 많이 저축하자Save More Tomorrow TM" 프로그램을 설계하고 테스트했다. 2018년 프랑스 연구 기관 EDHEC-Risk Institute와 미국 프린스턴대학교가 은퇴 채권 가격을 포함한 '목표 기반 투자 지수'를 연이어 발표해 대체소득 측면에서 저축의 구매력을 계산할 수 있는 방법을 제공했다. 로보어드바이저도 금융 정보에 대한 접근을 쉽고 넓히는 역할을 수행하고 있다. 그러나 건강을 유지하는 조건에 관한 추천과 같이 좋은 투자를 위한 기본 원칙이 가장 광범위한 대상자에게 도달하도록 더 많은 이니셔티브를 취해야 한다. 많은 메시지들이 규칙적인 신체 운동을 하는 것과 담배와 설탕, 지방, 염분이 매우 많이 함유된 음식을 피하는 것이 좋은 신체 상태를 유지하는 데 핵심이라는 개념의 대중화에 기여했다. 건강한 상태에 있는 것은 행복한 노후를 위한 자산이지만, 적절한 생활 습관을 유지할 수 있는 충분한 자원을 보유하는 것도 의심할 여지없이 필수적이다. 따라서 "규칙적으로 저축하고 건강하게 투자"하는 것은 여전히 따라야 할 유익한 격언이 될 수 있다.

A
3장에 관한 부록

A.1 자본 소득과 이득에 대한 세금 이연의 장점

부록에서는 일시불로 저축이 인출될 때까지 자본으로부터의 소득과 이자에 대한 세금을 이연하면 세금을 정기적으로 납부하는 경우보다 세금 차감 후 부가 더 증가함을 보인다.

$T+1$ 날짜 0, 1, 2, ..., T로 정의된 T 기간을 고려해보자. 여기서 금융 포트폴리오의 수익률은 r_1, r_2, ..., r_T이다. 이들 수익률은 모든 배당과 이자를 포함하며 포트폴리오에 재투자되는 총 수익률이다. 이들은 양일 수도 음일 수도 있으나, 모두 $r_t > -1$을 만족한다. T일에서 축적된 저축의 가치를 다음 두 상황에서 비교하고자 한다.

- 세금 이연 없는 상황: 수익률은 매 기간에 세율 ρ를 부과한다. 여기서 ρ은 양이며 엄격히 1 미만이다.
- 세금 이연 있는 상황: 수익률은 세금이 세율 ρ로 부과되는 T일까지 부과되지 않는다.

양의 수익률만 과세된다고 가정한다. 음의 수익률은 세금을 발생시키지 않는다. W_0을 0일의 저축 가치로 설정하자.

양의 수익률과 음의 수익률을 구분해 세금 이연 없는 저축의 최종 가치는 다음과 같다.

$$A = W_0 \left[\prod_{r_t>0} [1 + r_t[1 - \rho]] \right] \times \prod_{r_t<0} [1 + r_t]$$

$\prod_{rt>0}(\prod_{rt<0})$은 양(음)의 수익률을 가진 모든 기간에 대한 곱의 약식 표기이다. 여기서 관행으로 곱이 없는 경우는 1로 처리한다.

전체 기간에 걸친 누적 세전 수익률이 양인 경우, 세금 이연 저축의 세후 가치는

$$B = W_0[1 - \rho] \prod [1 + r_t] + \rho W_0 \tag{A.1}$$

이며 만약 축적 수익률이 음인 경우, 세후 가치는

$$B = W_0 \prod [1 + r_t]$$

이 된다. 물론 ρ이 영이거나 단일 기간이면 B와 A는 같다.

누적 수익률이 음인 경우, 다음을 얻는다.

$$\begin{aligned} B = W_0 \prod_{r_t>0} [1 + r_t] \times \prod_{r_t<0} [1 + r_t] \geq W_0 \prod_{r_t>0} [1 + r_t[1 - \rho]] \times \prod_{r_t<0} [1 + r_t] \\ = A \end{aligned}$$

이제 양의 누적 수익률을 고려해보자. B가 (A.1)에서 주어지고 적어도 한 번의 양의 수익률 r_t가 있는 경우를 고려해보자. (0,1) 범위 x에 대해서 다음 함수를 정의하자.

$$f(x) = \prod_{r_t>0} [1 + r_t x] \times \prod_{r_t<0} [1 + r_t]$$

f의 미분은 다음과 같다.

$$f(x) = \prod_{r_t<0}[1 + r_t] \times \sum_{r_t>0} r_t \prod_{\substack{r_s>0 \\ s\neq t}}[1 + r_s x]$$

이는 x의 증가함수이다. 따라서 f는 볼록convex이므로 다음을 얻는다.

$$f(\rho \times 0 + [1 - \rho] \times 1) \geq \rho \times f(0) + [1 - \rho] \times f(1)$$

$f(0)$와 $f(1)$ 정의를 대입하면 다음을 얻는다.

$$\rho \prod_{r_t<0}[1 + r_t] + [1 - \rho] \prod [1 + r_t] \geq \left[\prod_{r_t>0} [1 + r_t[1 - \rho]] \right] \times \prod_{r_t<0}[1 + r_t]$$

좌변이 A/W_0이다. 우변은 B/W_0보다 작거나 같다. 이유는 다음이 성립하기 때문이다.

$$\rho \geq \rho \prod_{r_t<0}[1 + r_t]$$

이에 따라 다음이 얻어진다.

$$\frac{B}{W_0} \geq \frac{A}{W_0}$$

따라서 모든 경우에 B는 A와 크거나 같다.

A.2 지출 규칙

축적기 시작 시점의 가치가 W_0인 포트폴리오로부터 τ년 동안 매년 인출할 수 있는 최대 금액을 도출한다. c는 연간 소비이고, W_t는 $t = 1, \ldots, \tau$에 대해 t년말 소비 전 저축의 가치이다.

A.2.1 고정 수익률

우선 저축의 연간 수익률이 상수 r인 경우를 고려하자. 예산 제약은 다음과 같다.

$$W_{t+1} = [W_t - c][1 + r]$$

이로부터 다음이 성립한다.

$$\frac{W_{t+1}}{[1+r]^{t+1}} - \frac{W_t}{[1+r]^t} = -\frac{c}{[1+r]^t}$$

$r > 0$에 대해 다음을 얻는다.

$$\frac{W_t}{[1+r]^t} = W_0 - c\frac{1-[1+r]^{-t}}{1-[1+r]^{-1}} \qquad (A.2)$$

최대 연간 인출액은 $W_\tau = 0$에서 얻어지면, 다음이 주어진다.

$$c = W_0\frac{1-[1+r]^{-1}}{1-[1+r]^{-\tau}}$$

r이 0으로 축소되면 분자는 r과 같고 분모는 r_t와 같으므로, c는 W_0/τ로 수렴한다. 이는 비소비 자본이 이자를 내지 않을 때 연간 최대 인출액이다.

A.2.2 일반적 경우

이제 저축의 비소비 부분을 연도 t의 총 수익률이 r_t인 펀드에 투자하는 일반적인 경우를 고려한다. 이제

$$X_t = \prod_{s=1}^{t}[1 + r_s]$$

$X_0 = 1$일 때 0일에서 t일까지의 누적 수익률이라 하자.

예산 제약은 다음과 같다.

$$W_{t+1} = [W_t - c][1 + r_{t+1}]$$

이로부터 다음을 얻는다.

$$\frac{W_{t+1}}{X_{t+1}} = \frac{W_t}{X_t} - \frac{c}{X_t}$$

따라서

$$\frac{W_t}{X_t} = W_0 - \sum_{s=0}^{t-1} \frac{c}{X_s}$$

처분 기간의 마지막 부 W_τ는 c가 다음과 같은 경우에만(필요충분조건) 음의 값이 아니다.

$$\sum_{s=0}^{\tau-1} \frac{c}{X_s} \leq W_0$$

즉

$$c \leq \frac{W_0}{1 + \sum_{t=1}^{\tau-1} \prod_{s=1}^{t} [1 + r_s]^{-1}}$$

A.3 처분 문제에 대한 솔루션으로서 은퇴 채권

투자자가 0일에 은퇴하고 1, 2, ..., τ일에 어떤 물가상승률 척도의 고정 배수 y_t를 인출 금액으로 돈을 인출할 계획이라고 가정하자. 생계비 조정COLA, Cost Of Living Adjustment이 필요하지 않은 경우 y_t는 1이다. 미리 결정된 생계비 조정을 적용하면 방정식 (4.1)에 따라 y_t가 일정한 비율로 증가하며, 인출금이 물가상승률 y_t에 따라 지수화된 경우 y_t는 0과 t일 사이의 실현된 물가상승률이다. 즉

$$c_t = ky_t$$

여기서 k는 0일에 선택하는 상수이다.

M을 가격 결정 커널pricing kernel로 하고, $\mathbb{E}_t$를 t일의 조건부 기대 연산자로 표시하자. 처분 기간의 시작에서 저축은 다음으로 주어진다.

$$\begin{aligned} W_0 &= \mathbb{E}_0\left[\sum_{t=1}^{\tau}\frac{M_t}{M_0}c_t\right] + \mathbb{E}_0\left[\frac{M_\tau}{M_0}W_\tau\right] \\ &= k\mathbb{E}_0\left[\sum_{t=1}^{\tau}\frac{M_t}{M_0}y_t\right] + \mathbb{E}_0\left[\frac{M_\tau}{M_0}W_\tau\right] \\ &= k\beta_0 + \mathbb{E}_0\left[\frac{M_\tau}{M_0}W_\tau\right] \end{aligned} \tag{A.3}$$

여기서 β_0는 0일의 은퇴 채권 가격이다. k의 가장 높은 값은 0의 최종 잉여와 일치하는 값이므로 다음과 같다.

$$k = \frac{W_0}{\beta_0} \tag{A.4}$$

식 (A.3)은 첫 번째 인출 바로 전에 성립한다.

$$W_{1-} = k\beta_{1-} + \mathbb{E}_1\left[\frac{M_\tau}{M_s}W_\tau\right]$$

최종 잉여는 항상 비음nonnegative이므로 다음과 같다.

$$k\beta_{1-} \leq W_{1-}$$

또는 동일하게 식 (A.4)에서 주어진다.

$$\frac{W_{1-}}{W_0} \geq \frac{\beta_{1-}}{\beta_0}$$

이 식의 의미는 투자자의 포트폴리오는 0일과 1일 사이에서 100%의 확률로 은퇴 채권의 성과를 초과해야 한다. 차익 거래 기회가 없어야 하므로 포트폴리오는 반드시 채권과 동일한 수익률을 가져야 하며 실제로 다음을 얻는다.

$$\begin{aligned} W_{1-} &= \frac{\beta_{1-}}{\beta_0} W_0 \\ &= k\beta_{1-} \end{aligned}$$

1일 인출 이후, 저축은 다음과 같다.

$$\begin{aligned} W_1 &= W_{1-} - ky_1 \\ &= k\beta_{1-} - ky_1 \\ &= k\beta_1 \end{aligned}$$

s일에서 귀납법으로 $s = 0, 1, \ldots, \tau - 1$ 각각에 대해 투자자의 포트폴리오는 s일부터 $s + 1$일까지의 기간에 은퇴 채권에 완전히 투자된다. 다음을 얻는다.

$$W_{s+1} = k\beta_{s+1}$$

B
4장에 관한 부록

B.1 넬슨-시겔-스벤슨 모델

넬슨-시겔 모델Nelson-Siegel model에서 주어진 날짜에서의 무이표채 곡선은 다음 식으로 기술된다.

$$y_{t,h} = \delta_{0,t} + \delta_{1,t} f\left(\frac{h}{m_{1,t}}\right) + \delta_{2,t}\left[f\left(\frac{h}{m_{1,t}}\right) - \exp\left(-\frac{h}{m_{1,t}}\right)\right] \quad \text{(B.1)}$$

여기서 $\delta_{0,t}$, $\delta_{1,t}$, $\delta_{2,t}$와 $m_{1,t}$는 시간에 의존하는 4개의 파라미터이다. 하지만 만기에는 의존하지 않는다. 함수 f는 다음으로 주어진다.

$$f(x) = \frac{1 - \exp(-x)}{x}$$

넬슨-시겔-스벤슨 확장 모델Nelson-Siegel-Svensson extension model은 우변에 다음과 같은 4번째 항을 도입한다.

$$\delta_{3,t}\left[f\left(\frac{h}{m_{2,t}}\right) - \exp\left(-\frac{h}{m_{2,t}}\right)\right] \quad \text{(B.2)}$$

그림 32에서 보는 것처럼 계수 $\delta_{i,t}$를 요인 값으로 해석할 수 있다. $\delta_{0,t}$의 변화는 모든 이자율이 동일한 양만큼 변화하기 때문에 이자율 곡선의 평행 이동을 초래한다. 즉 $\delta_{0,t}$는 수준 요인Level Factor이다. $\delta_{1,t}$가 증가하면 모든 이자율에 증가를 초래하지만, 곡선의 장기 끝보다 단기 끝에서 변화가 더 크다. 곡선이 평평해지므로 $\delta_{1,t}$는 기울기 요인slope factor이다. 마지막으로, $\delta_{2,t}$가 증가하면 평균 만기를 중심으로 더 커진다. 볼록 이자율 곡선(아래로 휘어짐)은 더 볼록해지고, 오목한 이자율 곡선(위로 휘어짐)은 덜 오목해진다. 이 계수는 볼록성 요인convexity factor를 나타내며, 스벤슨 항(B.2)은 추가적으로 볼록성 요인을 도입한다.

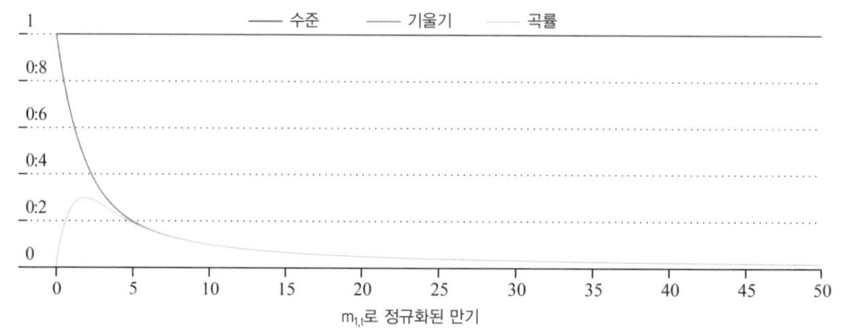

그림 32 넬슨-시겔 모델의 요인 변화에 대한 무이표채 이자율의 노출도

참고: 넬슨-시겔 모델의 요인 노출도는 식 (B.1)의 계수 $\delta_{0,t}$, $\delta_{1,t}$와 $\delta_{2,t}$를 곱한 값으로 측정한다. 3개의 계수는 각각 수준, 기울기와 곡율 요인과 관련된다.

넬슨-시겔 모델에서 완전한 기간 구조를 생성하기 위해 4개의 파라미터를 추정해야 한다. 즉 3개의 요인 값과 만기 $m_{1,t}$를 추정한다. 스벤슨의 확장으로 2개의 추가 파라미터가 필요하다. 미국의 경우 이들 추정치는 연방준비제도의 웹사이트에서 구할 수 있다.

B.2 축적 기간과 처분 기간의 투자자의 부

부록에서 축적 및 처분 단계에서 개인의 저축 금액에 대한 수학적 표현을 제공한다. 저축 계좌의 잔액은 축적기의 저축액과 처분기의 인출액을 결정하는 투자자 결정과 금융 포트폴리오의 수익률에 의존한다.

이 절 전체에 걸쳐 T는 은퇴일을 나타내며, 축적 기간의 길이(연수)이다. 축적 기간의 기여금은 외부에서 저축 계좌로 가는 현금 흐름이고, 처분 기간의 인출은 반대 방향으로 돈이 흐르는 것이다. 공식적으로 기여금은 양의 현금 흐름, 인출금은 음의 현금 흐름으로 간주할 수 있지만 명확히 하기 위해 기호 e_t를 사용해 t일에 이루어진 기여금을 나타내고 c_t를 사용해 인출금을 나타내며, 이들 모두 양수로 정의한다.

W_t는 계좌에서 돈이 들어오거나 인출될 경우 이 날짜의 기여금 또는 인출액을 포함한 t일 때의 계좌 잔고다. 현금 흐름 직전 저축 잔고는 W_{t-}로 표시되므로, t가 기여일인 경우 다음 같이 된다.

$$W_t = W_{t-} + e_t$$

만약 t가 인출일이면 다음을 얻는다.

$$W_t = W_{t-} - c_t$$

B.2.1 일반 공식

축적 기간의 부

$\mathcal{A}$를 축적 기간의 기여일 집합으로 표기하자. $\mathcal{A}$의 각 원소 s에 대해, 기여금 e_s가 펀드에 투자돼 펀드의 s일과 후속 t일 사이의 총 수익률은 $R_{s,t}^{(s)}$로 표기된다. 서로 다른 날짜의 기여금이 서로 다른 펀드에 투자될 수 있기 때문에 일반화를 유지할 목적으로 상위 첨자를 도입했다. 투자된 펀드 자산이 채권 이자와 배당금을 지급한 경우, 이들은 펀드에 재투자되므로 수익률은 총 수익률total return로 해석한다.

유입된 날짜와 이후 날짜 t 사이에 기여금은 e_s에서 $e_s\ R_{s,t}^{(s)}$로 증가한다. t 시점의 부은 투자된 펀드의 수익률을 고려한 과거 기여금 가치의 합이다. 따라서,

$$W_t = \sum_{\substack{s \in \mathcal{A} \\ s \leq t}} e_s R_{s,t}^{(s)} \tag{B.3}$$

$s \leq t$의 느슨한 부등식에 주목하라. 이는 t일의 기여금이 포함됨을 의미한다. 엄격한 부등식으로 대체하면 우리는 부의 왼쪽 제한값을 얻는데, 이는 현재 날짜의 기여금을 제외한 저축 가치이다.

$$W_{t-} = \sum_{\substack{s \in \mathcal{A} \\ s < t}} e_s R_{s,t}^{(s)}$$

T가 $\mathcal{A}$에 속하지 않도록 은퇴일에 기여가 발생하지 않는다고 가정한다.

처분 기간의 부

처분기 시작일인 T일에서 저축 값은 W_{T-}이다. 첫 번째 인출이 T일에 이루어질 수 있기 때문에 W_T 대신 W_{T-} 표기법을 사용한다. 모든 인출 날짜 집합은 $\mathcal{D}$로 표시한다. 처분 기간 내내 저축은 s일과 이후의 t일 사이의 수익률 $R_{s,t}^{(D)}$로 표기되는 펀드에 투자된다. 이 수익률은 축적 기간처럼 채권 이자와 배당이 지급되는 것이 아니라 펀드에 재투자되는 총 수익률로 해석된다. 투자 자산이 은퇴 채권인 경우 은퇴 채권은 채권 이자를 지급하므로 이러한 정확한 구별이 중요하다.

처분 기간 t일에서의 부는 다음과 같이 주어진다.

$$W_t = W_{T-} R_{T,t}^{(D)} - \sum_{\substack{s \in \mathcal{D} \\ T \leq s \leq t}} c_s R_{s,t}^{(D)} \tag{B.4}$$

만약 처음 인출이 T일에 일어나면, 이 식은 당연히 다음을 의미한다.

$$W_T = W_{T-} - c_T$$

특별히 경우는 연간 인출액이 은퇴일의 저축 가치와 은퇴 채권 가격에 의해 결정되는 최대 가능 소득과 같을 때다. 은퇴일 및 첫 번째 인출 직전에 저축의 구매력은 t_0일의 달러로 다음과 같다.

$$ri_{T-} = \frac{W_{T-}}{\beta_{T-}}$$

t년의 인출액은 다음과 같다.

$$c_t = [1 + \pi]^{t-t_0} ri_{T-}$$

따라서 이는 연간 π율로 증가한다. 만약 생계비 조정이 적용되지 않는다면 인출액은 일정하지만, 양의 생계비 조정을 사용하면 인출액은 재화와 용역에 지출되는 돈의 구매력이 물가 상승에 의해 감소되는 것을 방지하기 위해 증가해야 한다.

투자자가 매년 최대 가능 금액을 인출할 때, 식 (B.4)는 다음을 의미한다.

$$W_t = ri_{T-} \left[\beta_{T-} R_{T,t}^{(D)} - \sum_{\substack{s \in \mathcal{D} \\ s \leq t}} [1 + \pi]^{s-t_0} R_{s,t}^{(D)} \right]$$

B.2.2 특별한 경우: 100% 은퇴 채권

모든 저축이 은퇴 채권에 투자되는 특별한 경우를 고려하자. 이는 4.4의 사례 연구에서 고려된 상황이다.

축적 기간의 부

축적 기간에서는 식 (B.3)는 다음과 같다.

$$W_t = \beta_t \sum_{\substack{s \in \mathcal{A} \\ s \leq t}} e_s \frac{1}{\beta_s}$$

특히 t일에 최대 달성 가능한 목표는 다음으로 주어진다.

$$\frac{W_t}{\beta_t} = \sum_{\substack{s \in \mathcal{A} \\ s \leq t}} \frac{e_s}{\beta_s}$$

이는 시간의 조각마다 상수함수piecewise constant function, 즉 계단함수로 두 기여일 사이에서 일정하다.

은퇴 채권의 총 수익률

(B.5)를 적용해 처분 단계의 저축 가치를 계산할 때 반드시 주의를 요해야 하는데, 이는 은퇴 채권이 매년 채권 이자를 지급하기 때문이다. 앞에서 설명한 바와 같이 식 (B.5)에 나타난 투자 자산에 대한 수익은 총 수익률이며, 채권 이자의 재투자를 포함한다. 따라서 우선 은퇴 채권의 총 수익률을 계산한다.

$\widetilde{\beta}_t$는 t일의 총 수익률 지수를 나타낸다. 관행적으로 은퇴일의 지수값이 처음 현금 흐름 직전의 채권 가격 β_{T-}와 동일하도록 한다.

$$\begin{aligned}\widetilde{\beta}_T &= \beta_{T-} \\ &= \beta_T + y_T \end{aligned} \tag{B.6}$$

여기서 y_T는 T일의 채권 현금 흐름이다. y_t에 대한 일반적인 표현은 식 (4.1)에 의해 주어진다. 즉,

$$y_t = y_{t_0} \times [1 + \pi]^{t-t_0}$$

여기서 t_0는 기준 지수 일이며 π는 연간 생계비 조정이다. 은퇴 채권에서 $y_{t_0} = 1$달러이다.

정수 $k = 0, \cdots, \tau - 1$을 고려하자. t가 $[T+k,\ T+k+1]$의 범위에 있을 때, 은퇴 채권 지수는 다음으로 주어진다.

$$\widetilde{\beta}_t = \frac{\widetilde{\beta}_{T+k}}{\beta_{T+k}} \beta_t \tag{B.7}$$

따라서

$$\widetilde{\beta}_{[T+k+1]-} = \frac{\widetilde{\beta}_{T+k}}{\beta_{T+k}} \beta_{[T+k+1]-}$$
$$= \frac{\widetilde{\beta}_{T+k}}{\beta_{T+k}} \left[1 + \frac{y_{T+k+1}}{\beta_{T+k+1}}\right] \beta_{T+k+1}$$

총 수익률 지수는 $T+k+1$일의 연속이고, 따라서 $\widetilde{\beta}_{T+k+1} = \widetilde{\beta}_{[T+k+1]-}$이다.

$$\frac{\widetilde{\beta}_{T+k+1}}{\beta_{T+k+1}} = \frac{\widetilde{\beta}_{T+k}}{\beta_{T+k}} \left[1 + \frac{y_{T+k+1}}{\beta_{T+k+1}}\right]$$

따라서 다음을 얻는다.

$$\frac{\widetilde{\beta}_{T+k}}{\beta_{T+k}} = \prod_{j=0}^{k} \left[1 + \frac{y_{T+j}}{\beta_{T+j}}\right]$$

식 (B.7)에 대입하면, $[T+k, T+k+1]$의 t에 대해 다음을 얻는다.

$$\widetilde{\beta}_t = \beta_t \prod_{j=0}^{k} \left[1 + \frac{y_{T+j}}{\beta_{T+j}}\right]$$

어떠한 $k = 0, \ldots, \tau-1$에 대해서도 이 등식이 성립한다. 따라서 $[T, T+\tau]$의 어떤 t에 대해 다음 역시 성립한다.

$$\widetilde{\beta}_t = \beta_t \prod_{\substack{u \in \mathcal{D} \\ T \le u \le t}} \left[1 + \frac{[1+\pi]^{u-t_0}}{\beta_u}\right] \tag{B.8}$$

처분 기간의 부

식 (B.5)은 t일의 저축 가치이다.

$$W_t = ri_{T-} \left[\beta_{T-} \frac{\widetilde{\beta}_t}{\widetilde{\beta}_T} - \sum_{\substack{s \in \mathcal{D} \\ s \le t}} [1+\pi]^{s-t_0} \frac{\widetilde{\beta}_t}{\widetilde{\beta}_s}\right] \tag{B.9}$$

식 (B.6)과 식 (B.8)을 사용하면, t일의 최대 달성 가능 소득인 W_t/β_t는 다음과 같다.

$$ri_t = ri_{T-}\left[\prod_{\substack{u\in\mathcal{D}\\T\leq u\leq t}}\left[1+\frac{[1+\pi]^{u-t_0}}{\beta_u}\right] - \sum_{\substack{s\in\mathcal{D}\\s\leq t}}\frac{[1+\pi]^{s-t_0}}{\beta_s}\prod_{\substack{u\in\mathcal{D}\\s<u\leq t}}\left[1+\frac{[1+\pi]^{u-t_0}}{\beta_u}\right]\right] \quad (B.10)$$

그러나 어떠한 정수 n와 어떠한 실수 x_1, …, x_n에 대해 다음이 성립한다.

$$\prod_{i=1}^{n}[1+x_i] = 1 + \sum_{i=1}^{n} x_i \prod_{j=i+1}^{n}[1+x_j]$$

이 등식에 $x_i = [1+\pi]^{u-t_0}/\beta_u$를 적용하면, 식 (B.10) 우변의 괄호 안의 항이 1임을 확인할 수 있다. 이에 따라 처분 단계의 어떤 t일에 대해서도 다음이 성립한다.

$$ri_t = ri_{T-}$$

부수적으로 처분 기간의 부를 표현하는 식 (B.9)은 다음과 같이 단순화될 수 있다.

$$W_t = ri_{T-}\beta_t$$

이 표현은 처분 기간에 걸쳐 부가 음의 값이 아니어서 인출금이 유지되는 것을 확인시켜준다. 은퇴 채권이 마지막 현금 흐름을 지급한 후에는 정확히 0이 되며, 따라서 최종 잉여금이 없기 때문에 저축이 효율적으로 차감된다는 것을 알 수 있다.

C
5장에 관한 부록

C.1 몬테카를로 시뮬레이션 모델

이 부록에서 여러 확률적 시나리오의 생성과 희망 목표 달성 확률의 추정에 사용되는 모형을 설명한다. 시뮬레이션 절차에 포함되는 위험 요인은 다음과 같다.

- 목표 헤징 포트폴리오GHP의 수익률에 영향을 미치는 명목 기간 구조
- 타깃 데이트 펀드와 위험 통제 목표 기반 전략에서 성과 추구 포트폴리오PSP로 사용되는 주식 지수의 가치
- 표준 타깃 데이트 펀드의 안전 빌딩 블록으로 역할을 하는 채권 지수의 가치

모델 혹은 관련 파라미터 값이 다양한 전략의 재조정이나 가치 평가Valuation의 어느 시점에서도 사용되지 않는다는 점을 유의해야 한다. 이들은 펀딩 비율 변동성과 다양한 목표에 도달할 확률을 추정하기 위한 보고 단계에만 포함된다.

C.1.1 명목 기간 구조

단순화를 위해 명목 단기 이자율이 평균 회귀 프로세스를 따르는 바시첵(Vasicek, 1977)의 단일 요인 기간 구조 모델을 채택한다.

$$\mathrm{d}r_t = a[b - r_t]\,\mathrm{d}t + \sigma_r\,\mathrm{d}z_{rt}$$

여기서 z_r은 표준 브라운 운동이다. 이 방정식의 세 가지 파라미터 외에 네 번째와 다섯 번째, 즉 이자율 위험의 가격the price of interest rate risk λ_r과 초기 단기 이자율 r_0이 있다.

파라미터 값은 단기 이자율의 샘플 모멘트를 재현하고 2018년 1월 1일에 관측된 무이표채 기간 구조에 적합화되도록 선택된다. 명목 단기 이자율은 3개월짜리 미 정부채 금리의 유통 시장 금리로 대용하고(www.federalreserve.gov/releases/h15/), 1년에서 30년까지 만기의 무이표채 이자율Zero-discelling rate은 미국연방준비제도Federal Reserve 웹사이트(www.federalreserve.gov/pubs/feds/2006/200628/200628abs.html)에서 얻는다.[1] 모든 시리즈는 1998년 1월부터 2018년 1월까지의 기간에 일간 빈도로 샘플링한다.

평균 회복 속도 a와 단기 변동성 σ_r을 선택해 일간 단기 이자율 변화의 역사적 변동성과 단기 이자율 수준의 변동성을 일치시킨다. 일별 차이의 샘플 변동성은 연 77 베이시스 포인트(연 260 영업일 기준)이므로, $\sigma_r = 0.77\%$를 취한다. 엄격히 말하자면 시간 h에 걸친 상태변수 변화의 모델 내재 변동성은 다음과 같다.

$$\sigma_r \sqrt{\frac{1 - e^{-2ah}}{2a}}$$

단기 이자율의 샘플 변동성은 2.00%이고, 바시첵Vasicek 모델에서 단기 이자율의 장기 변동성은 $\sigma_r/[\sqrt{2a}]$이므로 $a = 0.0777$을 취한다. 장기 평균 b는

1 연준 웹사이트의 무이표채 이자율은 귀르케이낙, 삭과 라이트(Gürkaynak, Sack and Wright, 2007) 방법으로 계산된다.

단기 이자율의 샘플 평균으로 취한다. 따라서 $b = 0.0176$이다.

마지막 두 파라미터 r0과 λr은 2018년 1월 1일(실제로는 2017년 12월 29일로 이날 구할 수 있는 가장 마지막 수익률 곡선)에 관측된 무이표채 이자율과 만기 3개월, 1년, 5, 10, 20, 30년의 모델 내재 이자율 간의 차이 제곱합을 최소화해 이전 추정치에 대해 조건부로 추정한다. 이는 $r_0 = 0.0239$이며, $\lambda_r = 0.005$를 의미한다.

현금 계좌의 가치는 다음으로 시뮬레이션된다.

$$S_{0,t+1} = S_{0,t} \times \exp\left[1 + \frac{r_t}{12}\right]$$

여기서 시간 단계는 1개월이다. 따라서 계수가 1/12이다. 최초 값은 1이므로 $S_{0,t}$는 매달 유통되는 단기 이자율로 재투자되는 1달러의 값이다.

C.1.2 주식과 채권 지수

주식 지수와 채권 지수는 변동성이 일정하고 단기 이자율보다 리스크 프리미엄이 크다고 가정한다. 각각 S와 B로 값을 표시하고, 따라서 S와 B의 변화는 다음과 같은 확률 미분 방정식에 의해 주어진다.

$$\frac{\mathrm{d}S_t}{S_t} = [r_t + \sigma_S \lambda_S]\,\mathrm{d}t + \sigma_S\,\mathrm{d}z_{S,t}$$
$$\frac{\mathrm{d}B_t}{B_t} = [r_t + \sigma_B \lambda_B]\,\mathrm{d}t + \sigma_B\,\mathrm{d}z_{B,t}$$

여기서 z_S와 z_B는 서로 상관관계가 있는 두 개의 브라운 운동이다.

바시첵 모델에서 모든 채권 수익률은 단기 이자율과 완벽하게 음의 상관관계를 가지며, 따라서 z_S과 z_B의 상관관계는 $\rho_{Sr} = -1$로 취한다. 이는 등식 $\rho_{Sr} = -\rho_{SB}$을 성립한다. S와 B의 상관관계는 2017년 메릴린치 자본 시장 가정[CMA]을 통해 추론되며, 한편으로는 미국 대형 성장주, 대형 가치주, 소형 성장주 및 소형 가치주를 다른 한편으로 정부채의 상관관계를 평균한 것이다. 이는 $\rho_{SB} = -14.75\%$를 의미한다.

주가 지수의 변동성과 주가 지수의 기대 초과 수익률도 메릴린치 자본 시장 가정에서 각각 16.2%, 6.40%로 설정됐다. 이는 0.3951 샤프 비율을 의미한다.

채권 지수의 경우, 샤프 비율은 바시첵 모델에서 내재된 이자율 위험 가격 the price of interest rate risk의 음수 값이며 $\lambda_B = -0.005$이다. 채권지수는 3년 만기 채권이 롤오버되는 것으로 설정된다고 가정해 변동성을 설정한다. 바시첵 모델에서 채권 포트폴리오의 변동성은 다음과 같다.

$$\sigma_B = \sigma_r \times \frac{1 - e^{-2a\tau}}{2a}$$

여기서 $\tau = 2$년이다. 계수 $[1 - e^{-2a\tau}]/[2a]$는 위험 요인, 즉 단기 이자율에 대한 포트폴리오 베타의 음의 값이다. 이자율 파라미터로 $\sigma_B = 1.38\%$를 얻었다. 이는 연 0.30%의 단기 이자율에 이자율에 대한 기대 초과 수익률을 의미한다.

D

6장에 관한 부록

D.1 확률 최대화 전략의 도출

D.1.1 확률 최대화 수익의 도출

표기법

불확실성은 표준 확률 공간 $(\Omega, \mathcal{A}, \mathbb{P})$으로 표현된다. 여기서 Ω는 사건 집합이다. $\mathcal{A}$는 시그마 대수sigma-algebra이며 $\mathbb{P}$는 투자자의 기대를 모델링하는 확률 척도다. 시간 범위는 $[0, T]$이고, 여기서 0은 초기일이고, T는 투자 기간이다.

확률 공간은 표준 벡터 브라운 운동 $(\mathbf{z}_t)_{0 \leq t \leq T}$을 지원한다. 벡터의 차원은 독립적 위험 원천independent risk source의 수이다. 또한 확률 공간은 브라운 운동에 의해 생성되는 필트레이션filtration $(\mathcal{F}_t)_{0 \leq t \leq T}$에 의해 장착된다. Ft를 조건부로 하는 확률과 기대값은 $\mathbb{P}_t$와 $\mathbb{E}_t$로 표기되며, 무조건부 기대 연산자는 $\mathbb{E}$이다.

투자 유니버스는 가격 $S_1, \ldots, S_N$의 N 위험 증권과 S_0 가치의 현금 계좌로 구성된다. t에서 $t + dt$까지의 기간에 걸친 현금 계좌의 연간 수익률은 명목 단기 이자율 r_t이다. 위험 증권의 가격은 다음 확산 프로세스diffusion process를 따른다.

$$\frac{dS_{it}}{S_{it}} = [r_t + \sigma_{it}\lambda_{it}]\,dt + \boldsymbol{\sigma}_{it}'\,d\mathbf{z}_t$$

이 식에서 스칼라 σ_{it}는 자산 변동성, 벡터 $\boldsymbol{\sigma}_{it}$는 독립적 위험 원천에 대한 노출 벡터이며 λ_{it}는 샤프 비율이다. $\boldsymbol{\sigma}_t$를 열 $\boldsymbol{\sigma}_{1t}, \ldots, \boldsymbol{\sigma}_{Nt}$를 가진 행렬이다.

시장이 동적으로 완전하다dynamically complete고 가정한다. 즉 적절한 적분 조건을 만족하는 수익 구조Payoff는 복제 가능하다.[1] 더피(2001b)의 정리 61에 의해 브라운 운동의 차원이 정확히 N이라는 것을 의미한다. 그러면 고유한 위험 가격 벡터가 존재한다.

$$\boldsymbol{\lambda}_t = \boldsymbol{\sigma}_t\left[\boldsymbol{\sigma}_t'\boldsymbol{\sigma}_t\right]^{-1}\begin{bmatrix}\sigma_{1t}\lambda_{1t}\\ \vdots \\ \sigma_{Nt}\lambda_{Nt}\end{bmatrix}$$

위험 가격 벡터는 상태-가격 디플레이터state-price deflator와 연관된다.

$$M_t = \exp\left[-\int_0^t\left[r_s + \frac{\|\boldsymbol{\lambda}_s\|^2}{2}\right]ds - \int_0^t \boldsymbol{\lambda}_s'\,d\mathbf{z}_s\right] \qquad \text{(D.1)}$$

여기서 $\|\boldsymbol{\lambda}_s\|$는 벡터 $\boldsymbol{\lambda}_s$의 유클리드 노름Euclidean Norm을 표기한다.

예산 제약과 목적

투자자의 포트폴리오는 연속적으로 재조정된다. θ_{it}를 t일에 증권 i에 투자하는 달러 금액이라 하고, $\boldsymbol{\theta}_t$를 $\theta_{1t}, \theta_{2t}, \ldots, \theta_{Nt}$를 포함하는 벡터라 하고, W_t는 투자자의 부의 가치라고 하자. 다기간 예산 제약은 다음과 같다.

$$dW_t = \left[r_tW_t + \boldsymbol{\theta}_t'\boldsymbol{\sigma}_t'\boldsymbol{\lambda}_t\right]dt + \boldsymbol{\theta}_t'\boldsymbol{\sigma}_t'\,d\mathbf{z}_t \qquad \text{(D.2)}$$

1 더피(Duffie, 2001b)의 6장에서, 손익 구조는 척도 $\mathbb{P}$에 대해 제곱 적분(square-integrable) 가능하다.

β_t를 투자자의 은퇴일과 처분 기간에 상응하는 은퇴 채권 가격이라 하자. 다음의 확산 프로세스를 따른다고 가정한다.

$$\frac{\mathrm{d}\beta_t}{\beta_t} = \left[r_t + \sigma_{\beta t}\lambda_{\beta t}\right] \mathrm{d}t + \boldsymbol{\sigma}'_{\beta t}\, \mathrm{d}\mathbf{z}_t \tag{D.3}$$

시장 완전성 가정은 은퇴 채권 가격에 대한 완벽한 목표 헤징 포트폴리오가 존재한다는 것을 의미한다.

투자자는 대체소득 수준 ri_{asp}와 ri_{ess}로 각각 표현되는 희망 목표와 필수 목표를 가진다. 투자자의 목적은 부의 수준 $ri_{asp}\beta_T$에 도달하는 확률을 최대화하는 것이다. 이는 거의 확실히 부의 수준 $ri_{ess}\beta_T$를 보장하면서 희망 소득 수준을 가능하도록 한다. 공식적으로 표현하면 다음과 같다.

$$\max_{\boldsymbol{\theta}} \mathbb{P}\left[W_T \geq ri_{asp}\beta_T\right], \quad \text{subject to } W_T \geq ri_{ess}\beta_T$$

필수 목표는 반드시 달성 가능해야 하며, 희망 목표는 달성 가능하지 않으므로 초기 부는 다음을 만족한다.

$$ri_{ess}\beta_0 \leq W_0 < ri_{asp}\beta_0 \tag{D.4}$$

최적 수익 구조

최적 수익 구조Optimal Payoff의 도출은 펠메로와 로이커르트(Fölmer and Leukert, 1999)의 논리를 따른다. 우선 확률 척도 $\mathbb{P}$에서 확률 척도 $\mathbb{Q}$로의 변화를 다음과 같이 정의한다.

$$\frac{\mathrm{d}\mathbb{Q}}{\mathrm{d}\mathbb{P}} = \frac{M_T\beta_T}{\beta_0}$$

스칼라 h를 다음이 성립하도록 선택하라.

$$\mathbb{Q}[E_0] = \frac{W_0 - ri_{ess}\beta_0}{\left[ri_{asp} - ri_{ess}\right]\beta_0} \tag{D.5}$$

(식 (D.4)에 의해 우변은 범위 [0,1]에 있다.) 그런 다음, 사건 $E_0 = \{hM_T\beta_T \leq \beta_0\}$과 최적 수익 후보를 정의한다.

$$X^* = ri_{ess}\beta_T + \left[ri_{asp} - ri_{ess}\right]\beta_T 1_{E_0} \tag{D.6}$$

지표 함수 1_{E_0}는 E_0집합 내에서 1이고, 그 바깥에서 0이다.

X^*의 현재 가치는 다음과 같다.

$$\begin{aligned}\mathbb{E}\left[M_T X^*\right] &= ri_{ess}\beta_0 + \left[ri_{asp} - ri_{ess}\right]\beta_0 \mathbb{Q}[E_0] \\ &= W_0\end{aligned}$$

따라서 시장 완전성 가정에 의해, X^*는 달성 가능한 수익이다. 이는 분명히 하한 $ri_{ess}\beta_T$를 지키며, 성공 확률(즉 희망 목표에 도달할 확률)은 다음과 같다.

$$\mathbb{Q}\left[X^* \geq ri_{asp}\beta_T\right] = \mathbb{Q}[E_0]$$

$W_T \geq ri_{ess}\beta_T$를 거의 확실히 만족하는 최종값 W_T를 가진 어떤 전략을 고려하고, $E = \{W_T \geq ri_{asp}\beta_T\}$를 성공 영역이라 하자. 다음을 갖는다.

$$\mathbb{Q}[E] = \frac{1}{\beta_0}\mathbb{E}[M_T\beta_T 1_E]$$

E에서 다음이 성립한다.

$$W_T - ri_{ess}\beta_T \geq \left[ri_{asp} - ri_{ess}\right]\beta_T$$

따라서

$$\begin{aligned}\mathbb{Q}[E] &\leq \frac{1}{\beta_0} \times \frac{1}{ri_{asp} - ri_{ess}}\mathbb{E}\left[M_T\left[W_T - ri_{ess}\beta_T\right]1_E\right] \\ &\leq \frac{1}{\left[ri_{asp} - ri_{ess}\right]\beta_0}\mathbb{E}\left[M_T\left[W_T - ri_{ess}\beta_T\right]\right] \\ &= \frac{W_0 - ri_{ess}\beta_0}{\left[ri_{asp} - ri_{ess}\right]\beta_0} = \mathbb{Q}[E_0]\end{aligned}$$

네이먼-피어슨 따름정리Neyman-Pearson's Lemma에 의해 $\mathbb{P}[E] \leq \mathbb{P}[E_0]$이 성립하고 X^*는 확률 최대화 수익이다.

성장-최적 전략

성장-최적 전략은 기간 T의 포트폴리오에 대한 기대 로그 수익률을 최대화한다. $\mathbf{w}_t = \boldsymbol{\theta}_t / W_t$는 비중 벡터를 표기한다. 식 (D.2)를 적분함으로써, 어떠한 허용 가능한 전략에 대해서도 다음을 얻을 수 있다.

$$\ln \frac{W_T}{W_0} = \int_0^T \left[r_t + \mathbf{w}_t' \boldsymbol{\sigma}_t' \boldsymbol{\lambda}_t - \frac{\mathbf{w}_t' \boldsymbol{\sigma}_t' \boldsymbol{\sigma}_t \mathbf{w}_t}{2} \right] \mathrm{d}t + \int_0^T \mathbf{w}_t' \boldsymbol{\sigma}_t' \, \mathrm{d}\mathbf{z}_t \qquad \text{(D.7)}$$

따라서

$$\mathbb{E}\left[\ln \frac{W_T}{W_0} \right] = \mathbb{E}\left[\int_0^T \left[r_t + \mathbf{w}_t' \boldsymbol{\sigma}_t' \boldsymbol{\lambda}_t - \frac{\mathbf{w}_t' \boldsymbol{\sigma}_t' \boldsymbol{\sigma}_t \mathbf{w}_t}{2} \right] \mathrm{d}t \right]$$

$$\mathbf{w}_t' \boldsymbol{\sigma}_t' \boldsymbol{\lambda}_t - \frac{\mathbf{w}_t' \boldsymbol{\sigma}_t' \boldsymbol{\sigma}_t \mathbf{w}_t}{2}$$

위 식은 다음을 최대화하는 비중의 2차 함수이다.

$$\mathbf{w}_t = \boldsymbol{\sigma}_t^{-1} \boldsymbol{\lambda}_t$$

이 식은 성장-최적 전략을 정의한다. 식 (D.7)에 의해 총 수익률gross return R_{gro}는 다음을 만족한다.

$$\log R_{gro} = \int_0^T \left[r_t + \frac{\|\boldsymbol{\lambda}_t\|^2}{2} \right] \mathrm{d}t + \int_0^T \boldsymbol{\lambda}_t' \, \mathrm{d}\mathbf{z}_t$$

식 (D.1)과 비교하면 다음이 성립한다.

$$R_{gro} = \frac{1}{M_T}$$

따라서 최적 수익에 관한 성공 영역은 다음과 같다.

$$E_0 = \left\{R_{gro} \geq hR_\beta\right\}$$

D.1.2 최적 수익 복제 전략

t 시점의 최적 부 수준은 다음과 같다.

$$\begin{aligned} W_t^* &= \mathbb{E}_t\left[\frac{M_T}{M_t}X^*\right] \\ &= ri_{ess}\beta_t + \left[ri_{asp} - ri_{ess}\right]\beta_t\mathbb{Q}_t[E_0] \\ &= ri_{ess}\beta_t + \left[ri_{asp} - ri_{ess}\right]\beta_t\mathbb{Q}_t\left[\log M_T\beta_T \leq \log\frac{\beta_0}{h}\right] \end{aligned}$$

식 (D.1) 및 (D.3)과 $\sigma_{\beta t}\lambda_{\beta t}=\boldsymbol{\sigma}'_{\beta t}\boldsymbol{\lambda}_{\beta t}$의 전제하에 다음을 얻는다.

$$\log\frac{M_T\beta_T}{M_t\beta_t} = \int_t^T\left[-\frac{\|\boldsymbol{\sigma}_{\beta s}\|^2}{2} - \frac{\|\boldsymbol{\lambda}_s\|^2}{2} + \boldsymbol{\sigma}'_{\beta s}\boldsymbol{\lambda}_{\beta s}\right]\mathrm{d}s + \int_t^T\left[\boldsymbol{\sigma}_{\beta s} - \boldsymbol{\lambda}_s\right]'\,\mathrm{d}\mathbf{z}_s \tag{D.9}$$

걸사노프[Girsanov] 정리에 의해 프로세스 $\mathrm{d}\mathbf{z}_s^{\mathbb{Q}} = \mathrm{d}\mathbf{z}_s + [\boldsymbol{\lambda}_s - \boldsymbol{\sigma}_{\beta s}]$는 $\mathbb{Q}$하에서 브라운 운동이다.

$$\log\frac{M_T\beta_T}{M_t\beta_t} = \int_t^T\frac{\|\boldsymbol{\sigma}_{\beta s} - \boldsymbol{\lambda}_s\|^2}{2}\mathrm{d}s + \int_t^T\left[\boldsymbol{\sigma}_{\beta s} - \boldsymbol{\lambda}_s\right]'\,\mathrm{d}\mathbf{z}_s^{\mathbb{Q}}$$

벡터 $\sigma_{\beta s}$와 $\boldsymbol{\lambda}_s$는 시간 결정적 함수라 가정하고, 다음 식을 $\mathcal{F}_t$ 조건하에서 $\log M_T\beta_T$의 변동성이라 하자.

$$\begin{aligned} \eta_{t,T} &= \sqrt{\int_t^T\|\boldsymbol{\sigma}_{\beta s} - \boldsymbol{\lambda}_s\|^2\,\mathrm{d}s} \\ &= \sqrt{\int_t^T\left[\lambda_{MSR,s}^2 + \sigma_{\beta s}^2 - 2\lambda_{\beta s}\sigma_{\beta s}\right]\mathrm{d}s} \end{aligned}$$

$\mathcal{F}_t$에 조건부로 $\log M_T\beta_T$는 평균 $m_t = \log M_t\beta_t + \eta_{t,T}^2/2$와 분산 $\eta_{t,T}^2$인 정규분포를 가진다. 따라서 다음이 성립한다.

$$\mathbb{Q}_t\left[\log M_T\beta_T \leq \log\frac{\beta_0}{h}\right] = \mathcal{N}\left(\frac{1}{\eta_{t,T}}\left[\log\frac{\beta_0}{h} - m_t\right]\right) \tag{D.10}$$

여기서 $\mathcal{N}$은 정규 누적 분포 함수다. q_t는 다음과 같은 확률로 표기한다.

이토 따름정리Ito's lemma를 식 (D.8)에 적용해 확산 항(diffusion terms, 즉 $\mathrm{d}\mathbf{z}_t$ 항)을 식별한다

$$\begin{aligned}\mathrm{d}W_t^* = [\cdots]\,\mathrm{d}t + ri_{ess}\beta_t\boldsymbol{\sigma}_{\beta_t}'\,\mathrm{d}\mathbf{z}_t + \left[ri_{asp} - ri_{ess}\right]\beta_t q_t\boldsymbol{\sigma}_{\beta_t}'\,\mathrm{d}\mathbf{z}_t \\ + \left[ri_{asp} - ri_{ess}\right]\beta_t n\left(\mathcal{N}^{-1}(q_t)\right)\left[\boldsymbol{\lambda}_t - \boldsymbol{\sigma}_{\beta t}\right]'\,\mathrm{d}\mathbf{z}_t\end{aligned}$$

여기서 n은 정규 확률 밀도 함수이고, $\mathcal{N}^{-1}$은 정규 누적 분포 함수의 역함수다.

$\mathbf{w}_{\beta t} = \boldsymbol{\sigma}_t^{-1}\boldsymbol{\sigma}_{\beta t}$이라 하자. 이 벡터는 은퇴 채권을 완벽하게 복제하는 포트폴리오 전략의 위험 자산 비중을 포함한다. 다음을 얻는다.

$$\boldsymbol{\theta}_t^* = ri_{ess}\beta_t\mathbf{w}_{\beta t} + \left[ri_{asp} - ri_{ess}\right]\beta_t\left[q_t\mathbf{w}_{\beta_t} + \frac{n\left(\mathcal{N}^{-1}(q_t)\right)}{\eta_{t,T}}\left[\mathbf{w}_{go,t} - \mathbf{w}_{\beta t}\right]\right]$$

좌우변을 재조정하면 다음을 얻는다.

$$\boldsymbol{\theta}_t^* = \varphi_t W_t^*\mathbf{w}_{go,t} + \left[1 - \varphi_t\right] W_t^*\mathbf{w}_{\beta t}$$

여기서 성장-최적 포트폴리오에 투자되는 부의 백분율 비율은 다음과 같다.

$$\varphi_t = \frac{\left[ri_{asp} - ri_{ess}\right]\beta_t}{W_t^*}\frac{n\left(\mathcal{N}^{-1}(q_t)\right)}{\eta_{t,T}}$$

식 (D.8)에 의해 확률 q_t는 다음과 같이 다시 표현할 수 있다.

$$\begin{aligned}q_t &= \frac{W_t^* - ri_{ess}\beta_t}{\left[ri_{asp} - ri_{ess}\right]\beta_t} \\ &= \frac{F_t - \delta_{ess}}{\delta_{asp} - \delta_{ess}}\end{aligned}$$

여기서 $F_t = R_{W,t}/R_{\beta,t}$는 0일과 t일 사이에서의 은퇴 채권에 대한 최적 포트폴리오의 상대 수익률이다.

동일하게 다음을 얻는다.

$$\varphi_t = \frac{\delta_{asp} - \delta_{ess}}{\eta_{t,T} F_t} n \left(\mathcal{N}^{-1} \left(\frac{F_t - \delta_{ess}}{\delta_{asp} - \delta_{ess}} \right) \right) \tag{D.11}$$

D.1.3 최적 성공 확률

최적 성공 확률은 은퇴 시 $ri_{asp}\beta_T$보다 큰 수준의 최적 부에 대한 확률이다. 따라서 다음과 같다.

$$\begin{aligned} p_t &= \mathbb{P}_t \left[X^* \geq ri_{asp}\beta_T \right] \\ &= \mathbb{P}_t [E_0] \\ &= \mathbb{P}_t \left[\log M_T \beta_T \leq \log \frac{\beta_0}{h} \right] \end{aligned}$$

식 (D.9)에서 확률변수 $\log M_t \beta_t$는 $\mathcal{F}_t$에 조건부인 $\mathbb{P}$에서 평균 $M_t \beta_t + \eta_{t,T}^2/2$이고 분산 $\eta_{t,T}^2$인 정규분포다.

$$p_t = \mathcal{N} \left(\frac{1}{\eta_{t,T}} \left[\log \frac{\beta_0}{h} - \log M_t \beta_t + \frac{1}{2} \eta_{t,T}^2 \right] \right)$$

$t = 0$를 취하면 다음과 같다.

$$p_0 = \mathcal{N} \left(\frac{1}{\eta_{0,T}} \left[-\log h + \frac{1}{2} \eta_{0,T}^2 \right] \right) \tag{D.12}$$

식 (D.10)에 의해 다음을 얻는다.

$$\mathbb{Q} \left[\log M_T \beta_T \leq \log \frac{\beta_0}{h} \right] = \mathcal{N} \left(\frac{1}{\eta_{0,T}} \left[-\log h - \frac{1}{2} \eta_{0,T}^2 \right] \right)$$

그리고 우변은 정의에 의해 식 (D.5)의 우변과 같다. 따라서

$$\frac{1}{\eta_{0,T}}\left[-\log h - \frac{1}{2}\eta_{0,T}^2\right] = \mathcal{N}^{-1}\left(\frac{W_0 - ri_{ess}\beta_0}{[ri_{asp} - ri_{ess}]\,\beta_0}\right)$$

이다. 다시 (D.12)에 대입하고, 필수 수준과 희망 수준을 각각 $ri_{ess} = \delta_{ess}W_0/\beta_0$와 $ri_{asp} = \delta_{asp}W_0/\beta_0$로 표현하면 다음을 얻는다.

$$p_0 = \mathcal{N}\left(\mathcal{N}^{-1}\left(\frac{1-\delta_{ess}}{\delta_{asp}-\delta_{ess}}\right) + \eta_{0,T}\right)$$

D.2 확장 고정 비율 포트폴리오 보험

D.2.1 연속 시간

표기법

프레임워크는 표준 연속 시간 모델이다. 확률 공간 $(\Omega, \mathcal{A}\mathbb{P})$가 주어진다. 여기서 Ω는 가능한 결과 집합이고, $\mathcal{A}$는 시그마 필드이고, $\mathbb{P}$는 투자자의 미래 사건 가능성에 대한 믿음을 표현하는 확률 척도이다. 시간 범위는 연속 범위 $[0, T]$이다. 여기서 0는 초기일이고 T는 은퇴일이며, 확률 공간은 모든 관련 불확실성의 원천을 나타내는 d차원 백터 브라운 운동 $\mathbf{z}$를 갖추고 있다. 여기에는 증권 가격에 대한 불확실성뿐 아니라 이자율, 리스크 프리미엄, 변동성, 상관관계 및 다른 모든 관심 파라미터에 대한 불확실성도 포함한다. 결과적으로 거래되는 증권보다 불확실성의 원천이 더 많을 수 있다. 이는 시장 불완전성을 특징짓는 상황이다.

하한은 은퇴 시 필수 소득 현금 흐름을 제공하는 은퇴 채권의 가격이다. 따라서 $F_t = ri_{ess}\beta_t$이며, ri_{ess}는 필수 연간 소득 금액이고, β_t는 단위 현금 흐름을 가진 은퇴 채권의 가격이다. 은퇴일의 채권 가격이 불확실하기 때문에 T일의 하한은 여전히 확률적이다. 은퇴 채권이 다음의 확산 프로세스를 따른다고 가정한다.

$$\frac{d\beta_t}{\beta_t} = \mu_{\beta t}\, dt + \sigma_{\beta t}\, dz_{\beta t} \tag{D.13}$$

여기서 $\mu_{\beta t}$와 $\sigma_{\beta t}$는 확률적이다. 채권 수익률은 목표 헤징 포트폴리오에 의해 완벽하게 복제된다.

전략의 두 번째 빌딩 블록은 성과 추구 포트폴리오인데, 다음의 확산 프로세스를 따른다.

$$\frac{dS_t}{S_t} = \mu_{St}\, dt + \sigma_{St}\, dz_{St} \tag{D.14}$$

다시 말해 파라미터는 확률적일 수 있으며, 심지어 브라운 운동 z_F와 z_S 간의 상관관계도 확률적일 수 있다.

위험 예산의 진화

t일 성과 추구 포트폴리오에 자금 배분은 $m[W_t - F_t]$이다. 여기서 m은 고정 승수이고, W_t는 현재의 부다. 따라서 다기간 예산 제약은 다음과 같다.

$$dW_t = m\,[W_t - F_t]\,\frac{dS_t}{S_t} + [W_t - m\,[W_t - F_t]]\,\frac{dF_t}{F_t}$$

양변에서 dF_t를 차감하고, F와 β가 비례적이란 사실을 이용해 위험 예산 $RB = W - F$의 동적 프로세스를 얻는다.

$$dRB_t = mRB_t\frac{dS_t}{S_t} + [1 - m]RB_t\frac{d\beta_t}{\beta_t}$$

또는 동일하게

$$dRB_t = RB_t\left[m\mu_{St} + [1 - m]\mu_{\beta t}\right] dt + RB_t\left[m\sigma_{St}\, dz_{St} + [1 - m]\sigma_{\beta t}\, dz_{\beta t}\right]$$

$\sigma_{S\beta,u}$가 성과 추구 포트폴리오 수익률과 은퇴 채권의 확산innovation 간의 순간 공분산Instantaneous covariance이라 하자. 이 식을 0일에서 t일까지 적분함으

로써 다음을 얻는다.

$$RB_t = RB_0 \exp\left[\int_0^t \left[m\mu_{Su} + [1-m]\mu_{\beta u}\right] du \right.$$
$$\left. -\frac{1}{2}\int_0^t \left[m^2\sigma_{Su}^2 + [1-m]^2\sigma_{\beta u}^2\right] du - \int_0^t m[1-m]\sigma_{S\beta,u}\, du\right] \qquad \text{(D.15)}$$

여기에 더해 다음을 얻는다.

$$\frac{S_t}{S_0} = \exp\left[\int_0^t \left[\mu_{Su} - \frac{\sigma_{Su}^2}{2}\right] du + \int_0^t \sigma_{Su}\, dz_{Su}\right]$$

와

$$\frac{\beta_t}{\beta_0} = \exp\left[\int_0^t \left[\mu_{\beta u} - \frac{\sigma_{\beta u}^2}{2}\right] du + \int_0^t \sigma_{\beta u}\, dz_{\beta u}\right]$$

이들 식을 식 (D.15)에 대입해 다음을 얻는다.

$$RB_t = RB_0 \left[\frac{S_t}{S_0}\right]^m \left[\frac{\beta_t}{\beta_0}\right]^{1-m} \exp\left[\frac{1}{2}\int_0^t \left[m\sigma_{Su}^2 + [1-m]\sigma_{\beta u}^2\right] du \right.$$
$$\left. -\frac{1}{2}\int_0^t \left[m^2\sigma_{Su}^2 + [1-m]^2\sigma_{\beta u}^2\right] du - \int_0^t m[1-m]\sigma_{S\beta,u}\, du\right]$$

따라서

$$RB_t = RB_0 \left[\frac{S_t}{S_0}\right]^m \left[\frac{\beta_t}{\beta_0}\right]^{1-m} \times \exp\left[-\frac{m[m-1]}{2}\int_0^t \sigma_{S/\beta,u}^2\, du\right] \qquad \text{(D.16)}$$

여기서 $\sigma_{S/\beta,u}$은 은퇴 채권에 관한 성과 추구 포트폴리오의 순간 추적오차이다. 즉

$$\sigma_{S/\beta,u} = \sqrt{\sigma_{S,u}^2 + \sigma_{\beta,u}^2 - 2\sigma_{S\beta,u}}$$

위험 예산이 초기에 양이므로, 식 (D.16)은 위험 예산이 모든 후속일에 양의 값임을 보여준다. 따라서 부는 엄격하게 하한 위에 있다. 따라서 필수

목표가 달성된다.

대체소득으로 표시한 저축의 구매력 변화

식 (D.16)에서 위험 예산은 다음과 같이 표현할 수 있다.

$$\begin{aligned} RB_t &= W_t - F_t \\ &= ri_t\beta_t - ri_{ess}\beta_t \end{aligned}$$

$\delta_{ess} = ri_{ess}/ri_0$가 초기 소득 수준의 비율로 표현한 필수 목표이다. 그러면 다음을 얻는다.

$$RB_t = [ri_t - \delta_{ess} ri_0]\,\beta_t$$

이 표현을 (D.16)에 대입하면 다음과 같다.

$$ri_t = \delta_{ess} ri_0 + [1-\delta_{ess}] ri_0 \left[\frac{S_t}{S_0}\right]^m \left[\frac{\beta_t}{\beta_0}\right]^{-m} \times \exp\left[-\frac{m[m-1]}{2}\int_0^t \sigma_{S/\beta,u}^2\,\mathrm{d}u\right]$$

이에 따라 0일에서 t일 사이에 달성 가능한 소득 수준의 변화는 다음과 같다.

$$\frac{ri_t}{ri_0} = \delta_{ess} + [1-\delta_{ess}]\left[\frac{R_{equ,t}}{R_{\beta,t}}\right]^m \times \exp\left[-\frac{m[m-1]}{2}\int_0^t \sigma_{S/\beta,u}^2\,\mathrm{d}u\right] \qquad \text{(D.17)}$$

여기서 $R_{equ,t}$와 $R_{\beta,t}$는 각각 주식의 총 수익률과 은퇴 채권의 총 수익률을 가리킨다.

$m = 1$에 대해 식 (D.17)은 다음과 같이 단순화한다.

$$\frac{ri_t}{ri_0} = \delta_{ess} + [1-\delta_{ess}]\frac{R_{equ,t}}{R_{\beta,t}}$$

은퇴 채권에 관한 주식의 상대 수익률이 다음을 만족한다면(필요충분조건), 간단한 계산으로 $m > 1$로 달성되는 소득 수준은 $m = 1$로 달성되는 소득 수준보다 엄격하게 더 크다.

$$\frac{R_{equ,t}}{R_{\beta,t}} > \exp\left[\frac{m}{2}\int_0^t \sigma_{S/\beta,u}^2 \, \mathrm{d}u\right]$$

우변의 임계값은 필수 목표와 독립적이다.

D.2.2 이산 시간

t와 $t + 1$을 두 연속적 재조정일이라 하자. t에서 $t + 1$까지 기간의 부는 다음과 같이 위험 예산에 의해 주어진다.

$$W_{t+1} = m\left[W_t - F_t\right]\frac{S_{t+1}}{S_t} + \left[W_t - m\left[W_t - F_t\right]\right]\frac{F_{t+1}}{F_t}$$

목표 헤징 포트폴리오에 관한 자금 배분을 다음과 같이 표현한다.

$$W_t - m\left[W_t - F_t\right] = \left[1 - m\right]\left[W_t - F_t\right] + F_t$$

다음을 얻는다.

$$W_{t+1} = F_{t+1} + \left[W_t - F_t\right] \times \left[m\frac{S_{t+1}}{S_t} + \left[1 - m\right]\frac{F_{t+1}}{F_t}\right]$$

전략이 t일의 하한을 지킨다고 가정하자. 만약 $W_t = F_t$이면 $W_{t+1} = F_{t+1}$이고, 재조정일에 귀납법으로 $[t, T]$ 범위의 모든 u일에 대해 $W_u = F_u$임을 증명할 수 있다. 이는 포트폴리오가 '동결 상태sterilized'임을 의미한다.

이제 $W_t > F_t$이라 가정하자. 그러면 성과 추구 포트폴리오와 GHP의 수익률이 다음을 만족하는 경우(필요충분조건) 부는 $t + 1$일의 하한보다 더 크거나 같다.

$$m\frac{S_{t+1}}{S_t} + \left[1 - m\right]\frac{F_{t+1}}{F_t} \geq 0$$

이는 다음과 동일하다.

$$\frac{S_{t+1}}{S_t} \geq \left[1 - \frac{1}{m}\right] \frac{F_{t+1}}{F_t} \tag{D.18}$$

재조정일에 귀납법으로 만약 초기 부가 $W_0 > F_0$이면, 식 (D.18)은 갭 리스크 제거의 필요충분조건이다.

D.3 보장 소득 수준

이 부록에서 위험 통제 전략에 투자해 보장되는 소득 수준에 대한 수학적 표현을 도출한다.

날짜 s와 $t(s \leq t)$에 대해, 이들 날짜 사이의 펀드와 은퇴 채권의 총 수익률을 $R_{X,s,t}$와 $R_{\beta,s,t}$로 표기한다. $\mathcal{A}$를 축적 기간의 기여일 집합을 표기하고, e_s를 $\mathcal{A}$의 s에 대한 s일의 기여 금액이라 하자. 그러면 시점 t의 투자자의 부는 다음과 같이 주어진다.

$$W_t = \sum_{\substack{s \in \mathcal{A} \\ s \leq t}} e_s R_{X,s,t} \tag{D.19}$$

그리고 달성 가능한 소득 수준은 W_t/β_t이며 다음과 같이 표현할 수 있다.

$$ri_t = \sum_{\substack{s \in \mathcal{A} \\ s \leq t}} \frac{e_s}{\beta_s} \frac{R_{X,s,t}}{R_{\beta,s,t}} \tag{D.20}$$

이 식은 t일의 저축이 조달할 수 있는 연간 소득이 과거 기여금이 조달할 수 있는 연간 소득의 합에 은퇴 채권에 관한 펀드의 상대 수익률을 곱한 값이다.

D.3.1 단순 하한을 가진 전략

이 전략은 다음과 같다.

$$R_{X,0,T} \geq \delta R_{\beta,0,T} \tag{D.21}$$

식 (D.20)에 의해 다음을 얻는다.

$$ri_T \geq \sum_{\substack{s \in \mathcal{A} \\ s \leq T}} \frac{e_s}{\beta_s} \frac{R_{X,s,T}}{R_{\beta,s,T}}$$

우변은 다음과 같이 다시 표현할 수 있다.

$$\sum_{\substack{s \in \mathcal{A} \\ s \leq T}} \frac{e_s}{\beta_s} \frac{R_{X,s,T}}{R_{\beta,s,T}} = \sum_{\substack{s \in \mathcal{A} \\ s \leq T}} \frac{e_s}{\beta_s} \times \frac{R_{X,0,T}}{R_{X,0,s}} \times \frac{R_{\beta,0,s}}{R_{\beta,0,T}}$$

따라서 식 (D.21)를 사용하면 다음을 얻는다.

$$ri_T \geq \delta \sum_{\substack{s \in \mathcal{A} \\ s \leq T}} \frac{e_s}{\beta_s} \times \frac{R_{\beta,0,s}}{R_{X,0,s}}$$

t일 이후의 기여금을 0으로 설정하면, t일에 보장 소득 수준을 다음 표현식으로 얻는다.

$$sec_t = \delta \sum_{\substack{s \in \mathcal{A} \\ s \leq t}} \frac{e_s}{\beta_s} \times \frac{R_{\beta,0,s}}{R_{X,0,s}} \tag{D.22}$$

t일에 달성 가능한 소득 수준을 다시 표현할 수 있다.

$$\begin{aligned} ri_t &= \sum_{s \leq t} \frac{e_s}{\beta_s} \frac{R_{X,s,t}}{R_{\beta,s,t}} \\ &= \sum_{s \leq t} \frac{e_s}{\beta_s} \frac{R_{\beta,0,s}}{R_{X,0,s}} \frac{R_{X,0,t}}{R_{\beta,0,t}} \\ &= \frac{R_{X,0,t}}{R_{\beta,0,t}} \sum_{s \leq t} \frac{e_s}{\beta_s} \frac{R_{\beta,0,s}}{R_{X,0,s}} \end{aligned}$$

식 (D.22)에 의해 다음이 성립한다.

$$ri_t = \frac{R_{X,0,t}}{R_{\beta,0,t}} \frac{sec_t}{\delta} \tag{D.23}$$

재조정 u일에 펀드는 "현금화"된다. 그날 펀드의 1주 가치는 하한과 작거나 같다는 것을 의미한다. 따라서,

$$R_{X,0,u} \leq \delta R_{\beta,0,u} \tag{D.24}$$

u일에 펀드는 은퇴 채권에 완전히 투자된다. 따라서 u일과 어떤 이후의 날짜 간의 총 수익률은 채권의 총 수익률과 동일하다.

그러면 식 (D.23)은 $t \geq u$인 모든 날짜에 다음이 성립함을 의미한다.

$$\begin{aligned} ri_t &= \frac{R_{X,0,u} R_{X,u,t}}{R_{\beta,0,u} R_{\beta,u,t}} \frac{sec_t}{\delta} \\ &= \frac{R_{X,0,u}}{R_{\beta,0,u}} \frac{sec_t}{\delta} \end{aligned}$$

따라서 비율 ri_t/sec_t는 현금화일부터 시작해 일정하고, 식 (D.24)에 의해 다음을 얻는다.

$$ri_t \leq sec_t$$

만약 이 부등식이 엄격하면, 마지막 대체소득이 sec_t보다 낮을 확률이 양이다. ri_T가 sec_t보다 100% 확률로 크다면, W_T는 $sec_t\beta_T$보다 100% 확률로 크고, 이에 따라 차익 거래 기회가 없다면 W_t가 $sec_t\beta_t$보다 클 것이기 때문이다. 따라서 비록 보장 수준이 모든 시나리오에서 달성하더라도, 축적기 동안 펀드 가치와 하한 사이의 갭이 보장 수준보다 더 낮은 대체소득을 초래할 수 있다.

D.3.2 하한 재설정을 가진 전략

이제 0, 1, ..., $T-1$일에 하한 재설정을 가진 전략을 고려하고, 기여금이 이들 날짜에서 발생한다고 가정하자. 모든 정수 $n \leq T-2$에 대해 다음을

얻는다.

$$R_{X,n,n+1} \geq \delta R_{\beta,n,n+1} \tag{D.25}$$

따라서 정수 $n \leq T-1$에 대해서

$$R_{X,n,T} \geq \delta^{T-n} R_{\beta,n,T}$$

식 (D.20)에 의해 다음이 성립한다.

$$ri_T \geq \sum_{i=0}^{T-1} \delta^{T-i} \frac{e_i}{\beta_i}$$

기여금은 비음이므로, $t \leq T$에 대해 다음을 얻는다.

$$ri_T \geq \sum_{\substack{s \in \mathcal{A} \\ s \leq t}} \delta^{T-i} \frac{e_i}{\beta_i} \tag{D.26}$$

두 번째 기여를 제외한 두 개의 기여일 사이의 저축 수익률은 펀드 수익률과 같다. 수학적으로

$$\frac{W_{[n+1]-}}{W_n} = R_{X,n,n+1}$$

따라서 식 (D.25)는 다음을 의미한다.

$$\frac{W_{[n+1]-}}{W_n} \geq \delta R_{\beta,n,n+1}$$

두 번째 기여를 포함한 저축 수익률은 심지어 더 크다. 이유는

$$\begin{aligned}\frac{W_{n+1}}{W_n} &= \frac{W_{[n+1]-} + e_n}{W_n} \\ &\geq \frac{W_{[n+1]-}}{W_n}\end{aligned}$$

이기 때문이며, 따라서 다음이 성립한다.

$$\frac{W_{n+1}}{\beta_{n+1}} \geq \frac{W_{[n+1]-}}{\beta_{n+1}} \geq \delta \frac{W_n}{\beta_n}$$

정수 $n \leq T-1$에 대해 다음이 성립한다.

$$\frac{W_T}{\beta_T} \geq \delta^{T-n} \frac{W_n}{\beta_n}$$

결과적으로 정수 $n \leq T-1$와 $(n, n+1)$ 범위의 t일에 대해 다음을 얻는다.

$$ri_T \geq \max_{i \leq t} \left[\delta^{T-i} \frac{W_i}{\beta_i} \right] \tag{D.27}$$

여기서 최대값은 t보다 작거나 같은 모든 정수(즉, 0에서 n을 포함한 n까지의 모든 정수)에 대해 취해진다.

식 (D.26)과 (D.27)을 결합하면 다음을 얻는다.

$$ri_T \geq \max \left[\sum_{\substack{s \in \mathcal{A} \\ s \leq t}} \delta^{T-i} \frac{e_i}{\beta_i}, \max_{i \leq t} \left[\delta^{T-i} \frac{W_i}{\beta_i} \right] \right]$$

이 부등식의 우변은 t일에 알려지며, 이날의 보장 소득 수준에 대한 척도를 제공한다.

D.3.3 상대 최대 하락폭을 가진 전략

이제 상대 최대 하락폭에 대한 제약을 지키는 전략을 고려하자. 정의에 의해 $s \in \mathcal{A}$와 $s \leq t$인 s와 t 두 날짜에 대해 다음을 얻는다.

$$R_{X,s,t} \geq \delta R_{\beta,s,t} \tag{D.28}$$

$s \in \mathcal{A}$인 두 날짜 $s \leq t$를 취하자. 식 (D.20)에 의해 다음을 얻는다.

$$\frac{W_s}{\beta_s} = \sum_{\substack{u \in \mathcal{A} \\ u \leq s}} \frac{e_u}{\beta_u} \frac{R_{X,u,s}}{R_{\beta,u,s}}$$

$$= \sum_{\substack{u \in \mathcal{A} \\ u \leq s}} \frac{e_u}{\beta_u} \times \frac{R_{X,u,t}}{R_{X,s,t}} \times \frac{R_{\beta,s,t}}{R_{\beta,u,t}}$$

따라서 식 (D.28)에 의해

$$\frac{W_s}{\beta_s} \leq \frac{1}{\delta} \sum_{\substack{u \in \mathcal{A} \\ u \leq s}} \frac{e_u}{\beta_u} \frac{R_{X,u,t}}{R_{\beta,u,t}}$$

기여금이 비음이고, $s \leq t$이므로 다음을 얻는다.

$$\frac{W_s}{\beta_s} \leq \frac{1}{\delta} \sum_{\substack{u \in \mathcal{A} \\ u \leq t}} \frac{e_u}{\beta_u} \frac{R_{X,u,t}}{R_{\beta,u,t}}$$

식 (D.19)를 적용하면 우변이 $W_t/[\delta\beta_t]$와 같다는 것을 알 수 있으며, 따라서 다음을 얻는다.

$$\delta \frac{W_s}{\beta_s} \leq \frac{W_t}{\beta_t}$$

이는 $s \leq t$인 $s \in \mathcal{A}$에 위 식이 성립하며, 따라서 모든 t에 다음이 성립한다.

$$\frac{W_t}{\beta_t} \geq \delta \max_{\substack{s \in \mathcal{A} \\ s \leq t}} \frac{W_s}{\beta_s} \tag{D.29}$$

이 부등식은 펀드 가치가 상대 최대 하락폭 하한 위에 있는 속성이 투자자의 부에 의해서도 입증됨을 보여준다.

대체소득 수준에 대한 또 다른 하한은 식 (D.28)을 식 (D.19)에 대입함으로써 도출한다. 이 대입은 다음을 의미한다.

$$\frac{W_t}{\beta_t} \geq \delta \sum_{\substack{s \in \mathcal{A} \\ s \leq t}} \frac{e_s}{\beta_s} \tag{D.30}$$

식 (D.29)와 (D.30)의 우변은 시간에 증가함수이다. 따라서 은퇴 시 달성되는 대체소득 수준은 어떠한 t일에 대해서도 다음을 만족한다.

$$\frac{W_T}{\beta_T} \geq \delta \times \max \left[\sum_{\substack{s \in \mathcal{A} \\ s \leq t}} \frac{e_s}{\beta_s}, \max_{\substack{s \in \mathcal{A} \\ s \leq t}} \frac{W_s}{\beta_s} \right]$$

우변이 시점 t의 보장 수준이다.

참고문헌

Amenc, N., R. Deguest, F. Goltz, A. Lodh and E. Shirbini. 2014a. *Risk Allocation, Factor Investing and Smart Beta: Reconciling Innovations in Equity Portfolio Construction*. EDHEC-Risk Institute.

Amenc, N., F. Goltz and A. Grigoriu. 2010. Risk Control through Dynamic Core-Satellite Portfolios of ETFs: Applications to Absolute Return Funds and Tactical Asset Allocation. *Journal of Alternative Investments* 13(2): 47.

Amenc, N., F. Goltz, V. Le Sourd and A. Lodh. 2015. *Alternative Equity Beta Investing: A Survey*. EDHEC-Risk Institute.

Amenc, N., F. Goltz, A. Lodh and L. Martellini. 2014b. Towards Smart Equity Factor Indices: Harvesting Risk Premia without Taking Unrewarded Risks. *Journal of Portfolio Management* 40(4): 106-122.

Amenc, N., F. Goltz, L. Martellini and V. Milhau. 2010. *New Frontiers in Benchmarking and Liability-Driven Investing*. EDHEC-Risk Institute.

Amenc, N., P. Malaise and L. Martellini. 2004. Revisiting Core-Satellite Investing－A Dynamic Model of Relative Risk Management. *Journal of Portfolio Management* 31(1): 64-75.

Anderson, N. and J. Sleath. 2001. *New Estimates of the UK Real and Nominal Yield Curves*. Bank of England.

Benartzi, S. and R. Thaler. 2007. Heuristics and Biases in Retirement Savings Behavior. *Journal of Economic Perspectives* 21(3): 81-104.

Bengen, W. P. 1994. Determining Withdrawal Rates Using Historical Data. *Journal of Financial Planning* 7(4): 171-180.

Benzoni, L., P. Collin-Dufresne and R. Goldstein. 2007. Portfolio Choice over the Life-Cycle When the Stock and Labor Markets Are Cointegrated. *Journal of Finance* 62(5): 2123-2167.

Black, F. and R. Jones. 1987. Simplifying Portfolio Insurance. *Journal of Portfolio Management* 14(1): 48-51.

Black, F. and A. Perold. 1992. Theory of Constant Proportion Portfolio Insurance. *Journal of Economic Dynamics and Control* 16(3): 403-426.

Black, F. and M. Scholes. 1973. The Pricing of Options and Corporate Liabilities. *Journal of Political Economy* 81(3): 637-654.

Blanchet-Scalliet, C., N. El Karoui, M. Jeanblanc and L. Martellini. 2008.

Optimal Investment Decisions When Time-Horizon Is Uncertain. *Journal of Mathematical Economics* 44(11): 1100 - 1113.

Brennan, M. and Y. Xia. 2002. Dynamic Asset Allocation Under Inflation. *Journal of Finance* 57(3): 1201 - 1238.

Browne, S. 1999. Reaching Goals by a Deadline: Digital Options and Continuous-Time Active Portfolio Management. *Advances in Applied Probability* 31(2): 551 - 577.

Chhabra, A. 2005. Beyond Markowitz: A Comprehensive Wealth Allocation Framework for Individual Investors. *Journal of Portfolio Management* 7(5): 8 - 34.

CNO/FBA. 2015. *Methodology for Computing Short-Term Zero-Coupon Curve as of Euribor Future Rates*. Comité de Normalisation Obligataire/ French Bond Association.

Deguest, R., L. Martellini, V. Milhau, A. Suri and H. Wang. 2015. *Introducing a Comprehensive Risk Allocation Framework for Goals-Based Wealth Management*. EDHEC-Risk Institute.

DeMiguel, V., L. Garlappi and R. Uppal. 2009. Optimal versus Naive Diversification: How Inefficient Is the 1=N Portfolio Strategy? *Review of Financial Studies* 22(5): 1915 - 1953.

Duffie, D. 2001a. *Dynamic Asset Pricing Theory*. Princeton University Press. 2001b. *Dynamic Asset Pricing Theory*, 3rd edition. Princeton University Press.

Föllmer, H. and P. Leukert. 1999. Quantile Hedging. *Finance and Stochastics* 3(3): 251 - 273.

Gürkaynak, R., B. Sack and J. Wright. 2007. The US Treasury Yield Curve: 1961 to the Present. *Journal of Monetary Economics* 54(8): 2291 - 2304.

Harvey, C. R., Y. Liu and H. Zhu. 2016. ... and the Cross-Section of Expected Returns. *Review of Financial Studies* 29(1): 5 - 68.

Holzmann, R. and R. Hinz. 2005. *Old Age Income Support in the 21st Century: An International Perspective on Pension Systems and Reform*. Oxford University Press.

Kim, T. and E. Omberg. 1996. Dynamic Nonmyopic Portfolio Behavior. *Review of Financial Studies* 9(1): 141 - 161.

Kobor, A. and A. Muralidhar. 2018. How a New Bond Can Greatly Improve Retirement Security. Working paper.

Liu, J. 2007. Portfolio Selection in Stochastic Environments. *Review of Financial Studies* 20(1): 1 - 39.

Maeso, J.-M. and L. Martellini. 2017. Measuring Volatility Pumping Benefits in Equity Markets. Working paper.

Malkiel, B. G. 1996. *A Random Walk Down Wall Street: Including a Life-Cycle Guide to Personal Investing*. W. W. Norton & Company.

Markowitz, H. 1952. Portfolio Selection. *Journal of Finance* 7(1): 77 - 91.

Martellini, L. and V. Milhau. 2012. Dynamic Allocation Decisions in the Presence of Funding Ratio Constraints. *Journal of Pension Economics and Finance* 11(4): 549 - 580.

2015. *Factor Investing: A Welfare-Improving New Investment Paradigm or Yet Another Marketing Fad*? EDHEC-Risk Institute.

Martellini, L., P. Priaulet and S. Priaulet. 2003. Deriving the Zero-Coupon Yield Curve. In *Fixed-Income Securities: Valuation, Risk Management and Portfolio Strategies*, chapter 4. John Wiley & Sons, 96 - 158.

McCulloch, J. H. 1971. Measuring the Term Structure of Interest Rates. *Journal of Business* 44(1): 19 - 31.

1975. The Tax-Adjusted Yield Curve. *Journal of Finance* 30(3): 811 - 830.

Merton, R. 1969. Lifetime Portfolio Selection under Uncertainty: The Continuous-Time Case. *Review of Economics and Statistics* 51(3): 247 - 257.

1971. Optimal Portfolio and Consumption Rules in a Continuous-Time Model. *Journal of Economic Theory* 3(4): 373 - 413.

1973. An Intertemporal Capital Asset Pricing Model. *Econometrica* 41(5): 867 - 887.

1974. On the Pricing of Corporate Debt: The Risk Structure of Interest Rates. *Journal of Finance* 29(2): 449 - 470.

1992. An Intertemporal Capital Asset Pricing Model. In Merton, R., ed., *Continuous-Time Finance*. Blackwell Publishers, 475 - 523.

Merton, R. and A. Muralidhar. 2017. Time for Retirement "SelFIES"? Working paper.

Modigliani, F. and R. Sutch. 1966. Innovations in Interest Rate Policy. *American Economic Review* 56(2): 178 - 197.

Moore, K. L. 2011. An Overview of the US Retirement Income Security System and the Principles and Values It Reflects. *Comp. Labor Law & Pol'y Journal* 33(5).

Morningstar. 2018. *2018 Target-Date Fund Landscape*. Morningstar Manager Research.

Muralidhar, A. 2015. *New Bond Would Offer a Better Way to Secure DC Plans*. Pensions and Investments.

Muralidhar, A., K. Ohashi and S. H. Shin. 2016. The Most Basic Missing Instrument in Financial Markets: The Case for Forward Starting Bonds. *Journal of Investment Consulting* 47(2): 34 - 47.

Nelson, C. R. and A. F. Siegel. 1987. Parsimonious Modeling of Yield

Curves. *Journal of Business* 60(4): 473-489.
OECD. 2015. *Pensions at a Glance 2015: OECD and G20 Indicators*.
2016a. *OECD Core Principles of Private Pension Regulation*.
2016b. *Pensions Outlook 2016*.
2017. *Pensions at a Glance 2017: OECD and G20 Indicators*.
Pashchenko, S. 2013. Accounting for Non-Annuitization. *Journal of Public Economics* 98: 53-67.
Samuelson, P. 1969. Lifetime Portfolio Selection by Dynamic Stochastic Programming. *Review of Economics and Statistics* 51(3): 239-246.
Scientific Beta. 2018. Scientific Beta Universe Construction Rules. Scientific Beta. Available at www.scientificbeta.com/#/documentation/groundrules/eri-scientific-beta-universe-construction-rules.
2019. Scientific Beta Index Calculation Rules. Scientific Beta. Available at www.scientificbeta.com/#/documentation/ground-rules/eri-scientificbeta-strategy-calculation-rules.
Scott, J. S., W. F. Sharpe and J. G. Watson. 2009. The 4% Rule-At What Price? *Journal of Investment Management* 7(3): 31-48.
Svensson, L. E. 1994. *Estimating and Interpreting Forward Interest Rates: Sweden* 1992-1994. National Bureau of Economic Research.
Teplá, L. 2001. Optimal Investment with Minimum Performance Constraints. *Journal of Economic Dynamics and Control* 25(10): 1629-1645.
Thaler, R. H. and S. Benartzi. 2004. Save More TomorrowTM: Using Behavioral Economics to Increase Employee Saving. *Journal of Political Economy* 112(S1): S164-S187.
Vasicek, O. 1977. An Equilibrium Characterization of the Term Structure. *Journal of Financial Economics* 5(2): 177-188.
Vasicek, O. A. and H. G. Fong. 1982. Term Structure Modeling Using Exponential Splines. *Journal of Finance* 37(2): 339-348.
Wachter, J. 2003. Risk Aversion and Allocation to Long-Term Bonds. *Journal of Economic Theory* 112(2): 325-333.
Waggoner, D. 1997. Spline Methods for Extracting Interest Rate Curves from Coupon Bond Prices. Federal Reserve Bank of Atlanta. Working Paper Series, 97-10.
Willis Tower Watson. 2017. Global Pensions Asset Study 2017. Available at www.willistowerswatson.com/-/media/WTW/PDF/Insights/2017/01/global-pensions-asset-study-2017.pdf, retrieved April 10, 2019.
Wooten, J. A. 2001. "The Most Glorious Story of Failure in the Business": The Studebaker-Packard Corporation and the Origins of ERISA. *Buffalo Law Review* 49: 683-739.

케임브리지 엘리먼트 퀀트 금융 시리즈

리카르도 레보나토 Ricardo Rebonato

EDHEC 경영대학원 재무학 교수로 EDHEC-Risk Institute의 핌코PIMCO 리서치 소장을 맡고 있다. 임페리얼칼리지, 런던, 옥스퍼드대학교에서 교수를 역임했으며 핌코에서 글로벌 채권 및 외환 분석 책임자, 몇몇 주요 국제 은행의 리서치, 리스크 관리 및 파생상품 거래 책임자를 역임했다. ISDA와 GARP의 이사회에 근무한 적이 있으며, 현재 Nine Dot Prize의 이사회에 재직하고 있다. 『Bond Pricing and Yield Curve Modelling채권가격결정 및 수익률 곡선 모델링』(Cambridge University Press, 2018)을 포함한 재무 및 리스크 관리에 관한 다수의 책과 논문의 저자다.

시리즈 소개

『케임브리지 엘리먼트 퀀트 금융 시리즈Cambridge Elements in Quantitative Finance』는 퀀트 금융 분야의 모든 주요 주제를 다루고자 한다. 고급 학부생이나 대학원생 및 실무자에게 적합한 수준으로 작성됐으며, 저자의 개인적 전문 분야를 망라한 독창적인 연구에 대한 보고서, 최신 방법론에 관한 자습서와 마스터 클래스, 가장 중요한 문헌에 관한 리뷰를 다룬다.

찾아보기

퇴직 연금 전략

금융공학과 리스크 관리 기법을 활용한 퇴직 연금 전략

발 행 | 2022년 2월 25일

지은이 | 라이오넬 마르텔리니 · 빈센트 밀하우
옮긴이 | 이 기 홍 · 하 석 근

펴낸이 | 권 성 준
편집장 | 황 영 주
편 집 | 조 유 나
김 다 예
디자인 | 송 서 연

에이콘출판주식회사
서울특별시 양천구 국회대로 287 (목동)
전화 02-2653-7600, 팩스 02-2653-0433
www.acornpub.co.kr / editor@acornpub.co.kr

ISBN 979-11-6175-612-7
http://www.acornpub.co.kr/book/retirement-investing

책값은 뒤표지에 있습니다.